KB232747

수/도/권 도시성장관리와 도시행정

수/도/권 도시성장관리와 도시행정

이 해 종 지음

루이스 멈포드(Lewis Mumford, 1961:486)는
자본주의 경제에 의해 지배되는 도시성장의
법칙은 일상생활 중에서 인간의 영혼을 밝혀주고
지켜주는 모든 자연의 특성을 냉혹하게 말살시키는
것을 의미한다고 하여 도시팽창의 결과를 걱정했다.

한국학술정보[주]

이 연구를 시작한 1995년의 경우 우리나라에는 도시성장관리(Urban Growth Management)에 대한 연구가 거의 없었으나, 지금은 많은 연구자가 도시행정, 도시계획 분야에서 도시성장관리의 중요성을 인식하고 이에 대한 연구를 진행하고 있다.

다만 아직도 도시성장관리에 대한 인식이 중앙정부는 물론 지방자치단체에도 폭넓은 시각으로 정립되지 못한 실정이며, 도시성장관리를 주장하면 단순히 도시성장에 대한 시각으로 인식하는 경우도 있다. 지속적인 연구가 필요함을 새삼 강조하게 된다.

기존의 국토계획체계는 국토건설종합계획법, 국토이용관리법, 도시계획법을 기본으로 하여 약 90여 개의 개별 법령에 의해 토지이용규제 및 개발행위 허가가 이루어짐에 따라 일관성 있고 효율적인 국토계획 및 국토관리에 문제가 있어서 국토의 난개발을 초래하였다.

지금은 국토기본법의 제정으로 친환경적인 국토정책이 정립되고 있다. 개발가능지역에 대해서는 "선계획 – 후개발"의 원칙을 확립하고, 산지·하천·연안 등 보전대상지역에 대해서는 자연 친화적 이용을 강화해야 한다는 점이 고려된 것이다. 따라서 토지의 이용과 개발에 있어서는 토지의 적성평가 등에 입각한 합리적인 개발체계를 강화함으로써 무질서한 도시개발을 억제해야 하는 점에도 직면하게 되었다. 물론 도시화 지속에 따른 개발용지 소요는 도시 주변의 산지 및 구릉지 활용과 기존 도시지역 토지이용도 제고를 통해 확보하도록 하고 우량한 농지와 같은 생산용지는 보전해야 할 것이다.

지난 10년 동안의 국토정책 및 도시정책의 변화를 느끼게 하는 대목이다. 그러나 아직도 변화되지 않는 것이 수도권정책이라 할 수 있다. 그리고 수도권은 보다 더 도시성장관리 측면에서 관리되어야 하는 시점에 와 있는 것이다. 물론 정책적 기조에서 다소 차이가 있겠지만 1995년도 당시와 비교했을 때, 수도권의 과밀의 가속화와 국토의 불균형 성장은 계속되고 있고, 개발제한구역의 제도개선, 국토기본법 제정, 행정중심복합도시 건설계획 등만이 새로운 정책으로 수도권성장관리정책에 영향을 준다고 할 수 있다.

수도권 도시성장관리의 단초를 제공한 1995년 당시의 분석지표는 그대로 두려고 했으며, 정책의 흐름상 불가피하게 통계 및 정책적 기조가 변경된 것은 현행 제도를 이해한다는 측면에서 수정하였다. 수도권 전체 면적의 17.8%인 지역에 수도권 전체 인구의 87.2%, 제조업체의 84.7%가 집중되어 있으며 이러한 현상은 지속되고 있다.

수도권의 인구 및 산업의 집중은 1960년대 이후의 경제성장 과정에서 수도권지역이 국가발전이나 소득창출의 기반이 되는 등 집중의 속도는 가속화되었으며 지금도 그 양상은 변하지 않고 있다. 수도권의 집중도 중에서 특히 인구의 집중도는 일본의 31.9%, 프랑스의 18.5%, 영국의 11.8%와 비교할 때 상당히 높다고 할 수 있다.

수도권 인구는 서울 반경 30~40㎞ 내의 지역에 집중됨으로써 수도권 과밀문제는 매우 심각하다. 산업화 시대부터 시작된 수도권으로의 급격한 인구이동 추세가 최근 다소 둔화되었으나 수도권이 갖는 지역의 입지적 특성상 파격적인 인구감소를 기대하기는 어렵다.

인구집중 억제, 균형개발, 환경보전과 조화를 이루는 범위 내에서 시장경제원리에 맞게 수도권 규제의 틀을 전환할 필요가 있다. 중첩된 규제는 실질적이고 구체적인 현장조사를 통해 그 지정이 무의미해진 지역은 새롭게 토지기능을 부여하는 등 수도권을 합리적이고 계획적으로 관리해야 한다.

실질적인 수도권 도시성장관리체계(Urban Growth Management System) 속에서 국가경쟁력을 회복하고 지방과 수도권이 공동번영을 도모해야 한다는 전제 아래 수도권정책의 새로운 패러다임을 설정할 필요가 있다. 특히 수도권과 지방의 공동번영을 도모하기 위한 상생전략(Win-Win Strategy)을 실효성 있게 추진해야 한다.

따라서 수도권의 인구·산업집중 억제 기조는 유지하되, 경쟁력 강화 수단을 강구하여야 한다. 외국의 대도시권과의 경쟁에서 비교우위를 확보할 수 있도록 대도시권 입지가 필수적인 국제기능, 첨단산업, 테마파크 조성 등 경쟁력 있는 수도권 산업육성정책이 필요하다. 수도권과 지방의 차별적인 산업입지정책을 추진(수도권 내의 분산 유도)하고, 공장용지의 경우, 외국인의 66.7%가 수도권 입지를 희망하는 점을 감안, 수도권은 인구유발 효과가 적은 첨단산업 위주의 소프트웨어적 기능을 선별 배치하고, 지방은 대형장치형 산업과 노동집약적 산업의 계획적 유치를 유도할 필요가 있다.

특히 지방도시의 인구 및 산업의 수용을 위한 특성 있는 지역정책을 수립하는 한편, 지방의 대도시권역에 주거·생산·연구·교육기능이 복합된 첨단산업단지를 정책적으로 육성하는 것이 필요하다. 지방에는 인센티브 제공을 더욱더 확대할 필요가 있다.

상위계획과 하위계획 간의 계획의 일관성을 유지하는 한편 철저한 도시계획기준을 마련하여 추진하고 지방의 산업기반, 생활기반, 교육여건, 문화여건을 개선하는데 있어서 중앙정부의 지원, 지방정부의 노력, 시장메커니즘을 효율적으로 연계하여 자생력 있는 기반을 구축해야 하는 것이다. 수도권에서 기업 활동을 하는 것보다 유리한 조건이 제공되어야 하는 것으로(인센티브, 정보습득기회, 사무여건, 위락기능 등) 최근 일본의 경우 기업의 본사를 슬림화하고 지사를 육성하는 사례도 있다.

소모적이고 실효성 적은 수도권정책보다는 산업의 업종별 입지선택 기준에 따라 입지는 자유화하되, 지방에 입지하는 산업에 대해서는 보조금이나 세금감면, 금융상 혜택을 대폭 확대하고 도로·상하수도, 폐수처리장 등 인프라 설치에 있어 각종 인센티브를 확대하여 지원할 필요가 있다. 도시행정에 있어서 주거지역의 주거여건을 개선하기 위한 다운조닝(down-zoning) 실시는 시정부에 당장은 부담이 되지만, 도시공급시설의 효율적인 관리 및 공급이나 시민이 갈망하는 쾌적한 생활환경 창출을 위해서 선행되어야 할 정책이다. 이 문제는 도 차원에서 조례제정을 통해 지역관리 방향을 정립해 줄 필요가 있다.

재개발·재건축에 있어서는 자치구별 개발가능지의 철저한 분석을 통해 주거지 관리에 대한 법적·제도적 정비가 필요하다.

외국의 도시정책 사례를 보면 일부 도심지 활성화를 위한 정책대안으로 도심지의 슬럼화를 방지하기 위해 도심지를 젊은이들의 주거공간이나 고급의 주거공간으로 확보하여 도심재활성화(gentlification)를 유도하는 경우도 있다.

수도권에서는 점차 확대되어 가는 교외화로 인해 도시별 특성상 도심지 형성요소는 다양화되고 있어서 신도시정책이 필요할 것으로 보이지만, 이 부문의 정책 추진에는 한계가 있다. 따라서 대도시지역을 중심으로 도심을 특성화하여 도심재활성화(gentlification)가 가능할 수 있도록 도시정책을 추진할 필요가 있다.

아무쪼록 이 연구 자료가 수도권에 대한 이해를 도모하고, 향후 수도권 도시성장 관리정책을 연구하는 데 기여했으면 하는 바람이다.

끝으로 이 연구가 빛을 볼 수 있도록 도와주신 한국학술정보(주)의 채종준 사장님과 신재훈 선생님께도 감사드린다.

2008. 6

바다가 보이는 연구실에서

松竹

차 례

제5장　수도권의 성장기여도 분석과 도시행정

서 론

루이스 멈포드(Lewis Mumford, 1961: 486)는 자본주의 경제에 의해 지배되는 도시성장의 법칙은 일상생활 중에서 인간의 영혼을 밝혀주고 지켜주는 모든 자연의 특성을 냉혹하게 말살시키는 것을 의미한다고 하여 도시팽창의 결과를 걱정했다.

이와 같이 도시성장은 다양한 형태의 외부경제효과(External Economy Effects)로 인해 이점이 많은 반면, 외부불경제(External Diseconomy)로 인하여 교통, 주택, 상·하수도, 환경, 안전 등의 도시문제를 야기한다.

도시성장은 필연적으로 도시행정 서비스의 적절한 공급문제와 다양한 도시문제를 발생시킨다. 다양해지는 도시문제 해결에 있어 도시정부는 적지 않은 부담을 갖게 된다.

국토의 균형발전이란 측면에서 볼 때, 무분별한 도시성장이 반드시 긍정적으로만 평가될 수는 없으며, 도시성장관리(Urban Growth Management) 문제는 지방자치단체뿐만 아니라 모두에게 관심의 대상이 되고 있는 것이다.

지금까지 도시성장관리가 소홀하게 다뤄진 이유는 무엇보다도 각기 다른 특성을 가진 도시에 있어서 경제적, 사회적, 환경적 조건을 충분히 고려함이 없이 도시성장을 수용해야 한다는 논리가 지배적이었기 때문이다.

더욱이 성장의 결과는 필연적으로 지가의 상승을 가져온다는 기대감으로 인해 도시성장관리에 대한 구체적인 관심을 갖지 못했던 것도 한 요인이 될 수 있을 것이다(ICMA, 1991: 2-10).

우리나라는 급격한 도시화로 인해서 국가 전체적으로 과밀과소지역이 출현하게 되었고 지역균형발전이란 문제가 발생하고 있다. 그 결과 과밀지역에서는 도시성장관리가 절실히 요청되고 있는 실정이다.

한편 상당수의 도시들은 인구의 성장과 산업의 생산이 둔화되어 성장의 촉진을 위한 다양한 정책적 노력을 하고 있기에 지역에 따라 다른 도시행정의 모습을 보여주고 있다.

단순히 도시성장을 선호하고 이를 방치할 경우, 시민들의 재정적 부담은 가중될 것이고, 도시민의 삶의 질(QOL)을 개선하는 것은 어려울 것으로 예견된다.

도시성장문제는 지방자치의 실시와 더불어 해당 지방자치단체의 책임으로 귀착하게 되어, 실효성 있는 도시계획의 수립 및 집행은 도시행정에 있어서 중요한 과제가 되었다.

정부에서는 불균형 성장에 따른 국가의 공간구조를 바로잡기 위하여 국토건설 종합계획을 통한 국토개발축의 전환과 수도권정비계획을 통한 수도권 성장억제정책을 시도해 오고 있으나, 정책의 실효성은 크지 않은 실정이다.

더욱이 수도권 성장억제는 1982년 수도권정비계획법 제정 이후에도 수도권의 인구증가 비중이 전국 인구증가 비중을 상회하고 있어서, 인구 측면에 있어서 법제정의 효과성이 미흡했음을 알 수 있다.

이런 결과는 수도권 도시성장관리에 대한 관련법이 도시성장관리의 개념이 부족한 가운데, 개발억제 위주로 개발을 불허하거나 개발에 불이익이 될 수 있는 제도적 장치에 의존했기 때문이다. 수도권정비계획법은 1995년 개정되어 새로운 방향으로 시행되고 있는 실정이다(1995.1.5 법률 제4919호).

이 개정을 통해 수도권정책의 추진방향은 인구와 산업의 수도권 집중을 억제하여 국토의 균형개발을 도모하고, 목표달성을 위한 정책은 일관성 있게 추진하는 한편 수도권 집중억제를 위한 규제방식으로 전환하게 되었지만, 정책의 일관성 부재 등 규제정책의 한계가 있다.

수도권을 3개 권역(과밀억제권역, 성장관리권역, 자연보전권역)으로 단순화시켜서 규제시책의 집행력을 높이고, 경제활동을 직접 제약하는 물리적 규제방식으로부터 경제적 규제방식으로 전환한 것이 특징이지만, 권역관리의 한계를 드러내고 있다.

한편 1995년 이후 인구집중유발시설에 대한 개별적인 규제방식에서 총량적인 규제방식으로 전환하고 수도권 공간구조 정비방안을 제시하여 계획적으로 성장관리 및 개발을 유도한다는 전략을 제시하였으나, 정책의 실효성이 적었기에 난개발 이후 제3차 수도권정비계획이 수립되는 과정에 접어들었다.

이에 따라 수도권지역에 입지함으로써 이익이 발생하는 일정규모 이상의 업무, 판매용 건축물에 대해서는 지방과 수도권의 편익 차이의 일부를 과밀부담금으로 환수하고, 공업입지시책에서는 수도권에서 대규모 공장의 신설과 과밀억제지역에서는 신규공업지역 지정은 계속 금지하는 한편, 일정규모 이하의 중소규모 공장의 입지는 완화했다. IMF 이후 공장 총량규제는 현실적인 괴리로 인해서 개정이 필요한 제도로 부각되었다. 과밀부담금제도의 실효성도 문제였다. 중소규모의 신, 증설 허용 범위의 확대에 따른 무질서한 개발과 공장의 수도권 집중을 방지하기 위해 총량규제방식을 도입하게 된 것이다.

많은 부문에서 규제완화가 추진되었고, 정책을 집행하는 과정에 있어서 경제정책으로서의 규제완화와 도시계획 측면의 규제완화를 혼동하는 우를 범하기도 했다. 개발규제 완화를 통해서 초래되는 환경의 질적인 악화는 그 목표에 부응하는 수단이 아닌 것이다.

바람직한 도시성장관리의 목표가 궁극적으로는 시민의 삶의 질 향상에 기여하는 것이므로 도시행정의 궁극적인 정책적 목표를 저해해서는 안 되는 것이다.

이 연구는 광역도시행정 차원에서 도시성장관리가 요구되는 수도권지역의 도시성장관리정책을 주도적으로 검토하고자 했다. 수도권은 국가정책에 중요한 근간이 되고 지방자치단체별 상호간의 조정능력은 도시성장관리에 있어서 그 무엇보다 중요한 측면이다.

수도권 도시성장관리정책에 대한 연구는 다양한 도시성장관리정책 중에서 도시행정과 연계한 측면에서 새로운 방향을 모색하기 위해 다음과 같은 목적을 갖고 연구를 수행하였다.

첫째, 수도권 도시성장관리정책의 체계적인 접근을 모색하는 것이다. 이를 위해 도시성장관리에 대한 연혁별 분석 및 토지정책적인 측면에서의 수단별 분석을 시도하여, 그간의 정책적 흐름을 도시성장관리적인 시각에서 재조명하고 도시행정의 정책적인 효과를 분석하고자 했다.

둘째, 수도권 도시성장관리정책에 있어 성장기여도 분석을 시도하여 토지정책의 중요성에 대해 간접적으로 입증하고자 했으며, 이를 위해 과연 어느 정도 토지정책이 도시성장관리에 기여했는지를 분석하였다. 특히 수도권 도시성장관리 측면에서 비축토지의 효율적 관리 및 확보를 통해, 도시의 발전이 보다 바람직하고 효과적으로 이루어지도록 하는 데 목적을 두었다.

셋째, 종합적인 분석을 시도하여, 수도권정책이 지니는 한계 및 정책적 과제를 도출하여 바람직한 도시성장관리정책을 수립하는 데 기여하고자 했다.

제1절 **연구범위와 방법**

Ⅰ. 연구범위

1. 연구의 공간적 범위

연구의 1차적 공간적 범위로는 시·도를 중심으로 총체적인 측면에서 살펴보았다. 수도권과 상대적인 비교분석을 통해 지역성장 및 도시성장변화 그리고 수도권의 집중양태에 대해 개괄적으로 접근한 것이다. 2차적 공간적 범위로는 수도권지역의 광역지방자치단체인 서울특별시, 인천광역시 그리고 경기도를 분석대상으로 하고, 분석비교대상의 필요에 따라 수도권 각 시·군·구를 연계하여 분석하였다.

2. 연구의 시간적 범위

연구의 시간적 범위는 수도권정책에 있어 도시성장관리 시각의 변화에 따른 정책의 집행을 기준으로 삼았다.

도시성장관리는 〈그림 1-1〉에서 볼 수 있는 바와 같이 필자는 수도권정비계획법의 제정을 본격적인 수도권 도시성장관리정책의 실질적인 집행시기로 삼아, 그 전후시기를 수도권 도시성장관리정책을 집행하는 중요한 시점으로 삼았다. 그 이유는 수도권의 권역별 관리 및 법규제정 목적에서 도시성장관리 시각을 구체적으로 내재하고 있기 때문이다.

이 연구에서는 수도권정비계획법 제정의 근간이 되는 1960년대 이후 수도권정책의 수립 및 집행 자체를 우리나라 도시성장관리의 출범이라 보고, '수도권정책=수도권 도시성장관리정책'으로 인식하여 연구를 진행하였다. 다만 수도권 도시성장관리 시각의 정립은 1980년대 수도권정비계획법의 제정 및 집행으로 구체화되었다고 할 수 있기에 그 이후의 정책변화과정을 주로 다루었다. 특히 수도권정비계획법의 1차 개정 이후 도시성장관리에 대한 시각은 더욱 본격화되었다고 할 수 있다. 따라서 본 연구의 분석시점은 3단계로 정책 측면의 변화를 시기적으로 대별하여, 실질적인 수도권정책 변화를 살펴보고자 했다.

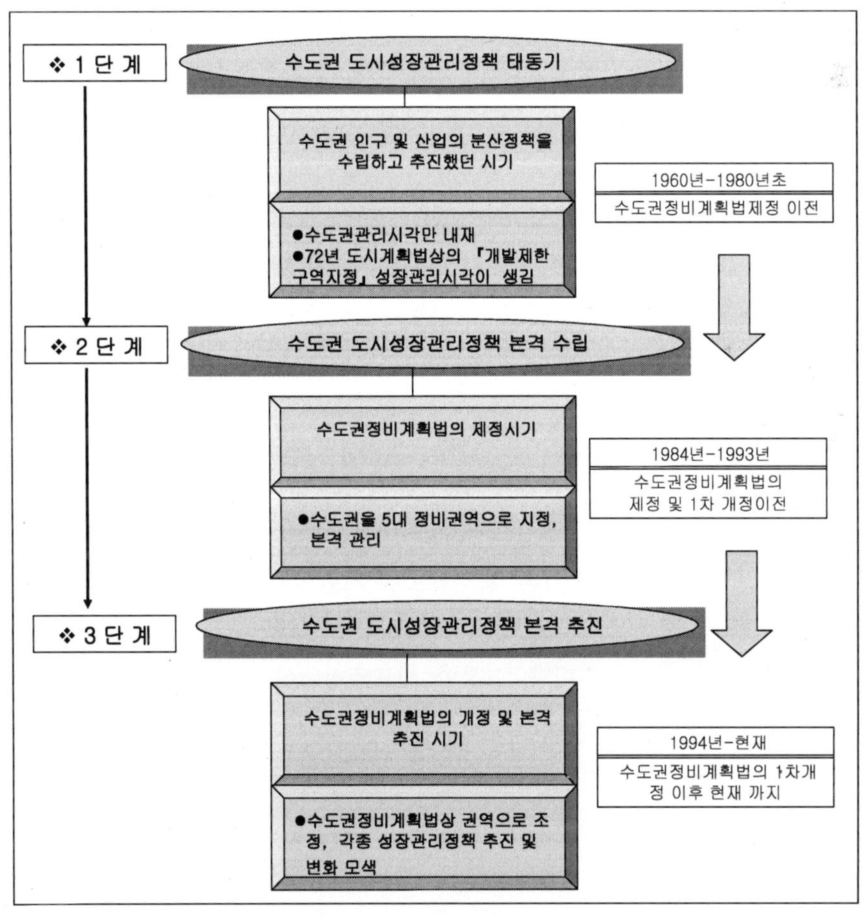

〈그림 1-1〉 수도권 도시성장관리정책 추진 단계 설정

경제적 측면에서의 분석은 수도권 도시성장관리정책이 본격화되는 시기인 수도권 정비계획법의 제정 이후(1982)를 구체적인 분석시점으로 삼았다. 특히 이 분석에서는 10년간(1984~1994)의 수도권지역의 성장변화양태를 분석하여 보다 합리적인 도시성장관리정책을 추진하는 데 기여하고자 했다.

분석방법에 있어서는 분석 자료의 한계로 분석시점을 5년간으로 양분해서 분석하지 않고, 1단계 1984~1988(4년간), 1988~1991년(3년간), 2단계 1992~1994년(2년간)으로 실시하였다. 차별화된 분석을 실시한 이유는 한국표준산업분류(KSIC)가 1992년부터는 대분류, 중분류로 확대, 개정되어 이와 같이 분석시점을 고려한 것이다. 이 연구는 지속적인 시계열 분석이 가능하다. 도시성장관리정책에 있어서 비축토지의 확보와 관련된 측면은 관련통계를 이용, 수도권 도시성장관리정책의 실질적인 문제에 접근하였다.

Ⅱ. 연구방법

1. 연구방법의 설정

우리나라의 도시성장관리 시각은 체계적으로 정립되지 못한 측면도 있고, 도시성장관리정책에 대한 평가기준에 모호성이 내재되어 있다. 따라서 지속적인 연구 및 분석기준이 마련되어야 할 것이다. 그동안 수도권정책이 단순히 수도권 집중완화라는 커다란 목표달성을 위해서만 각종 정책이 추진되었고, 도시성장관리적 시각이 크게 부족한 것에도 그 원인이 있다. 수도권 도시성장관리정책에 근간이 되는 각종 부수적인 정책도 크게 접근되지 못했다고 할 수 있다.

도시행정에 있어서 도시성장관리정책의 제도적 장치가 될 토지정책은 지방자치 실시에 있어 중요한 정책이다. 그렇지만 지방자치단체에서는 도시성장관리적 시각의 인식보다는 개발의 논리 속에서 비축토지마저 무분별하게 사라지고 있다.

국·공유지의 합리적인 관리는 무엇보다 중요하며, 양질의 도시행정 서비스를 위해서도 현세대만의 개발이 아닌 후손들을 위한 친환경이고 지속 가능한 도시개발정책(ESSD: Environmental Sound and Sustainable Development)이 필요하다.

효율적인 도시행정을 위해서 반드시 필요한 도시성장관리에 대한 정책적 기조가 마련되지 못하고 있는 점은 아쉽다고 할 수 있다.

이 연구에서는 이런 일련의 문제를 개선한다는 측면에서 토지정책과 연계시켜 실증적으로 연구를 한 것이다.

다음과 같은 방법으로 수도권 도시성장관리정책에 대한 연구를 전개하였다

첫째, 각종 문헌연구를 통해 국내외의 도시성장관리의 연구경향에 대해 살펴보고, 각종 문헌조사를 통해 그동안 실시된 수도권 도시성장관리정책에 대한 연혁별 분석을 시도하였다.

둘째, 비교연구를 통해 수도권 도시성장관리정책의 수단별 분석을 시도하였다. 수도권의 도시성장관리정책 수단으로 분석이 가능한 부문을 선정하여 분석대상으로 활용하였다. 일반적으로 궁극적인 도시성장관리정책은 가용토지 특히 개발가능지나 비축토지의 효율적 관리 및 확보를 통해, 도시나 지역의 발전이 보다 바람직하고 효과적으로 이루어지도록 하는 데 목적이 있다고 할 수 있다.

여기에서는 수도권지역의 토지정책을 중심으로 구체적으로 살펴보았다. 다만 외국의 도시성장관리 수단을 우리에게 바로 적용, 평가할 수도 없으며, 그 활용된 수단의 비교분석에는 한계가 있기에 다음과 같이 수도권에서 도시성장관리정책 수단으로 사용된 것을 가평가 기준으로 삼아 실증적으로 살펴보았다.

토지정책 측면의 도시성장관리수단이 될 수 있는 제도를 중심으로 살펴보았다. 주요내용으로는 ① 수도권정비계획법상의 과밀부담금제도, 총량관리제도 ② 도시계획법상의 개발제한구역(Greenbelts)관리제도 ③ 비축토지 확보 및 관리제도 ④ 기타 수단으로 수도권 가용토지의 활용을 도모한 수도권 신도시정책 등이다. 정부자료 및 수도권 자치단체의 실무자료 분석을 통한 실증적 분석을 실시하였다.

셋째, 수도권 토지정책의 성장기여도 분석을 시도하였다. 도시성장관리정책에 있

어 수도권정책이 과연 어느 정도 도시성장관리에 기여했는지, 그리고 그에 따른 수도권 성장 동인이 경제적으로 어느 정도 작용했는지 등 그 효과를 분석해 보았다. 도시행정에서 토지정책은 도시성장관리정책에 큰 영향을 미치고 도시경제에도 적지 않은 변화를 초래한다. 생산요소인 가용토지의 확보를 통해 기업은 생산 활동을 할 수 있으며, 토지의 생산성 및 그 활용은 도시경제에 있어 중요한 요소라 할 수 있다. 더욱이 제조업 등은 공장의 건설이 필수적이므로 비축토지의 확보 및 활용은 도시행정에 있어서 도시성장관리 및 도시 경제적 측면에서 중요한 부문이라 할 수 있다.

따라서 분석대상 도시의 도시경제구조분석 및 경제성장양태분석은 도시성장관리 정책을 지속적으로 수립하는 데 중요한 영역이라 할 수 있다.

이 경제적 분석에서는 앞서 제기한 분석시점을 기준으로 하여 다음과 같은 분석 방법을 활용하였다.

수도권 전체의 분석에서는 GRDP(Gross Regional Domestic Products)분석을, 각 수도권 내 지역별 산업집중도 및 특화산업의 선정에는 입지상분석(Location Quotient)을 시도했으며 그리고 정책의 효과 및 지역성장동인은 성장변화할당분석(Growth Shift and Share Analysis)을 활용하였다. 성장변화할당분석의 부분적 한계를 개선하기 위해 지역성장률 시차분석(Regional Growth Rate Differential Analysis)을 분석대상 도시별로 분석을 실시하고, 지역적 특성을 고려하여 종합적인 분석을 시도하였다.

넷째, 이런 일련의 분석을 통해 얻어진 결과를 통해 수도권정책이 지니는 한계를 직, 간접적으로 재조명해 보고 수도권 각 지방자치단체의 정책적 과제를 제시해 보았다. 연구추진에 대한 흐름을 정리해 보면 〈그림 1-2〉와 같다.

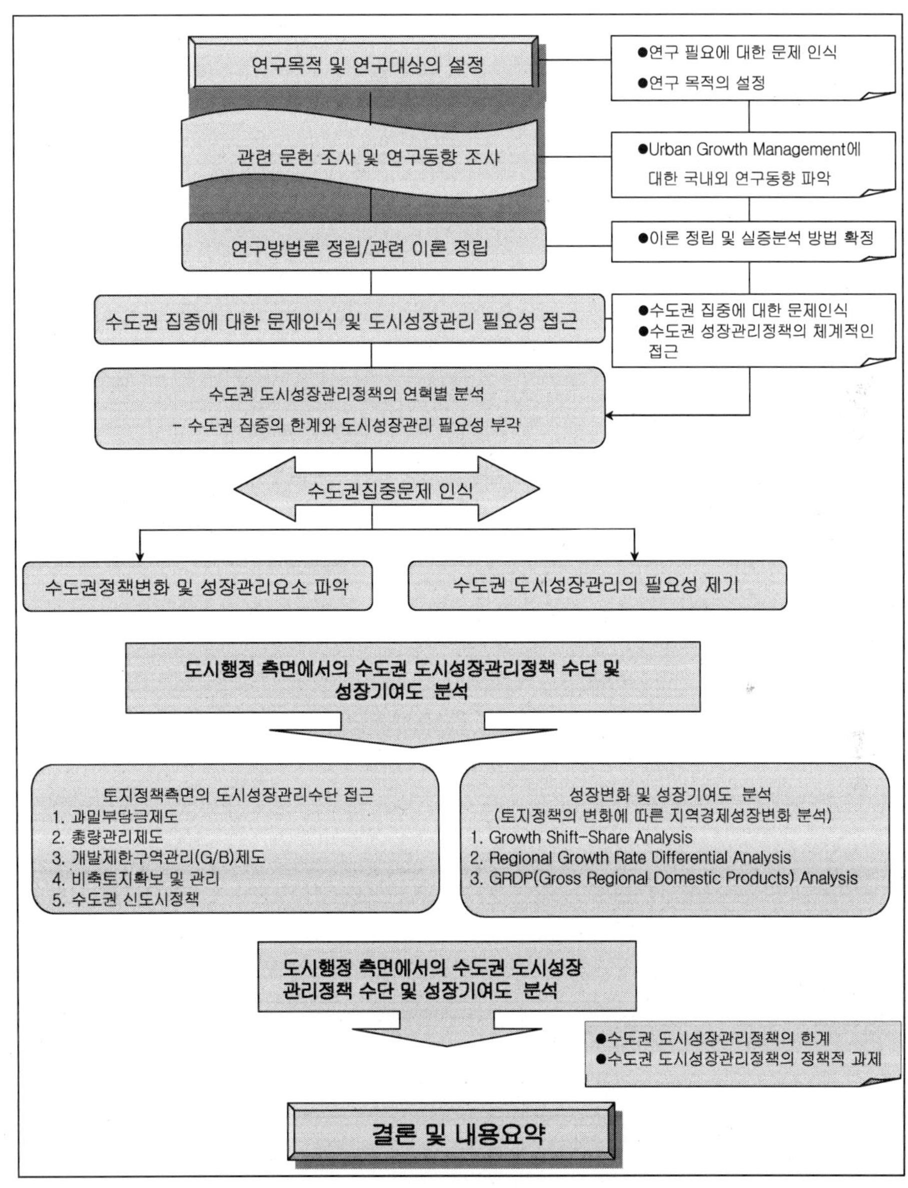

〈그림 1-2〉 연구추진 흐름도(Flow Chat)

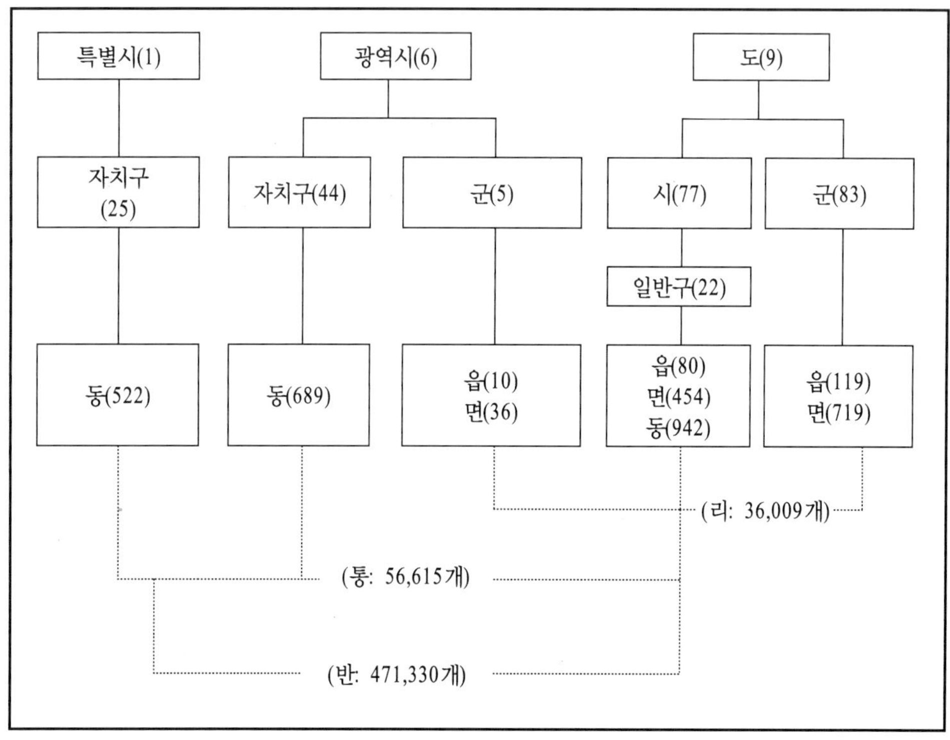

〈그림 1-3〉 행정구역체계(2005. 1. 1 현재)

〈표 1-1〉 전국행정구역현황(2005.1.1 현재)

구분 시·도별	시·군·구			구		읍·면·동				출 장 소				통·리 (통·이장 있음)			반			면 적(㎢)	세대수	인구 (명)
	계	시	군	자치	일반	계	읍	면	동	계	시도	시군구	읍면	계	통	리	계	도시	농촌			
계	256	77	88	69	22	3,573	209	1,209	2,153	82	1	15	66	92,624	56,615	잘못된 계산식	471,330	353,557	잘못된 계산식	99,924.15	17,391,762	48,583,805
서울	25			25		522			522					13,759	13,759		103,192	103,192		605.52	3,780,133	10,173,162
부산	16		1	15		226	2	3	221	1		1		4,803	4,673	130	27,801	26,949	852	763.36	1,251,069	3,666,345
대구	8		1	7		143	3	6	134	2			2	3,361	3,132	229	21,374	19,904	1,470	885.70	853,142	2,524,712
인천	10		2	8		139	1	19	119	6		3	3	3,832	3,576	256	20,834	19,333	1,501	986.96	908,673	2,578,817
광주	5			5		90			90					2,282	2,282		10,715	10,715		501.35	469,847	1,401,172
대전	5			5		79			79					2,722	2,722		13,204	13,204		539.66	492,068	1,443,471
울산	5		1	4		58	4	8	46					1,388	1,068	320	9,071	7,546	1,525	1,056.74	356,143	1,081,453
경기	47	27	4		16	516	31	114	371	7		6	1	15,061	10,983	4,078	83,890	67,032	16,858	10,183.83	3,748,325	10,462,920
강원	18	7	11			193	24	95	74	7	1		6	4,007	1,833	2,174	20,485	10,510	9,975	16,873.32	563,355	1,521,375
충북	14	3	9		2	153	13	90	50					4,373	1,562	2,811	17,206	7,774	9,432	7,431.76	534,231	1,488,945
충남	16	7	9			209	24	146	39	2			2	5,310	880	4,430	23,360	5,560	17,800	8,598.23	736,323	1,953,406
전북	16	6	8		2	251	14	145	92					7,831	2,790	5,041	23,846	12,907	10,939	8,052.68	675,145	1,906,742
전남	22	5	17			299	31	198	70	32		2	30	8,038	1,486	6,552	22,588	6,809	15,779	12,051.86	741,775	1,986,192
경북	25	10	13		2	338	35	203	100	18		1	17	7,729	2,620	5,109	38,408	15,228	23,180	19,026.19	985,475	2,695,917
경남	20	10	10			314	22	177	115	7		2	5	7,484	2,777	4,707	30,207	23,911	6,296	10,518.81	1,096,069	3,143,814
제주	4	2	2			43	7	5	31					644	472	172	5,149	2,983	2,166	1,848.18	199,989	555,362

주: ① 지방자치단체: 16광역자치단체(1특별시·6광역시·9도), 234기초자치단체(77시, 88군,69자치구) ② 10개 면: 면장 없음(4)-경기 파주 군내·장단·진동·진서면, 면장 겸임(6)-강원 고성 수동, 철원 근북·근동·원동·원남·임남면 ※7개 면: 주민 미거주, 3개 면: 주민거주·행정수행(파주 군내면, 건동면-군출장소설치, 철원 근북면-금화읍에서 관할)
　　③ 도출장소(1): 환동해(강원) ④ 세대수·인구: 2005. 1. 1 현재 주민등록 잠정통계임 ⑤ 면적: 미복구지역 면적 314.74㎢ 총면적에 포함(경기 연천군 53.90, 강원 철원군 101.76, 양구군 54.06, 인제군 25.13, 고성군 79.89)
자료: 행정자치부(2005).

도시성장관리의 이론적 전개 및 연구동향

Ⅰ. 도시성장관리의 연구 배경

도시성장관리에 대한 연구는 1970년대 중반부터 미국에서 크게 대두되었다. 그 이유는, 1950년대에서 1960년대에 이르는 동안 도시가 급격히 성장하였고, 그 결과로 1970년대에는 도시 스프롤현상, 농지부족, 대기오염 그리고 오픈 스페이스(open space) 부족 등 각종 도시문제에 직면하게 되었기 때문이다.

한편 다른 측면에서는 토지이용규제가 적극적으로 시행되었는데, 합병의 제한, 도시경계의 설정(establishment of urban limit lines), 그린벨트(Greenbelts)의 지정, 농지보전 등의 정책 추진과 함께 도시성장관리정책에 대한 본격적인 논의가 시작되었다 (Elizabeth Deakin, 1991: 2−15).

도시성장관리체계란 단일도시 또는 여러 도시의 관할구역 내에서 도시의 성장률, 성장의 양이나 지리적 성장패턴에 영향을 미치거나 통제를 가하여 도시의 기본계획의 목적, 목표 및 정책을 달성하도록 고안된 시정부의 프로그램을 지칭하는 것이다. 도시행정에 있어서 토지이용계획의 집행에 초점을 두고 있다.

특히 도시성장관리의 어려움을 극복하는 연구가 1986년 미국의 도시토지연구소 (ULI)에서 연구되기 시작했다.

도시성장관리체계를 이용하여 각종 개발의 형태, 시기, 규모, 방법 등을 적절하게 조정하여 도시성장관리를 할 수 있는데, 성장이 느린 곳에서는 개발을 촉진할 수 있으며, 성장이 빠른 곳은 공공서비스 등에 맞춰서 개발을 지연할 수 있다. 우리나라의 수도권정책은 물론 도시행정에 있어서 이 점은 시사하는 바가 크다.

캘리포니아에서는 1970년대 후반에 성장관리활동이 민감하게 받아들여졌는데 주민발의 13(Proposition 13) 이후 도시성장관리방법이 급격히 증가하였다. 도시정부에 대한 납세자(시민)들의 불신이 증가하게 되었고, 전통적인 도시성장관리방법과 함께 환경, 재정 그리고 규제와 관련된 도시성장관리기법이 폭넓게 연구된 것이다 (Elizabeth Deakin, 1991: 17－21).

특히 미국에 있어 대규모의 교외화 현상 속에 정주성향의 변동을 실제적으로 예상하지 못했던 대도시 주변의 중소도시들은 급격한 유입인구의 증가로 말미암아 도시기반시설의 부족과 공공서비스의 질적 저하 그리고 환경의 질적인 악화 등을 경험하게 되었다. 많은 인구의 유입으로 도시정부는 도시행정 서비스 공급에 필요한 도시재정에 대한 추가비용 부담을 갖게 되었다.

더욱이 많은 인구의 유입으로 그동안 쾌적하게 누려왔던 환경의 질은 악화되었다. 따라서 각 도시정부들은 유입인구에 따른 공간수용 한계에 직면하게 되어 주택신축에 대한 강력한 규제를 선언하게 되었다.

이와 같이 각 도시들에 있어서 규제성격을 갖는 정책 및 조치들이 확산되면서, 사회운동성격의 개발철학이 정립되고, 일반화 과정을 거쳐 하나의 제도로서 도시성장관리정책이 정착되게 된 것이다. 도시성장관리는 도시공간구조체계에 있어 시기적으로 제한된 용량의 범위 내에서 인구성장을 균형화시키려는 범위 내에서 그 수단으로 등장한 개념이라 할 수 있는 것이다.

도시정부의 목표는 도시환경의 질, 생활의 질(QOL: Quality of life)을 유지시키기 위해서 도시경제력의 범위 내에서 토지이용 및 토지개발 그리고 공공서비스를 균형화시키는 데 있다고 할 수 있다.

개발에 부수되는 각종 편익시설과 서비스 제공에 드는 제반 비용의 분담의무를 토지소유자나 개발업자들(developers)에게 전가시키는 것으로, 지방정부가 합법적인 토지이용규제를 통하여 행사하는 과거의 사유재산권 제한이나 부정이 아니라 사유토지의 개발에 대한 권리개념을 보다 더 성숙한 시민적 가치로 승화시키는 계기를 마련한 점에서 발전적인 도시행정의 방향이라 할 수 있다.

다만 도시성장관리에 의한 규제는 단순히 개발로 파생될 공공비용 분담 이상의 수준을 요구하고 있어서, 개발 그 자체의 유보 또는 사실상의 금지를 의미할 수도 있다는 점에서 합법적으로 취득되고 그 행사가 보장된 사유재산권의 침해에 대한 논쟁이 잠재되어 있다고 할 수 있다.

도시성장관리의 기원으로 여겨지는 대표적인 사례가 캘리포니아 북부지역의 페탈루마(Petaluma) 시 사례인데, 이 시는 인구 3만 명을 유지할 때 전례 없는 유입인구의 급증으로 도시기반시설과 도시행정 서비스의 공급이 불능상태에 빠질 위기에 직면하여 매년 500세대분의 주택개발만을 허용하는 강경조치를 취했다. 그러나 주택시장을 잃을 위기에 직면한 건설업협회(Construction Industry Association)에서는 이 도시조례에 항의, 제소하여 연방법원으로부터 "어떤 도시도 그 인구성장을 수치적으로 제한할 수 없다"는 승소판결을 내렸는데, 이 결과는 유입인구를 모두 수용해야 한다는 것이었다.

페탈루마 시는 1962년 인구 1만 7천 명 때의 도시계획에서 1985년 7만 7천 명의 인구성장을 계획하고 이를 근거로 조세기반 위에서 도시서비스 시설과 공공서비스 제공에 필요한 재정투자계획을 수립한 것에 근거를 두고 반론을 제시한 것이다. 따라서 시정부는 연방정부의 판결에 불복하여 대법원에 다시 제소하였는데, 최종심인 대법원에서는 하급심의 판결을 뒤엎고, 도시정부가 도시서비스의 확대에 필요한 계획수립을 할 권리가 있다는 판결을 내렸다.

특히 도시정부는 집행계획을 어렵게 하는 개발을 거부할 수 있다고 하여 도시정부의 입장을 합헌적이라고 지지함으로써 도시성장관리제도의 정당성을 부여하게 되었다. 그 후 많은 재산권과 공익의 대립양태에서 대체로 도시성장관리의 정당성을 인정하는 추세가 지속되어 도시성장관리가 제도로 확립되었다(정순오외, 1991: 59-60).

도시용량에 근거하는 도시계획 수립 및 집행이 필요함을 시사한다고 할 수 있다. 도시행정의 집행력과 행정력이 중요함을 강조할 수 있다.

한편 도시성장관리에 대한 규제는 보편적으로 보호받아야 할 시민권리에 대한 침해와 사회정의 차원에서의 불평등을 초래하므로 도시성장관리에 의한 규제는 다음과 같은 합리성의 기초를 마련해야 할 것이다.

첫째, 인구가 증가하면 세입은 증대되나 공공복지와 환경보호를 위한 지출이 이를 상쇄시켜 버리고, 생활의 질이 저하될 가능성이 높아진다.

둘째, 인구균형분산을 위한 국가적 차원의 할당이나 규제가 없는 한, 지방정부·도시정부들은 성장이나 개발에 대한 독자적인 정책결정을 내릴 수밖에 없다.

이와 같이 도시성장관리란 일정한 도시공간의 범위 내에서 하나 혹은 둘 이상의 도시성장기능이나 구조 그리고 도시성장의 질과 양을 바람직한 방향으로 유도하고 조정하는 노력이라 할 수 있다.

도시성장관리는 공식적인 계획, 도시기반시설을 포함한 도시공간개발과 토지이용계획을 통하여 사회적, 물리적인 개발에 영향을 주는 도시공공정책인 것이다. 도시행정의 궁극적인 목표가 양질의 도시행정 서비스를 공급하는 것이므로, 도시성장관리정책을 통해 도시정부는 도시성장의 '양'뿐만 아니라 '질'을 잘 조정하여 도시가 바람직한 방향으로 관리될 수 있도록 해야 할 것이다.

제2절 도시성장관리정책의 연구전제 및 정책적 수단

Ⅰ. 도시성장관리정책의 연구전제

도시성장관리정책에서 가장 필요한 연구수단을 살펴보면 다음과 같다(ULI, 1991: 80-193).

첫째, 도시성장관리정책에 필요한 통계의 정립이다. 지역의 고용구조나 인구변화에 대한 기반통계의 확보 등 각 지역통계기반(Data-Base)의 구축이 필요하며, 여기에는 인구통계뿐만 아니라 토지특성이 반영된 지리정보시스템(G.I.S: Geographic Information System) 그리고 재산권 특성을 반영하고 다양한 정보를 포함한 도시성장관리 프로그램을 개발해야 한다.

둘째, 지방정부·도시정부의 도시성장관리 노력 및 수단에 대한 체계적인 정책목표 설정 및 지방정부의 문제 해결능력 및 대응능력이 필요하다. 정부의 문제 해결능력이나 계획의 권위, 담당부서, 계획의 일관성, 계획의 집행능력, 시민단체의 보조역할 등은 중요하다. 또한 지역의 실질적인 잠재력 파악 및 중앙정부와의 관계, 정책에의 시민참여를 도모하는 것도 그 무엇보다 선행되어야 한다.

셋째, 도시성장관리정책에 있어서 경제적 측면에 대한 수단 등 방법론에 대한 연구가 그것이다. 여기서 쟁점이 되는 것이 도시성장관리가 과연 효과적으로 이루어지고 있는지, 개발의 질적 측면은 문제가 없는지를 살펴볼 필요가 있는 것이다.

도시성장관리에 있어 경제적 효과성은 경제적 성장효과 파악과 함께, 양적 측면이 아닌 질적 측면에서의 삶의 질(Q.O.L: Quality of Life) 측정기준을 도시성장관리와 연계해서 정립할 필요가 있다.

넷째, 도시성장관리의 파급효과 분석이다. 이 분석은 경제적 분석과 연계하여 인구정책, 정책목표 달성, 도시성장관리 수단, 지역성장 유형, 지역정책, 국가정책의 흐름에 따른 파급효과 분석이 그것이다.

다섯째, 환경 측면의 접근으로, 환경의 질과 환경 친화적 개발의 목적을 실질적으로 살펴보아야 한다.

도시성장관리체계를 설정하는 과정은 다음의 5단계를 거친다(장병문,1993; 59-60).

첫째, 특정 도시의 도시정책 수립 및 집행의 목적, 목표 그리고 정책결정을 하는 단계이다. 목적과 목표는 도시성장관리체계를 구축하는 기초가 되고, 도시성장관리체계는 개발의 양과 질, 장소, 용도, 성장의 비용, 밀도 혹은 성장의 시기에 미치게된다. 그리고 각종 상위계획의 프로그램들이 당해 도시에 미칠 영향은 도시성장관리체계를 구축하는 데 중요한 역할을 하게 된다.

둘째, 도시성장문제를 해결하는 데 효과적인 모든 수단과 기법을 찾아내는 단계이다.

셋째, 특정한 도시의 기술적, 행정적 전문성, 정치적 수용가능성, 적법성 여부, 도시의 성장상태 및 재정현황 등을 고려하여 도시성장관리기법을 조정하는 단계이다.

넷째, 효과성과 효율성에 입각하여 도시의 상황에 적합한 도시성장관리체계를 선택하는 단계이다.

다섯째, 도시성장관리체계의 실효성을 평가하는 단계를 거친다.

　이와 같은 도시성장관리체계를 구축하기 위해서는, 앞서 살펴본 전제조건과 일반적 과정을 검토한 후 세부적인 프로그램을 마련하게 되는 것이다.

　능률적이고 효과적으로 도시성장관리를 하기 위해서는 다음과 같은 단계가 필요하다.

　① 도시의 종합계획의 재정비, ② 성장관리 요소의 준비, ③ 공공시설물의 기준 규명, ④ 물의 물리적 계획, ⑤ 기존 시설물의 재고와 분석, ⑥ 서비스 충족에 필요한 시설물의 규명, ⑦ 각 시설물의 필요한 임계점의 개발, ⑧ 단계적 공공시설물의 공급계획, ⑨ 활용 가능한 재정수단과 프로그램의 검토, ⑩ 전산추적과 모니터링 체계 등의 10단계를 거친다고 할 수 있다.

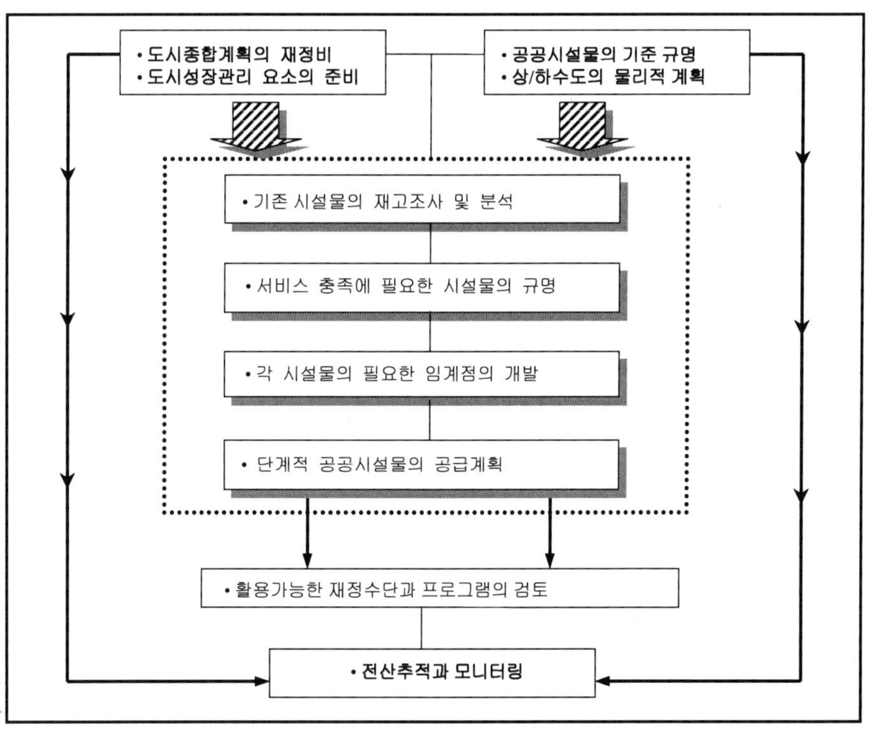

〈그림 2-1〉 도시성장관리시스템(UGS)

Ⅱ. 도시성장관리정책의 정책적 수단

1. 도시성장관리정책기법

도시성장관리정책에는 지역특성을 반영한 정책적 수단이 활용되는데(Eric Damian Kelly, 1993: 7−43), 일반적으로 분류되는 방법을 살펴보면 다음과 같다.

① 강력하고 철저한 수단(Police Power Devices), ② 토지확보 및 취득에 의한 수단(Acquisition Devices), ③ 자본계획개선에 의한 수단(Capital Improvements Devices), ④ 조세 및 가격기구에 의한 수단(Taxation and Associated Pricing Devices)이 그것이다. 주로 활용 가능한 도시성장관리의 정책적 수단특징을 정리해 보면 〈그림 2−2〉~〈그림 2−5〉와 같다.

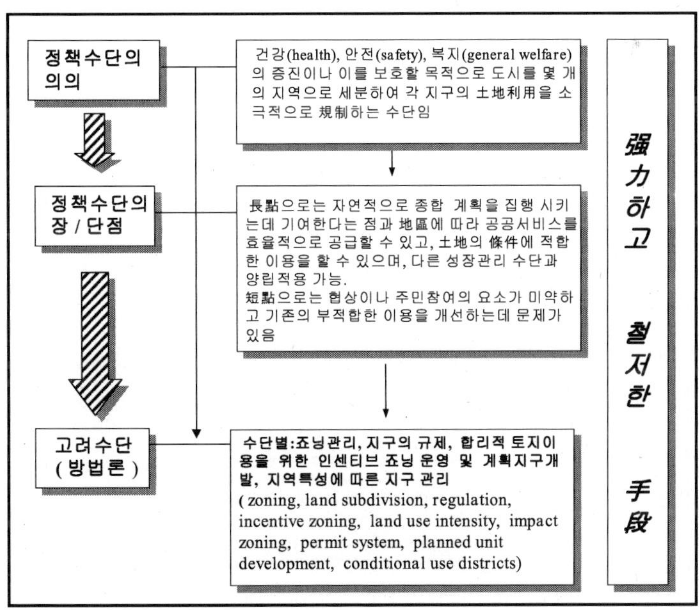

〈그림 2−2〉 도시성장관리의 정책적 수단 Ⅰ

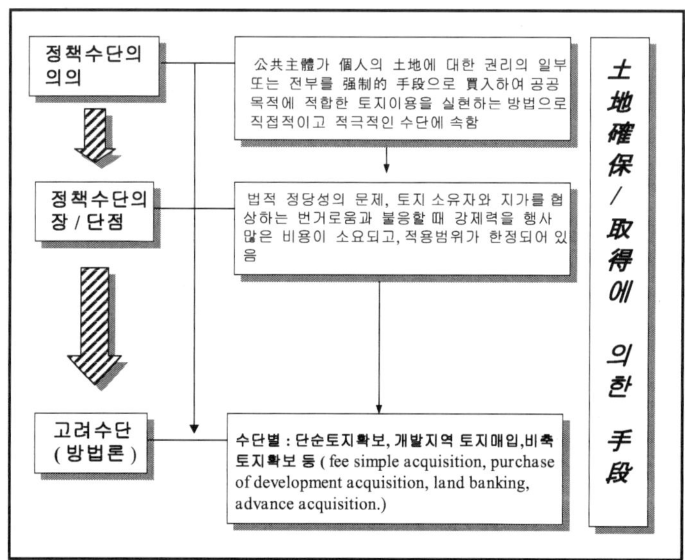

〈그림 2-3〉 도시성장관리의 정책적 수단 II

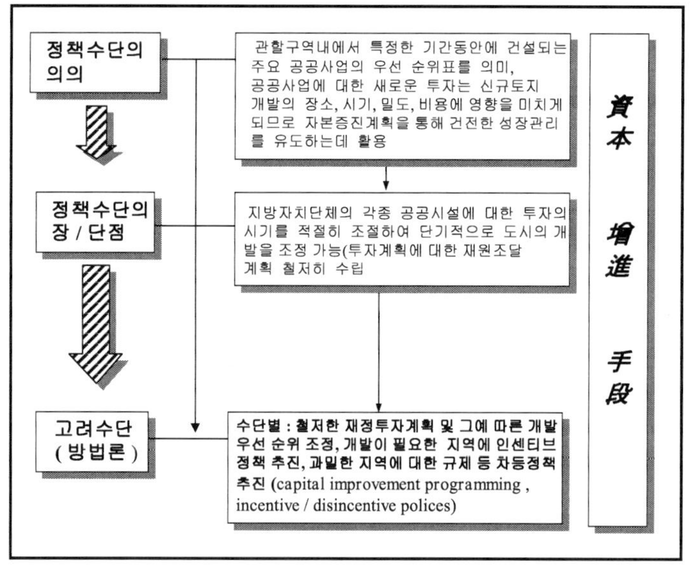

〈그림 2-4〉 도시성장관리의 정책적 수단 III

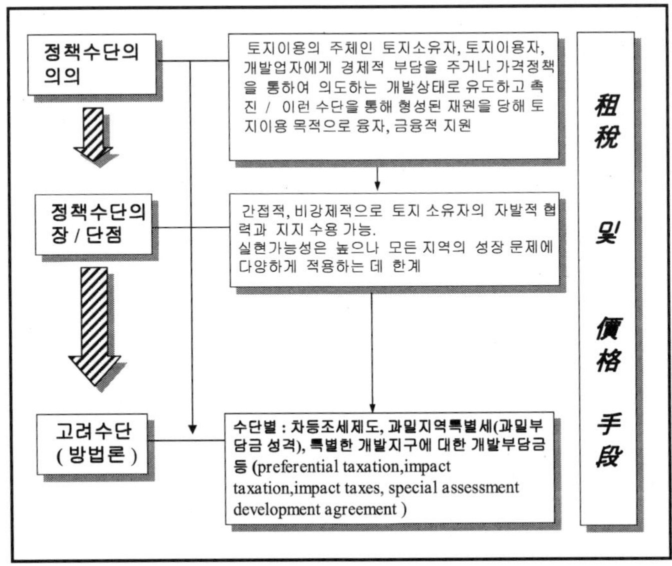

<그림 2-5> 도시성장관리의 정책적 수단 Ⅳ

2. 도시성장관리정책 평가기준

도시성장관리의 평가기준은 지역특성을 반영하여 정책적 측면, 경제적 측면, 토지관리, 환경, 삶의 질(QOL) 문제 등은 중요한 영역이다.

일반적으로 도시성장관리의 평가기준은 토지정책 측면의 평가기준 속에서 나머지 평가요소를 부수적으로 접근시킨 것으로 제반 요인이 복합적으로 파악될 때 종합적인 도시성장관리의 기준이 되기도 한다.

도시성장관리의 평가기준은 지역특성을 반영하여 정책적 측면, 경제적 측면, 토지관리적 측면 그리고 최근에 와서 더욱 그 의미가 부여되는 삶의 질(QOL)의 문제도 환경 측면과 함께 중요한 부문으로 자리하고 있다.

도시성장관리의 평가기준은 토지정책적인 의미의 평가기준 속에 나머지 평가요소를 부수적으로 접근시킨 것으로, 앞서 살펴본 연구의 전제적 요소에서 파악된 제반

요인이 복합적으로 파악될 때 종합적인 도시성장관리의 기준이 된다.

이를 위해서는 다음과 같은 포괄적인 측면의 접근이 필요하다.

첫째, 일반적인 측면에서는 도시성장관리정책에 필요한 통계기반을 구축하고 지방정부·도시정부의 도시성장관리정책에 대한 추진의지가 있어야 한다. 특히 도시성장관리수단에 대한 체계적인 접근 및 지방정부의 도시문제에 대한 대응능력을 높여야 한다.

둘째, 도시경제적인 측면에서는 도시성장관리정책에 있어서 경제적 측면의 수단 연구와 함께 도시성장관리정책에 대한 파급효과 분석이 필요하다.

셋째, 환경적인 측면에서의 환경의 질과 친환경적인 개발에 대한 실제적인 접근을 해야 한다.

활용 가능한 도시성장관리정책의 평가기준을 살펴보면 〈표 2-1〉~〈표 2-4〉와 같다.

〈표 2-1〉 도시성장관리정책의 평가기준 I (공공서비스: Public services)

쟁 점 / 부 문	① 적절한 공공시설(Adequate public facilities)	② 도시성장 양상 (phased growth)	③ 도시성장의 한계(urban growth boundaries)	④ 성장률 (rate of growth)	⑤ 최소 밀도 (minimum density)	⑥ 자본 투자 (capital investment)	⑦ 토지 합병 (annexation)	⑧ 토지취득 (land acquisition)
① 재정여건을 고려한 도시성장의 적정화 (optimize fiscal impacts of growth)	●●	●	●	●	●●	●●	●●	
② 균형 있는 공공서비스의 규모 및 수요(balanced public service capacities and demands)	●●	●				●●●		
③ 교통혼잡에 있어 성장의 한계 (limit growth in traffic congestion)	●●	●				●●●		

<표 2-2> 도시성장관리정책의 평가기준Ⅱ(도시형태: Urban form)

부문 \ 쟁점	① 적절한 공공시설(Ade quate public facilities)	② 도시성장 양상 (phased growth)	③ 도시성장의 한계(urban growth boundaries)	④ 성장률 (rate of growth)	⑤ 최소 밀도 (minimum density)	⑥ 자본 투자 (capital investment)	⑦ 토지 합병 (annexation)	⑧ 토지취득 (land acquisition)
① 도시경계의 설정 (define urban edge)		●	●●			●	●	●●●
② 지속적인 도시스프롤 현상의 한계(limit continuous sprawl)		●	●●			●	●	
③ 침체지역이나 성장지역의 한계 (limit discontinuous leapfrog development	●●	●●				●●	●	
④ 더욱 많은 개발조성 (make development more compact)	●	●	●		●●●	●	●	

<표 2-3> 도시성장관리정책의 평가기준Ⅲ(도시특성: Community character)

부문 \ 쟁점	① 적절한 공공시설(Ade quate public facilities)	② 도시성장 양상 (phased growth)	③ 도시성장의 한계(urban growth boundaries)	④ 성장률 (rate of growth)	⑤ 최소 밀도 (minimum density)	⑥ 자본 투자 (capital investment)	⑦ 토지 합병 (annexation)	⑧ 토지취득 (land acquisition)
① 준농림지역이나 도시인접지역의 보전(maintain semirural character)								
② 그린벨트의 설치(establish greenbelts)			●				●	●●●

<表 2-4> 도시성장관리정책의 평가기준Ⅳ(도시환경: Environmental)

부 문 ＼ 쟁 점	① 적절한 공공시설(Ade quate public facilities)	② 도시성장 양상(phase d growth)	③ 도시성장의 한계(urban growth boundaries)	④ 성장률 (rate of growth)	⑤ 최소 밀도 (minimum density)	⑥ 자본 투자 (capital investment)	⑦ 토지 합병 (annexation)	⑧ 토지취득 (land acquisition)
① 도시지역에서 보전가치가 높은 토지의 보전(preserve sensitive lands within urban area)								●●●
② 도시인접지역에서의 보전가치가 높은 토지의 보전(preserve sensitive lands near urban area)	●		●●			●●	●●	●●●
③ 오픈 스페이스의 보전(preserve open space)	●		●					●●●

<표 2-5> 도시성장관리정책의 평가기준Ⅴ(도시주택: Housing)

부 문 ＼ 쟁 점	① 적절한 공공시설(Adeq uate public facilities)	② 도시 성장양상 (phased growth)	③ 도시성장의 한계(urban growth boundaries)	④ 성장률 (rate of growth)	⑤ 최소 밀도 (minimum density)	⑥ 자본 투자 (capital investment)	⑦ 토지 합병 (annexation)	⑧ 토지취득 (land acquisition)
① 적절한 주거의 확보 및 여건 조성(promote affordable housing)					●	●		
② 다양한 주거확보기회의 마련(promote diverse housing opportunities)					●			

자료: Eric Damian Kelly, Ibid, pp.220~223, 재작성.

제3절 도시성장관리체계

우리나라는 도시성장관리에 대한 시스템이 체계적으로 구축되지 못한 것이 사실이다. 도시성장관리체계가 구성되지 않은 상태에서 도시의 성장에 관한 것을 효과적으로 논의하기는 현실적으로 어렵다.

도시성장관리에 대한 접근이 문제 중심으로 개별법규에 근거하고, 특정한 목적별로 여러 관리 주체 간의 조정 없이 관리되고 있어서 도시성장관리의 효율성도 저하되는 것이다.

적어도 한 도시의 성장관리에 관한 것은 해당 도시정부가 주도적인 역할을 하고 관련 기관 간의 상이할 수도 있는 의견들을 도시성장의 목표의 관점에서 협력, 조정하여야 하는데 그렇지 못한 것이다.

현행 법령체계 중에서 도시성장관리정책을 뒷받침할 수 있는 특성을 가진 법률은 수도권정비계획법(1982)인데, 이 법의 한계는 인구와 산업의 과도한 집중을 어떤 기준에서 어떻게 정의할 수 있는지가 막연하게 규정되어 있다는 점이다. 관련 법규 중 성장관리와 연계된 법을 정리해 보면 〈표 2-6〉과 같다.

〈표 2-6〉 도시성장관리와 관련된 관계법규의 비교

관련 법규	규제수단	성장관리적 요소	비고
국토건설 종합계획법	국토계획, 특정지역계획, 도계획, 군계획	생활환경의 적정화를 위한 목표 및 지침, 특정지역의 정비, 목표 설정	
수도권 정비계획법	과밀억제권역, 성장관리권역, 자연보전권역 → 총량규제 / 과밀부담금제	적정성장, 정비계획, 인구영향평가	

관련 법규	규제수단	성장관리적 요소	비고
국토이용 관리법	토지허가규제구역, 국토이용계획	이용규제, 거래규제	**국토기본법 (2002)으로 대체**
특정지역종합 개발촉진특별 조치법	기본계획, 개발규제지구, 토지수용, 분담금	생활환경적정화, 기본계획 개발촉진을 위한 개발규제	
개발이익 환수법	개발부담금제	개발이익의 일부 징수, 개발영향세(impact fee)의 근거로 활용	
도시계획법	도시계획, 연차별집행계획, 지역지구지정, 도시계획시설 지정비용부담의 원칙, Greenbelt 연구대상	성장관리적 요소를 포괄하고 있으나 성장관리의 개념이 들어 있지 않음	국토계획 및 이 용에 관한 법률 (2002)로 대체
토지수용법	토지수용	공익적 토지수용	
도시재개발법	기본계획	공공시설의 확보, 밀도규제	
토지구획 정리사업법	사업계획	인구 및 토지이용계획, 공공시설용지 확보	

　현재 우리나라 지방자치단체의 도시성장관리 시각은 실질적으로 정립되지 못한 실정으로, 도시성장관리에 대한 인식의 폭도 깊지 못한 것으로 나타나 큰 문제점으로 제기되고 있다.

　한편 실효성 있는 도시계획의 수립 및 집행이 필요하다. 따라서 도시계획 미집행 시설의 지속적인 존치로 인한 토지의 비합리적 이용에 따른 각종 문제를 개선해야 하는 시점이다.

수도권 도시성장관리정책의 연혁별 분석

제1절 도시성장관리정책으로서의 수도권정책

Ⅰ. 수도권 도시성장관리의 의의

정부는 1960년대 초반부터 수도권 과밀문제를 인식하여 『대도시 인구 방지책(1964)』을 시작으로 수도권 집중억제시책을 마련하였고, 수도권정비계획법(1982)을 제정하여 수도권정비를 본격적으로 추진하여 왔다.

그동안의 수도권정비시책은 수도권을 억제하면 수도권 기능이 지방으로 분산되어 지방이 발전하고 수도권문제가 해소될 것이라는 시각에서였다. 이를 위해 1995년 당시에는 수도권지역을 5개 권역으로 구분하고 각 권역별로 공장, 대학, 공공청사, 대형건물 등 인구집중유발시설에 대한 차등적 허가제한으로 집중억제시책을 추진하였다.

이러한 억제시책의 추진으로 어느 정도 긍정적 효과도 있었으나, 규제의 불합리성, 경직성, 형평성의 결여 등으로 수도권 내부의 불균형이 발생하게 되어 정부에서는 지속적으로 수도권시책을 변화시켰다.

김영삼 정부에서는 신경제 5개년 계획을 추진하여 수도권정비권역의 단순화, 규제방식의 전환 및 수도권 공간구조의 재편 등을 주요골자로 하는 수도권정비시책 개선안을 마련하여 수도권정비계획법의 변화를 가져온 바 있다.

문제는 체계적인 수도권지역의 분석 및 효율적인 도시성장관리 시각이 부족했다는 점이다. 경제규제완화가 수도권지역의 도시계획적 요소나 도시성장관리적 시각 차원에서 진행되어야 했다는 점이다.

이를테면 개발논리에 부응하여 도시계획 측면에서 규제완화(deregulation)로 이어져서는 안 된다는 것이다. 그러나 이 시기에는 이 점이 작용하여 2000년도 이후 난개발의 문제까지 연계된 측면이 있다. 국토이용관리법의 10개 용도지역이 이 시점에서 5개 용도지역으로 변화되었고, 문제가 된 준농림지역도 이때 생긴 것이다. 2000년도의 용인 난개발의 일부 원인은 용인지역의 준농림지역을 준도시지역으로 국토이용 변경(국변)하는 과정에서 발생했기 때문이다.

분석결과에서도 알 수 있듯이, 각종 수도권정책의 실효성이 의문시될 정도로 수도권 집중은 계속됨을 알 수 있다. 이것은 도시성장관리 시각이 크게 내재되지 못한 가운데 지방분산정책을 집중적으로 추진했지만, 정책의 실효성 부족과 함께 수도권으로의 집중의 관성이 계속적으로 나타난 결과라고 할 수 있다. 따라서 도시성장관리 시각이 전제된 도시정책 추진이 이루어져야 하는 것이다.

수도권 각 지방자치단체들은 비축토지의 부족 및 비축토지의 확보문제, 행정구역의 통합에 따른 지방자치단체의 비축토지 활용문제가 지가의 상승과 맞물려서 어려움을 겪고 있다.

특히 국공유지의 관리 및 개발제한구역(Greenbelts)의 관리 및 활용, 장기도시계획 미집행 시설에 대한 실소유자들의 재산권 침해문제가 제기되고 있으므로 실효성 있는 정책 추진이 필요하다.

이제는 지방자치단체에서도 환경문제의 해결과 환경보존의 조화가 정책의 우선순위를 형성하고 있다. 님비(NIMBY: not in my back yard)와 핌피(PIMFY: please in my front yard) 문제도 도시성장관리가 전제된 협상방식을 통해 주민과의 갈등문제를 해결해야 한다. 이와 같이 도시성장관리는 주민들을 위한 도시행정을 전개하는 데 있어서 근간이 된다.

Ⅱ. 수도권 도시성장관리정책의 필요성

도시성장관리는 도시의 성장과정을 유도함에 있어 집적이익을 최대화하는 동시에 사회적 비용을 최소화하여 도시의 경제적 효율성을 높이는 데 있다. 도시성장관리정책은 수도권문제 해결에 새로운 정책적 기법이 될 수 있으나, 외국의 도시성장관리정책을 바로 적용하는 데는 한계가 있다. 특히 각종 점수제를 통한 개발여건 부여 등 직접적 추진에는 여건의 미성숙과 전문성, 사회적인 합의도 전제가 되어야 한다. 아직까지 현실적인 도시성장관리정책이 정립되지 못하고 있으므로, 정책에 대한 필터링(filtering)과 우리 실정에 맞는 도시성장관리가 필요하다.

정확하고 체계적인 지역분석(Regional analysis)이 부족하고, 하위계획(Bottom up)과 연계되지 않은 상황에서 발표되는 상위계획(Top down)은 그 정책 추진과정에서 한계가 발생한다. 이런 정책과정이 너무나 많았던 것이다.

지금까지 우리나라의 수도권의 집중은 각종 도시문제 발생의 모체가 되는 한편, 국가의 불균형 발전을 초래했다. 수도권의 택지개발사업의 추진과 5개 신도시정책 등은 긍정적 요인도 있겠지만 적지 않은 부작용이 발생한 것이 사실이다.

따라서 수도권에 대한 총체적인 시각을 그동안의 수도권 집중완화 또는 집중규제 정책에서 보다 지역특성을 고려한 바람직한 도시성장관리정책으로의 정책적 전환이 필요하다. 이런 측면에서 볼 때, 수도권 도시성장관리에 대한 다음과 같은 의문점을 제시하고자 한다.

첫째, 수도권에는 도시성장관리 시각이 있는가?

둘째, 수도권의 전 지역이 인구집중 또는 산업 집중된 상태인가?

셋째, 수도권지역의 성장이 경제 측면에서 진행되었는데, 실질적 의미의 수도권 분석이 각 지역별로 체계적으로 이루어졌는가?

넷째, 수도권 시·군 행정통합에 따라 발생한 각종 토지자원 중에서 도시성장관리에 필요한 비축토지는 어느 정도 확보되고 있고, 제대로 관리되고 있는가?

다섯째, 수도권의 신도시는 수도권 도시성장관리에 어느 정도 기여를 하게 되는지, 정책에는 도시성장관리 시각이 전제되어 있는지, 그 실효성이 어느 정도 있는지, 수도권 규제의 실효성은 있는지 등이 그것이다.

이와 같은 문제인식 속에서 이 연구에서도 도시성장관리정책의 분석에 있어 분석기법을 일반적 의미의 효과성 분석에서 제시되는, 각종 요소로 평가하는 데는 한계가 있다. 따라서 시계열상에 평가될 수 있는 수도권정책 변화를 총체적으로 분석

접근하고자 한다.

과연 어느 정도 수도권 집중완화에 기여했는지, 아니면 집중이 수도권이라는 서울특별시, 인천광역시, 그리고 경기도의 시·군에 있어서 특정지역에 집중되었는가를 실질적으로 분석해 보자는 것이다.

도시성장관리정책은 그 무엇보다 중요하다고 판단되므로, 수도권지역에 있어 서울을 중심으로 한 인천광역시, 경기도를 심층적으로 분석해야 지금까지 수도권정책의 실효성을 살펴볼 수 있을 것이다.

수도권정책에도 본격적으로 도시성장관리 시각의 정립이 필요한 시점이라는 점을 강조하고자 하는 것이다.

수도권정책에 있어서 수도권정비계획법이 바뀌기 전까지 5대 정비권역의 의미는 그동안의 수도권정책에 있어서 중요한 부문으로 자리했기에 분석을 통해 도시성장관리적인 시각의 중요성을 부여하게 된다.

다만 현재와 같은 3대 정비권역으로의 큰 변화는 체계적인 수도권 관리를 저해하는 정책적 변화를 가져왔기에 수도권정책의 완화라는 결과도 가져왔다.

따라서 수도권 도시성장관리정책의 의미를 부여하는 데 있어서 총량관리라는 도시성장관리 수단이 있었지만 정책적인 실효성에는 문제가 있다.

앞서 제기한 바와 같이 경제규제 완화와 수도권정책의 도시 및 토지정책으로의 규제완화를 통해 수도권 도시성장관리가 아닌 도시성장관리의 회복 불가능한 상태로 전락될 수도 있기 때문이다.

더욱이 2005년도 이후에 정부에서 밝히는 이후 수도권 2기 신도시 건설의 의미는 국토의 균형발전과 함께 수도권의 분산정책에 배치될 수 있으므로, 신규 신도시의 입지는 신중하게 재검토되어야 한다.

수도권문제 해결을 서울문제 해결이라는 대전제에서 인식하고 있기에, 서울을 제외한 다른 수도권지역은 각종 여건형성의 제약요인이 제기되어 총량규제에 따른 부작용도 있는 것이 사실이다. 따라서 수도권정비계획법도 지역여건을 고려한 법규의 개선을 검토할 필요가 있다.

지리적 근접성이 지역성장의 동인요소로 작용됨을 이 지역에서 간과할 수 있으므로 보다 바람직하고 적극적인 측면에서 도시성장관리정책이 필요한 것이다. 결국 수도권정비계획이 수도권에 있어서 서울을 제외한 인천광역시, 경기도 지역에서는 지역정책의 수립 및 집행에서 제도적인 모순과 한계가 드러나고 있기 때문이다.

다만 수도권의 특성상 서울을 중심으로 한 규모의 경제(scale of economic) 속에서, 세부적으로는 지역특화의 경제(location economic) 및 도시화의 경제(urbanization economic)의 복합적 작용으로 인한 집적이익(agglomeration economic)의 효과가 반사적 이익 측면에서 발생할 수도 있다. 따라서 보다 합리적인 정책적 대안이 필요하다.

Ⅲ. 수도권 도시성장관리정책의 실체

1. 수도권정비계획 수립의 의의

정부가 우리나라 최초의 수도권정비기본계획을 확정, 발표한 것은 1984년 7월 11일(건설부고시 제254호)이다. 그러나 이러한 역사적인 공식계획이 나오기까지는 1960년대 이후 수많은 연구조사보고서와 계획구상, 외국사례의 검토가 있어 왔다.

이 중에서 특기할 만한 정책으로는, 수도권 제1차 광역도시계획(1964), 서울특별시의 시정종합계획(1972~1981), 수도권기본계획조사보고서(건설부, 1976), 수도권부문별계획조사보고서(건설부, 1977), 수도권 인구재배치계획(1977~1986) 등이 있다.

1982년에는 수도권정비기본계획을 시행하기 위한 근거 법으로서 수도권정비계획법이 제정되었다.

종전의 수도권정비계획은 기본계획과 시행계획으로 이원화하여 기본계획에는 권역구분 및 권역별 정비내용 등을 정하고 있었으며, 시행계획에는 기본계획의 이행을 위한 단계별 세부추진계획을 정하도록 규정하고 있었다.

이에 따라 기본계획은 고시되었으나(1984.7), 각 권역별 시행계획 중 개발유도권역만 수립, 고시(1986.7)하였고 다른 권역에 대해서는 개별시설 이전 등 규제 위주의 세부시행을 중앙정부에서 결정하도록 되어 있어 현실적으로 계획을 수립하지 못하였다.

현행 수도권정비계획법에서는 기본계획과 시행계획을 일원화할 수도권정비계획을 수립토록 규정하고 있고 수도권정비계획을 실행하기 위한 관계기관별 추진계획을 수립하도록 하고 있다(법 제3조, 제5조).

수도권정비계획은 장기종합계획으로 수도권 안에서의 토지이용계획, 기타 관련 법령에 의한 개발계획 등에 우선하고 그 계획의 기본이 되며 지침을 제공하는 데 그 목적이 있다.

수도권정비계획에서는 수도권정비의 기본방향, 인구 및 산업 등의 배치, 도시체계 및 권역별 정비방안, 교통, 용수, 환경 등 광역시설의 정비에 관한 기본적인 사항을 정하게 된다. 수도권정비의 기본방향은 전국적 차원의 지역 간 분산과 수도권 차원의 지역 내 기능분담을 통하여 국토의 균형 있는 발전을 도모하고, 수도권 내부의 불균형을 해소하는 한편 국가경쟁력을 제고하는 데 중점을 두고 있다.

수도권 3개 권역별로 특징 있는 정비전략을 수립하여 앞서 살펴본 바와 같이 과밀억제권역은 첨단정보, 국제교역 등 고급중추기능을 위주로 하여 정비하고, 제조업체와 수도권 입지에 필요성이 적은 기능은 규제하여 분산을 촉진하도록 했다.

성장관리권역은 이전기능의 수용 및 수도 기능에 필요한 시설을 지역특성을 고려하여 배치토록 하고, 지역중심지의 서비스 강화 및 자족기능 확충으로 서울 의존도를 탈피토록 하며, 자연보전권역은 한강 수질에 오염이 적은 생활편익시설의 확충과 자연환경을 이용한 여가기능의 배치방안을 강구한다는 것이다.

수도권 5개 신도시, 수도권 신공항 및 경부고속전철건설, 수도권 광역교통망 확충, 아산만 신산업 조성 등 일련의 개발 사업은 수도권 공간구조 형성에 큰 영향을 미치므로 수도권정비계획에서 이와 연계된 도시별 기능분담방향, 택지 및 공업단지 배치방향 등도 중요한 요소이다.

2. 수도권정비계획의 실체와 도시성장관리

1) 제1차 수도권정비계획(1982~1996)

① 수도권정비계획의 기본목표

수도권정비계획은 수도권의 인구 및 산업의 과도한 집중억제와 기능의 선별적 분산을 통하여 국토의 균형개발을 유도한다는 것으로 정비의 기본목표는 다음 다섯 가지로 요약된다.

첫째, 서울에 인구증가를 초래할 산업시설 등의 입지를 강력히 제한하고 중추적 역할만 유지한다.

둘째, 수도권 내 도시 간 기능분담으로 다핵적 광역대도시생활권을 계획적으로 형성한다.

셋째, 교통, 용수, 오락 등 기반시설을 정비하여 광역적 이용체계로 확정한다.

넷째, 한강수계의 환경오염을 미연에 방지하고 쾌적한 녹지공간을 적극적으로 확보한다.

다섯째, 방위전략상의 취약성 및 국가안전보장의 개념변화에 대한 대응이다. 수도권정비의 기본전략은 수도권 전역을 5대 권역으로 구분 지정하고 각 권역별로 특징 있는 정비전략과 광역적 토지이용규제를 통한 인구 및 산업의 적정배치를 도모하고자 하였다.

〈표 3-1〉 제1차 수도권정비계획상 권역구분)

권역구분	정비기본전략
이전촉진권역	집중규제
제한정비권역	과밀억제
개발유도권역	이전수용
자연보전권역	한강보전
개발유보권역	특수개발

〈표 3-2〉 1980년대 수도권시책의 변천 주요내용

개정일시	주요내용
'85.12.31	• 학교 규제에서 고등학교 제외, 학원 규제지역을 서울 한수이북지역에 한정
'88.12.24	• 판매·업무용건축물의 규제 강화 2만~3만㎡ 이상 → 1.5만~2.5만㎡ 이상
'89.12.23	• 학교 규제에서 방송통신대학 제외·학원의 규제범위를 입시·고시 학원으로 한정

② 수도권 인구 및 기능의 배치

수도권의 목표인구를 살펴보면 1991년의 수도권이 16,383천 명이고 2001년까지는 1,800만 명을 넘지 않도록 설정하였으나 실제로는 1991년에 이미 1800만 명을 초과하였다. 또한 서울시의 가용토지를 기준으로 볼 때 최대 인구수용능력을 약 10,220천 명으로 설정한 바 있다. 한편 기능의 배치에 대한 것은 다음과 같다.

〈표 3-3〉 수도권 기능의 배치

기 능	세부내용
○ 중추관리기능	- 서울에 국가적 중추관리기능, 수도로서의 국제적 기능과 서울지역기능 이외는 입지를 규제하고 선별적 분산유도 - 중추관리기능과 분산될 생산 활동을 연결하는 고급정보 통신기능 강화
○ 제조업기능	- 수도권의 서남부 등 개발유도권역에는 이전촉진권역과 제한정비권역에서 이전되는 중소기업 공장을 집단화 배치 - 서울의 제조업 중 도시형 공업을 제외한 모든 업종의 분산을 추진하고 용도지역 위반 비도시형 공장을 이전 - 공업배치법에 의거 이전촉진권역과 제한정비권역 내의 공장의 신·증설은 계속 규제하고 공업배치기본계획의 조기수립 시행
○ 서비스 및 유통기능	- 서울은 전국과 수도권을 상대로 하는 국제교역과 상권의 중심지임을 감안하여 3차 산업기능 중 정보 서비스, 시스템산업, 여가산업을 적정수준으로 배치 - 서울에서 그 비중이 하강추세에 있는 종합건설업, 전기·가스 및 수도사업, 운수 보관업종은 서울과 기능적 연계성을 감안하여 서울시 주변지역으로 분산 배치
○ 교육문화연구기능	- 수도권 내 대학 분교의 설치 및 학생정원의 증원억제 - 서울에 소재하는 교육연구기능 중에서 대학 또는 연구기관을 계열별로 지방이전을 촉진

2) 제2차 수도권정비계획(1997~2011)

① 제2차 수도권정비계획의 주요 특징

수도권정비기본계획은 수도권을 이전촉진, 제한정비, 개발유도, 자연보전, 개발유보권역 등 5개로 구분하여 광역적인 토지이용규제를 실시하였다(1987.7 고시). 그러나 제3차 국토개발계획과 신경제5개년계획 등에 의한 정책방향의 변화와 10년 동안의 여건변화로 1994년에 수도권정비계획법이 대폭 개정되면서 상당수준의 규제완화가 이루어졌다.

또한 개정법에서는 기본계획과 시행계획을 일원화하여 수립하도록 규정[1]하고 있는데, 이는 각 권역별 시행계획 중 개발유도권역에서만 1986년 7월에 고시되었을 뿐 다른 권역에 대해서는 사실상 방치되어 왔기 때문이다.

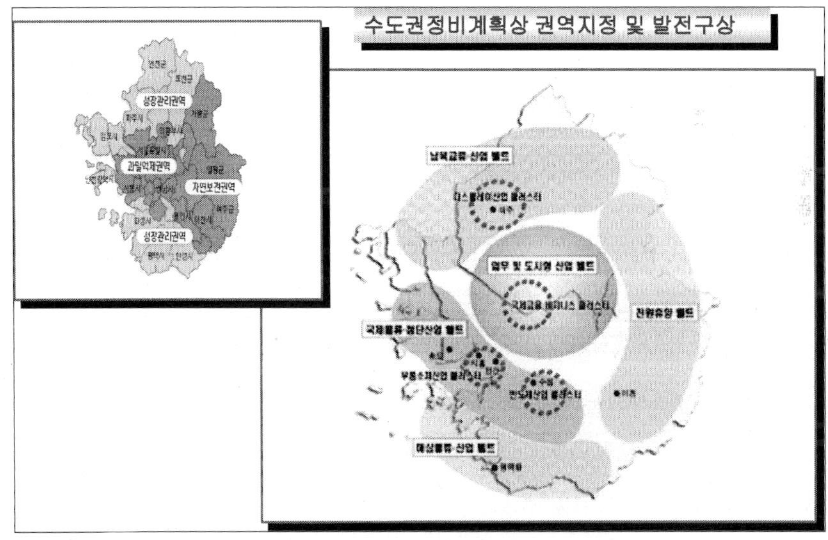

〈그림 3-1〉 수도권정비계획상 3대 권역

---

1) 개정법률은 국가경쟁력 강화를 우선적으로 내세워 경제활동을 직접적으로 제약하는 개별적·물리적 규제방식을 총량적·경제적 규제방식으로 전환하였다. 그 대표적인 예는 업무용·판매용 건축물의 신·증설에 대하여 과밀부담금을 부과하는 것이고 공장 대학 등 인구집중유발시설의 총 허용량을 설정하는 총량규제제도이다.

〈표 3-4〉 현행 수도권정비권역 현황

구 분	과밀억제권역	성장관리권역	자연보전권역
면 적 11,723 〈11.8%〉	1,996㎢(17.0%)	5,895㎢(50.3%)	3,832㎢(32.7%)
인 구 23,240 〈47.6%〉	19,030천 명(81.9%)	3,103천 명(13.4%)	1,107천 명(4.8%)
행 정 구 역	서울, 인천(일부) 의정부, 구리, 남양주(일부),하남, 고양, 수원, 성남, 안양, 부천, 광명, 과천, 의왕, 군포, 시흥 16개시	동두천, 안산, 오산, 평택, 파주, 남양주(일부), 용인(일부), 연천군, 포천군, 양주군, 김포시, 화성시, 안성시(일부), 인천(일부), 시흥(일부) 12개시, 3개군	이천, 남양주(일부), 용인(일부), 가평군, 양평군, 여주군, 광주시, 안성시(일부) 5개시 3개군
정 비 전 략	과밀화 방지 도시문제 해소	이전기능 수용 자족기반 확충	한강수계 보전 주민불편 해소

자료: 건설교통부 국토정책국(2005).

　제2차 수도권정비계획(1997~2011) 수립의 결정적인 계기가 된 것은 무엇보다도 수도권정책 변화와 함께 수도권을 과밀억제권역, 성장관리권역, 자연보존권역 등 3개 권역으로 단순화시켰다는 점이다.

　제한정비권역의 경우는 과밀현상의 광역화로 이전촉진권역과 같이 인구 및 산업이 집중되어 별도로 지역을 구분하여 관리할 필요성이 없어지고 개발유보권역은 국가 안보상의 문제로 개발을 유보하였으나 남북관계의 진전 등 권역지정 당시와 비교할 때 여건이 크게 변화되었다.

　개발유도권역은 과밀지역의 수도권 기능을 분산 수용하기 위하여 계획공단 위주의 개발전략을 수립하였으나, 자금부족, 지가상승 등의 이유로 공단조성이 부진하여 당초의 권역지정목적대로 관리되지 못했기 때문이다.

　자연보전권역은 한강수질 보호를 위하여 한강수계와 관련 있는 지역을 대상으로 경계를 설정하는 것을 원칙으로 하여, 기존의 자연보전권역에서 한강수계와 관련이 없는 안성·용인 일부지역을 제외한 반면 과밀억제권역에서 제외되는 이전촉진권역 중 팔당호 특별대책지역인 남양주 화도면 등 일부지역을 포함하게 되었다.

② 주요 수도권정비의 기본목표 및 정비전략

수도권정비의 기본목표는 먼저 수도권의 질서 있는 정비와 자족적인 지역생활권을 육성하고 과밀억제권역에 집중된 인구 및 산업을 수도권 외곽으로 분산하여 다핵공간구조로 개편하는 것이다.

따라서 지역 간 광역교통체계를 확충하여 자족적인 중심도시권을 육성하며, 집중억제기조를 유지하면서 국가경쟁력 강화를 위한 정보화·산업고도화 관련 기능은 확충하고, 수도권에 꼭 입지할 필요가 없는 기능은 지방으로 이전을 촉진하여 지역균형발전을 유도하자는 것이다. 그리고 통일시대를 대비한 남북협력 및 교류기반을 마련한다는 것이다.

이와 같이 개발과 보존을 조화시켜 쾌적한 생활환경을 조성해 나가는 기본목표를 가지고 다음과 같은 정비전략을 추진하고 있다.

중앙정부에서는 공간구조 개편의 기본방향 설정과 이에 따른 광역기반시설을 확충하고, 지방자치단체에서는 구체적인 추진계획 수립 및 지역생활권 내 기반시설을 확보토록 하여 수도권정비시책이 효율적으로 추진되도록 한다는 것이다. 공간구조 개편은 다음과 같다.

첫째, 서울과 인천을 잇는 축은 국제업무 및 교류 중심지로 정비하기 위하여 대형 컨벤션센터, 전시장 등 국제업무시설을 확충하고, 인천국제공항 주변지역을 국제금융·교류·유통·관광 등의 복합기능을 수용하는 국제업무도시로 조성하며, 인천공항과 항만을 연결하는 복합수송기능 강화 및 경인운하건설, 서울외곽순환교통망을 구축하여 수송능력을 확충한다.

둘째, 안산과 아산을 잇는 산업벨트 축은 수도권 필수산업을 유치하고 수도권과 지방 간의 연계물류유통 거점지역으로 조성하여 수도권 남부지역의 자족적이고 쾌적한 지역생활권을 형성한다.

셋째, 수도권 북부인 파주와 포천 축을 중심으로 남북교류 및 경제협력의 거점지역으로 정비한다.

넷째, 수도권 동부지역인 이천과 가평을 잇는 축은 자연 친화적인 자족적 전원생활공간 및 하천과 자연을 활용하는 종합관광지대로 관리하여 수도권을 서울중심의 단핵구조에서 4개 축의 미래 지향적인 다핵분산형 공간구조로 개편하여 지역별특성에 맞는 정비전략을 추진한다. 크게 변화되지 않은 수도권정책구조라 할 수 있다.

③ 권역별 정비방향 및 규제내용

지난 1977년부터 일정권역을 대상으로 대형건축물에 대한 행위제한을 위한 입지규제로부터 권역구분개념이 형성되었다. 지난 1983년 수도권정비계획법이 제정되면서 권역별로 차등규제 및 정비를 위한 권역구분이 체계화된 이래, 1994년 수도권정비계획법을 전면 개정하여 인구와 산업이 과도하게 집중된 과밀억제권역, 과밀억제권역으로부터 계획적인 인구와 산업의 유치를 위한 성장관리권역, 한강수계의 수질 및 자연환경 보전을 위한 자연보전권역 등 3개 권역을 설정하여 운영되고 있다.

한편 수도권정비계획법 개정 법률에서는 경제활동을 직접적으로 제약하는 개별적·물리적 규제방식을 총량적·경제적 규제방식으로 전환토록 하였다.

〈표 3-5〉 수도권정비계획법상 권역별 규제내용 총괄표(서울, 경기, 인천)

구 분		과밀억제권역 (Congestion Restrain Zone)	성장관리권역 (Growth Management Zone)	자연보전권역 (Nature Conservation Zone)
대학	4년제 대학 ·교육대학	신설: 금지 이전: 심의 후 권역 내 가능 　　(서울은 금지)	신설: 금지 이전: 권역 내 또는 타 권역에서 　　의 이전은 가능	신설: 금지 이전: 금지
	소규모 대학	신설: 금지 이전: 심의 후 권역 내 가능 　　(서울은 금지)	신설: 심의 후 가능 이전: 권역 내 또는 타 권역에서 　　의 이전은 가능	신설: 심의 후 가능 이전: 권역 내 가능
	전문대학 산업대학 대학원대학	신설: 가능(대학원대학 이외의 경우 　　서울은 금지) 이전: 심의 후 권역 내 가능 　　(서울은 금지)	신설: 가능 이전: 권역 내 또는 타 권역에서 　　의 이전은 가능	신설: 심의 후 가능 이전: 권역 내 가능 (산업대학 신설·이전 불가)
	(증 원)	○ 총량규제 -대학·교육대학 및 입학정원 50인 이내 소규모대학(첨단학과는 100인 이내)의 증원은 심의허용 -산업·전문대학은 전국 입학정원 총 증가 수의 10% 이내 허용, 10% 초과는 심의 후 허용 -대학원대학은 수도권 전체에서 매년 300인 이내 허용(첨단분야 제외), 300인 초과는 심의 후 허용		
대형건축물 (판매 15천㎡, 업무 등 25천㎡)		-과밀부담금 부과 (서울시에 한함)	-규제 폐지	-금 지
공공청사 (1천㎡)		-심의+과밀부담금(서울시)	-심의 후 허용	-심의 후 허용
연수시설 (3천㎡)		-금지	-94.4.30 이전 기존 시설 증축: 　20% 이내 허용 -신축: 심의 후 허용	-'94.4.30 이전 기존 시설의 　10% 증축만 허용
공 장		-대기업: 신·증설 금지 -중소기업 • 공업단지: 업종·규모제한 없음 • 공업지역: 도시형 공장 허용 • 기타 지역: 현지근린공장, 첨단업 　종, 봉제, 종이제품제조공장 허용	-대기업: 신·증설 금지 　(아산국가공단은 제외) • 반도체 등 14개 첨단공장 100% 　증설 허용 • 외국인투자비율이 50% 이상인 　25개 첨단업종에 한해 2004년 　말까지 신·증설 허용 -중소기업: 업종·규모 제한 없음	-대기업: 신·증설 금지 -중소기업 • 공업지역: 도시형 공장 　(3천㎡ 이내) • 기타 지역: 물을 사용하지 　않는 도시형 공장 　(1천㎡ 이내)
공업지역 지정		-위치변경만 허용	-수도권정비계획에 반영된 공업 지역 허용	-수도권정비계획에 반영된 공업지역 허용
택지조성		-100만㎡ 이상 심의 후 허용	-100만㎡ 이상 심의 후 허용	-3만~6만㎡ 이하 심의 후 허용 *오염총량제 실시 시군은 20만㎡
공업용지조성		-30만㎡ 이상 심의 후 허용	-30만㎡ 이상 심의 후 허용	-3만~6만㎡ 이하 심의 후 허용
관광지조성		-10만㎡ 이상 심의 후 허용	-10만㎡ 이상 심의 후 허용	-3만~6만㎡ 이하 심의 후 허용

※ 수도권정비계획법: 공장 총량관리(시·도별 공장 총량의 설정은 수도권정비위원회에서 결정) 산업집적 활성화및공장설립에관한법률:
　　공장 총 허용량 범위 내에서 개별공장만 규제
　자료: 건설교통부(2005).

<h2 align="center">〈표 3-6〉 수도권정비계획법상 권역별 세부 규제내용(경기도)</h2>

구 분		과밀억제권역	성장관리권역	자연보전권역
목 적		과밀화 방지, 도시문제 해소	이전기능 수용, 자족기반 확충	한강수계 보전, 주민불편 해소
인구 ('06.1월, 道)		6,381천 명(58.8%)	3,535천 명(32.6%)	937천 명(8.6%)
면 적		1,175㎢(11.5%)	5,169㎢(50.8%)	3,838㎢(37.7%)
해당 시·군		14개 시 의정부, 구리, 남양주(일부), 하남, 고양, 수원, 성남, 안양, 부천, 광명, 과천, 의왕, 군포, 시흥(일부)	14개 시·군 동두천, 안산, 오산, 평택, 파주, 남양주(일부), 용인(일부), 연천, 포천, 양주, 김포, 화성, 시흥(반월특수지역), 안성(일부)	8개 시·군 이천, 남양주(일부), 용인(일부), 가평, 양평, 여주, 광주, 안성(일부)
공 장		-대기업 신·증설 금지 -중소기업공장 중 도시형업 종 허용	-대기업 신·증설 금지 (아산산단 제외) -14개 첨단업종 기존 대기업 공장 100% 증설 허용 -외투 기업 25개 업종 한시적 허 용('07년 말까지) -8개 첨단업종 대기업공장 신· 증설 한시적 허용('06년 말까지) -중소기업 공장은 허용	-대기업 신·증설 금지 -공해 없는 중소기업 신·증설 허용(1천㎡ 이내)
		200㎡ 이상의 공장 신·증설은 총량으로 규제(공장 총량)		
공업지역 지 정		금지 (위치변경만 심의 후 허용)	물량 배정	물량 배정
개발사업	택지조성	100만㎡ 이상 심의 후 허용		-3만~6만㎡ 미만 심의 후 허용 ※ 오염총량제 시행 시·군 (1) 도시지역(주, 상, 공)은 10만㎡ 이상 심의 후 허용 (2) 비도시지역은 10만㎡~50만 ㎡ 심의 후 허용
	공업용지	30만㎡ 이상 심의 후 허용		3만~6만㎡미만 심의 후 허용
	관광지	10만㎡ 이상 심의 후 허용		
대학	신 설	금지 (산업대학·전문대학(서울 제외), 대학원대학 신설허용)	금지 (산업대학·전문대학· 대학원대학·50인 이내 소규모대학 신설 허용)	금지 (전문대학·대학원대학· 50인 이내 소규모 대학 신설 수도권 심의 후 허용)
	이 전	가 능 (과밀⇒과밀, 과밀⇒서울 금지)	가 능 (수도권⇒성장)	가 능 (자연⇒자연, 전문·대학원대학, 50인 이내 소규모 대학 이전)
	증 원	매년 총량으로 규제		

구 분	과밀억제권역	성장관리권역	자연보전권역
대형건축물 (연면적) −판매용 15,000㎡ −업무용 25,000㎡ −복합용 25,000㎡	과밀부담금 부과 (경기지역 제외)	허 용	규모 이상 금지 (주차장, 창고면적 제외)
	지자체 출자 · 출연법인사무소, 벤처기업직접시설, 국제전문회의시설 제외		
연수시설 −연면적 3,000㎡ 이상	금 지	심의 후 허용 (이전 · 기존 20% 내 증축 허용)	금 지 (기존 10% 내 증축 허용)

자료: 경기도 정책기획심의관실(2007).

〈표 3−7〉 산업집적 활성화법에 수도권 내 권역별 · 업종별 · 규모별 공장입지규제

구 분	과밀억제권역	성장관리권역	자연보전권역
산업 단지	○대기업공장 −신설: 금지 • 공해업종(주물 · 도금 등)의 이전 집단화를 위한 단지 내에 신설 · 증설 허용 • 일간신문 발행 공장 허용 −폐업한 기존공장을 인수하여 동일규모로 신설 허용 −동일단지 내 이전 허용 ○중소기업 −신 · 증설 및 이전: 허용 ※ 공업 · 기타 지역의 허용행위	○대기업공장 −신설: 금지(다만 아산국가공단 내에서는 신 · 증설 허용), 공해공장(주물, 도금 등), 일간신문 발행공장 허용 −폐업한 기존공장을 인수하여 동일 규모로 신설 허용 −이전: 동일 산업단지 내 또는 공공사업으로 철거해야 하는 경우 허용 −외국인투자기업의 첨단 25개 업종의 신 · 증설(2007년까지) ○중소기업: 신 · 증설 및 이전 허용 ※ 공업 · 기타 지역의 허용행위	※ 공업 · 기타 지역의 허용행위. 다만, 중소기업공장의 경우 면적제한을 받지 아니함
공업 지역	○대기업 −신설: 금지 −증설: 기존공장 3천㎡ 이내 / 기존공장부지 내에서 10개 첨단업종으로 전환 시(수도권 이외 지역에 공장설립 위한 투자 시)수도권 심의 거쳐 증설 허용 ○중소기업 −신 · 증설: 도시형공장 −이전: 기타 지역에서 또는 공업지역 상호간 허용 ※ 기타 지역의 허용행위	○대기업 −신설: 금지 −이전: 8개 첨단업종의 과밀억제 · 자연보전권역으로부터(수도권 심의) 이전 허용 ○중소기업 −신 · 증설: 허용 ※ 기타 지역의 허용행위	○대기업 −신 · 증설: 기타 지역과 같음 ○중소기업 −신 · 증설: 도시형공장의 3천㎡ 이내 허용 −이전: 기타 지역에서 또는 공업지역 상호간 허용 ※ 기타 지역의 허용행위

구 분	과밀억제권역	성장관리권역	자연보전권역
기타 지역	○대기업 -신설: 현지근린·건축자재·첨단 업종의 1천㎡ 이내 허용 -증설: 현지근린, 건축자재의 기존 공장 1천㎡ 이내와 첨단업종의 기존공장 3천㎡ 이내 허용 ○중소기업 -신설: 현지근린, 건축자재, 첨단 업종 허용 -증설: 도시형공장 기존공장 허용 -이전: 기타 지역 상호간 허용 ○대기업·중소기업(공통) -신·증설: 축산물공판장 내의 도 축·가공 및 일간신문 발행공장 1만㎡ 이내 허용	○대기업 -신설: 금지 -증설: 기존공장의 3천㎡ 이내, 14개 첨단업종의 기존공장건축면적 100% 이내(수도권 심의) 및 기존공장부지 내에서 10개 첨단업종으로 전환 시 (수도권 이외 지역에 공장설립을 위 하여 투자하는 경우) 수도권 심의를 거쳐 허용 -외국인투자비율이 50% 이상인 25 개 첨단업종에 한해 신·증설 허용 ○중소기업 -신·증설: 허용 -이전: 과밀억제·자연보전권역으로 부터의 이전 허용 ○대기업·중소기업(공통) -신·증설: 현지근린·건축자재 5천 ㎡ 이내, 축산물공판장 내 도축·가 공 및 일간신문 발행공장 1만㎡ 이 내 허용	○대기업 -신·증설: 금지 ○중소기업 -신설: 도시형공장 중 수질에 미 치는 영향이 자연보전지역 지정 목적에 적합하다고 인정되는 공 장의 1천㎡ 이내 허용 -폐업한 기존공장을 양수하여 동 일규모로 신설 허용 -증설: 도시형공장인 기존공장의 3천㎡ 증설 허용 -이전: 도시형공장의 기타 지역 상호간 이전허용 ○대기업·중소기업(공통) -신·증설: 현지근린·첨단업종· 건축자재공장의 1천㎡ 이내, 도 축장의 통폐합을 위한 도축용 시 설 5천㎡ 이내, 미곡종합처리장 3천㎡ 이내, 임산물 종합처리장 내의 임산물 가공시설 허용

자료: 산업집적 활성화법(2007), 재작성.

<h3 style="text-align:center">〈표 3-8〉 주요 법률별 수도권 규제사례(경기도)</h3>

관계 법률	규제 범위	규 제 내 용	비 고
수도권정비 계획법	도 전체 10,183㎢ (100%)	-200㎡ 이상의 공장 신·증설은 공장 총량으로 규제 -대규모 개발사업의 금지(또는 심의 후 허용) -대학의 신설금지, 대형건축물 금지(성장관리권역 허용) -공업지역 지정 금지(과밀), 물량배정 지정(성장, 자연) -3,000㎡ 이상의 연수시설 금지(성장관리지역은 심의 후 허용)	건설 교통부
산업집적 활성화 및 공장설립에 관한 법률	도 전체 10,183㎢ (100%)	-과밀억제권역 내 산업단지,공업지역에서 대기업공장 신설 금지 -성장관리권역 내 산업단지 내에서 25개 첨단업종 외투기업 신·증설 ('07말까지 허용), 8개 첨단업종 '06년까지만 신설 허용 -자연보전권역 내 1,000㎡ 이상 공장 신·증설 금지	산업 자원부
한강수계 상수원수질 개선 및 주민 지원 등에 관한 법률	149.7㎢ (1.5%)	-음식점·숙박시설·목욕장·관광숙박업·축사 금지 -골프장·골프연습장·양식장 입지불허	환경부

관계 법률	규제 범위	규제 내용	비 고
조세특례 제한법	도 전체 10,183㎢ (100%)	−당해사업장에서 발생한 소득에 대한 소득세 및 법인세 일몰제 시행 (2008.12월 말까지)	재정 경제부
지방세법	도 전체 10,183㎢ (100%)	−과밀억제권역의 경우 기업에 대한 지방세 중과 　· 건물 신·증축 시: 취득세 3배 　· 법인설립 후 5년 이내 부동산 취득: 등록세 3배 　· 공장 신·증설 시 취·등록세 3배, 재산세 5년간 5배 −각종 개발부담금 차등 적용 　· 수도권은 부과, 비수도권은 전액 면제	행정 자치부
환경정책 기본법	2,102㎢ (21%)	−1권역 내에서는 일정규모 이상 일반건축물, 숙박시설, 음식점, 공장, 우사, 골프장, 집단묘지, 어업행위 불가 −2권역 내에서는 일반건축물, 숙박, 음식점, 공장, 축사 등에 대하여 규모제한은 없으나 일정기준 이상 하수처리 가능해야 건축 가능	환경부
수도법	158.8㎢ (1.6%)	−건축물 등 공작물의 신·증축, 입목의 재배, 벌채, 토지의 형질변경 원천금지	환경부
군사시설 보호법	2,213㎢ (22%)	−주택 등 구조물의 신·증축, 토지형질변경 등 원칙적으로 금지 ※관할 군부대장이 군사활동에 지장이 없다고 인정하는 경우 예외적으로 허용	국방부
개발제한구역의 지정 및 관리에 관한 특별조치법	1,251㎢ (12%)	−건축물의 신·증축, 토지형질변경 등 개발행위 엄격 제한	건설 교통부
농지법	도 전체 10,183㎢ (100%)	−농지전용 시 공시지가 30%의 농지전용부담금 부담	농림부

자료: 경기도 정책기획심의관실(2007).

　공장설립에 대한 문제는 경기도에 인접한 지방자치단체에서는 민감하게 반응하는 사안으로 볼 수 있으나 수도권정책이 갖는 규제성격을 살펴보면, 중앙정부의 총량규제방식이 큰 역할을 하는 것 같지만 그 실효성에는 의문이 든다. 정치적으로 수도권정책을 이용해서는 안 된다.

　실질적인 규제지역과 비규제지역을 나누어서 계획적 관리를 해야 한다.

〈표 3-9〉 수도권 규제문제에 대한 지방자치단체의 입장(경기도 사례)

관련 내용 및 법규	경기도의 규제입장
1. 기존공장의 공업용지조성사업규모 확대(수도권정비계획법)	○ 14개 첨단업종의 경우 기존공장 부지면적의 50%까지 증설 허용 ○ 기타 업종의 경우 기존공장 부지면적의 20%까지 (또는 30,000㎡ 추가) 증설 허용
2. 공장 신·증설 허용면적 확대 (산업집적 활성화 및 공장설립에 관한 법률)	○ 14개 첨단업종의 경우 기존공장 면적의 50%까지 증설 허용 ○ 기존공장의 증설허용면적: 1,000~3,000㎡→10,000㎡ ○ 첨단업종의 공장 신·증설 허용면적: 1,000㎡→10,000㎡ ○ 도시형 공장의 공장 신·증설 허용면적: 1,000~3,000㎡→10,000㎡
3. 국토법 시행 이전 기존공장의 건폐율 및 업종제한 특례 인정 (기업활동 규제완화에 관한 특별조치법)	○ 국토법 시행으로 지정되기 이전의 용도지역에 준하여 건폐율 인정 ○ 국토법 시행으로 지정되기 이전에 허용된 업종의 증설을 허용하고, 도자기 산업 관련 업종에 대해서는 자연녹지역지역 입지허용
4. 10,000㎡ 미만 공장입지규제 완화 (국토의계획및이용에관한법률)	○ 도자기 산업 관련 업종에 대해서는 10,000㎡ 미만 공장입지 허용

자료: 경기도 정책기획심의관실(2007).

경제적 규제방식은 일정규모 이상의 업무용·판매용 건축물의 신·증설에 대하여 과밀부담금을 부과하는 것이고, 총량규제방식은 공장, 대학 등의 인구집중유발시설의 총 허용량을 설정하고 그 범위 내에서 신·증설을 허용하는 제도이다. 구체적인 언급은 4장의 성장관리수단과 연계해서 살펴보고자 한다.

(가) 과밀억제권역

수도권 면적의 17.9%에 해당하는 과밀억제권역은 인구 및 산업이 과도하게 집중되어 있는 지역으로서 인구집중유발시설의 입지규제 및 기존 시설의 외곽분산을 추진하고, 첨단정보·국제교역 및 고급서비스 위주의 기능으로 정비한다.

이를 위하여 대도시에 과도하게 집적된 시설은 부도심 및 외곽으로 분산하고, 주변 도시는 일반업무·유통 등 대도시로부터 유출되는 보완기능을 유치하여 자족적 도시로 육성한다.

<표 3-10> 수도권 과밀억제권역 내 행위제한(법 제7조, 영 제10조 및 제11조)

구 분		행위제한
대학	4년제 대학·교육대학	-신설: 금지 -이전: 심의 후 권역 내 가능(서울은 금지)
	소규모대학	-신설: 금지 -이전: 심의 후 권역 내 가능(서울은 금지)
	전문대학 산업대학 대학원대학	-신설: 가능(대학원대학 이외의 경우 서울은 금지) -이전: 심의 후 권역 내 가능(서울은 금지)
	(증 원)	-총량규제 • 대학·교육대학 및 입학정원 50인 이내 소규모대학(첨단학과는 100인 이내)의 증원은 심의 후 허용 • 산업대학·전문대학은 전국증가 10% 이내 허용, 10% 초과는 심의 후 허용 • 대학원대학은 수도권 전체에서 매년 300인 이내 허용(첨단분야 제외), 300인 초과는 심의 후 허용
대형건축물(15,000~25,000㎡ 이상)		-과밀부담금 부과(서울특별시 지역에 한함) • 지자체 출자 건축물, 벤처기업집적시설 제외
공장(연면적 200㎡ 이상)		-총량으로 규제(개별규제는 공업배치법에 의함)
공공청사 (연면적 1,000㎡ 이상)		-신축: 부단위 중앙행정기관의 청사로서 심의 후 허용 -증축·용도변경(매입·임차): 중앙행정기관 및 소속기관의 청사, 17개 기능 공공법인의 사무소로서 심의 후 허용 ※ 17개 기능 공공법인 ⇒ 문화·군사·무역·금융·보험·증권·언론·정보통신·관광·체육·예술·국가정책연구·의료·보건위생·첨단과학·국제협력·중소기업지원과 관련된 업무를 주된 기능으로 하는 공공법인 -관할구역이 수도권과 수도권 및 인근 도 지역에 국한되는 기관 및 법인의 청사 또는 사무소의 신축·증축·용도변경으로서 건교부장관과의 협의를 거치거나 승인을 얻은 것 ※ 서울지역에 입지하는 경우 과밀부담금 부과
연수시설 (연면적 3,000㎡ 이상)		-금지
공업지역지정		-기존면적 범위 내에서 위치변경만 심의 후 허용
대규모개발사업		-택지 100만㎡, 공업용지 30만㎡, 관광지 10만㎡ 이상은 심의 후 허용
종전대지 규제		-1만㎡ 이상(공업지역은 2만㎡ 이상)의 종전대지에 인구집중유발시설 입지 시 그 이용계획에 대하여 위원회 심의

자료: 건설교통부(2005).

대기업공장의 신·증설을 억제하고, 장치형 대규모 공장은 지방으로 이전을 유도하고 미래첨단·중소기업의 입지공간으로 정비한다.

그리고 인구집중 유발시설 중 4년제 대학의 신설은 계속 금지하고 입학정원의 증원도 총량범위 내에서 억제하며, 국가중추관리기능과 무역·금융·언론·정보통신 등 국가경쟁력 강화에 필요한 공공청사에 한하여 극히 제한적으로 입지를 허용하고 있다.

청 단위 기관은 1998년에 대전지역으로 이전을 완료하였다. 그리고 연수시설의 경우 지방의 입지를 촉진하기 위하여 신축을 금지하고, 업무·판매 및 복합용 대형 건축물은 주변 여건과 기반시설 확보를 위하여 교통 및 환경영향평가를 철저히 실시하도록 하고 과밀부담금을 부과하고 있다.

(나) 성장관리권역

성장관리권역은 과밀억제권역으로부터 이전하는 인구 및 산업을 계획적으로 유치하고 도시의 개발을 적정하게 관리할 필요가 있는 지역으로 수도권 입지가 필수적인 시설을 지역특성별로 배치하며, 지역중심의 자족기능을 확충하여 다핵형 공간구조를 형성하도록 유도하는 것이 기본방향이다.

<표 3-11> 수도권 성장관리권역 내 행위제한(법 제8조, 영 제12조)

구 분		행위제한
대학	4년제 대학 ·교육대학	−신설: 금지 −이전: 권역 내 또는 타 권역에서의 이전은 가능
	소규모 대학	−신설: 심의 후 가능 −이전: 권역 내 또는 타 권역에서의 이전은 가능
	전문대학 산업대학 대학원대학	−신설: 가능 −이전: 권역 내 또는 타 권역에서의 이전은 가능
	(증 원)	−총량규제 • 대학·교육대학 및 입학정원 50인 이내 소규모대학(첨단학과는 100인 이내)의 증원은 심의 후 허용 • 산업대학·전문대학은 전국증가 10% 이내 허용, 10% 초과는 심의 후 허용 • 대학원대학은 수도권 전체에서 매년 300인 이내 허용(첨단분야 제외), 300인 초과는 심의 후 허용

구 분	행위제한
대형건축물 (15,000~25,000㎡ 이상)	– 규제 없음
공장(연면적 200㎡ 이상)	– 총량으로 규제(개별규제는 공업배치법에 의함)
공공청사 (연면적 1,000㎡ 이상)	– 신축: 부단위 중앙행정기관의 청사로서 심의 후 허용 – 증축·용도변경(매입·임차): 중앙행정기관 및 소속기관의 청사, 공공법인의 사무소로서 심의 후 허용 – 관할구역이 수도권과 수도권 및 인근 도 지역에 국한되는 기관 및 법인의 청사 또는 사무소의 신축·증축·용도변경으로서 건교부장관과의 협의를 거치거나 승인을 얻은 것
연수시설 (연면적 3,000㎡ 이상)	– '94.4.30 이전 기존 시설 증축: 20% 이내 허용 – 신축: 심의 후 허용 – 이전: 동일규모로 성장관리권역 내 및 타 권역에서 성장관리권역으로의 이전은 심의 없이 허용
공업지역	– 이미 계획된 공업지역과 수도권정비계획에 반영된 공업지역을 허용
대규모개발사업	– 택지 100만㎡, 공업용지 30만㎡, 관광지 10만㎡ 이상은 심의 후 허용

자료: 건설교통부(2005).

    도시의 자족기능을 강화하기 위하여 기존도시를 중심으로 과밀억제권역으로부터 이전하는 인구 및 산업을 수용하고, 계획적인 개발사업을 추진하여 업무·상업·생산기능을 복합적으로 수용하는 자족적인 생활여건을 조성토록 하고 있다. 과밀억제권역으로부터 이전하는 공장을 우선 수용하고, 산업의 업종별 계열화를 유도한다. 수도권 입지가 필수적인 산업에 대해서는 2001년까지 25.5㎢의 공장용지를 공급하여 수도권의 경쟁력 및 나아가서는 국가경쟁력을 높이는 것에 역점을 둔다.

    인구집중유발시설의 경우에는 4년제 대학의 신설을 금지하고 입학정원의 증원도 억제하되, 개방대학 및 전문대학의 신·증설은 산학연계 가능지역에 우선적으로 적용토록 하였다.

그리고 수도권 내에서 이루어지는 공공청사 및 연수시설의 신설을 제한적으로 허용하고, 도시근교에 산림욕장, 자연학습원, 관광농원, 관광지 및 해양자원을 이용한 종합관광휴양시설을 확충한다. 다양한 여가공간을 확충하고, 문화·생활체육시설을 균형 있게 배치하는 등으로 주민의 삶의 질을 향상시킨다.

(다) 자연보전권역

한강수계의 수질 및 녹지 등 자연환경의 보전이 필요한 지역으로 주민생활의 불편을 해소하고 수도권 주민의 자연환경 접촉 및 여가휴식 공간을 제공하는 전원도시로 나가는 것이 기본적인 정비전략이다.

자연보전권역은 자연과 어우러지는 자족적 중소도시를 육성하여 인구정착을 유도하고자 도시형 소규모 산업단지 및 연구단지를 조성하여 지역경제기반을 구축하고, 환경 친화적인 전원주택지와 의료·휴양시설을 갖춘 노인복지시설을 확충하여 고령화 시대에 대비한 선진국형 전원도시로 조성토록 하고 있다.

농촌지역은 주변도시와 연계하여 유통·업무·교육·문화 등 도시서비스 시설을 확충하여 도농복합형으로 개발한다.

대규모 택지·공장용지의 개발은 가능한 한 억제하여 자연환경을 보전할 수 있도록 유도하여 저개발된 지역을 중심으로 저공해 첨단산업과 연구·기술·정보처리 등 지식산업을 계획적으로 유치하여 지역경제 기반을 구축할 수 있도록 정비하고 있다. 또한 인구집중유발시설의 경우 4년제 대학의 신설을 금지하고, 공공청사의 신·증축은 수질오염과 농지·산림의 훼손이 적은 지역에 한정하고, 연수시설의 신설은 금지하고 있다.

〈표 3-12〉 자연보전권역 내 행위제한(법 제9조, 영 제13조, 제14조)

구 분		행위제한
대학	4년제 대학 ·교육대학	-신설: 금지 -이전: 금지
	소규모 대학	-신설: 심의 후 가능 -이전: 권역 내 가능
	전문대학 대학원대학	-신설: 심의 후 가능 -이전: 권역 내 가능
	(증 원)	-총량규제 • 대학·교육대학 및 입학정원 50인 이내 소규모대학(첨단학과는 100인 이내)의 증원은 심의 후 허용 • 산업대학·전문대학은 전국증가 10% 이내 허용, 10% 초과는 심의 후 허용 • 대학원대학은 수도권 전체에서 매년 300인 이내 허용(첨단분야 제외), 300인 초과는 심의 후 허용

구 분	행위제한
대형건축물 (15,000~25,000이상)	－ 금지. 단, 창고시설(오수를 배출하지 않는 시설에 한함)과 주차장면적을 제외한 면적을 기준하여 면적산정
공장(연면적 200㎡ 이상)	－ 수도권 총량으로 규제(개별규제는 공업배치법에 의함)
공공청사 (연면적 1,000㎡ 이상)	－ 신축: 부단위 중앙행정기관의 청사로서 심의 후 허용 － 증축·용도변경(매입·임차): 중앙행정기관 및 소속기관의 청사, 공공법인의 사 무소로서 심의 후 허용 － 관할구역이 수도권과 수도권 및 인근 도 지역에 국한되는 기관 및 법인의 청사 또는 사무소의 신축·증축·용도변경으로서 건교부장관과의 협의를 거치거나 승인을 얻은 것
연수시설 (연면적 3,000㎡ 이상)	－ '94.4.30 이전 기존 시설 증축: 10% 이내 허용
개발사업	－ 택지조성사업, 공업용지조성사업, 관광지조성사업 • 3만㎡ 미만은 허용, 6만㎡까지는 심의 후 허용(초과불가) * 오염총량제를 실시하는 시·군의 택지조성사업은 20만㎡까지 심의 후 허용

자료: 건설교통부(2005).

3) 제3차 수도권정비계획의 수립 추진

수도권정비시책은 생산자원의 하나인 국토를 보다 효율적으로 이용하여 국토의 생산성을 증대시키고 인구 및 산업을 적정 배치하여 지역 간 균형 있는 발전을 목적으로 하고 있다.

수도권문제를 해결하는 것은 수도권정비시책만으로는 달성할 수 없음을 과거 정책과정에서 알 수 있듯이 수도권의 과밀을 억제하고 더불어 지방발전을 유도할 수 있는 시책의 추진이 함께 병행되어야 한다.

따라서 현재의 수도권시책 기조를 견지하면서 현재 추진 중인 광역권 개발계획 등을 차질 없이 추진하고, 보다 근원적인 지역균형발전을 유도하기 위한 종합적인 지역균형발전시책을 수립하여 자연스럽게 수도권 개발압력이 지방으로 분산되도록 할 계획이다.

제4차 국토종합계획 수정, 개발제한구역 해제, 인천 신공항 개항 등 환경의 변화를 수용하고, 행정중심복합도시 건설·공공기관 지방이전 등 현재 범정부적으로 추진 중인 국가균형발전정책의 여건변화를 감안하여 수도권의 종합적이고 장기적인 관리방안으로 제3차 수도권정비계획 수립을 추진하고 있다. 제3차 수도권정비계획에서는 지역별 특성화 발전전략의 일환으로 공간구조를 개편하고, 수도권지역의 계획적 관리를 통해 난개발이 방지될 수 있도록 수도권의 토지이용 기준 및 광역시설의 공급 등에 관한 새로운 계획을 수립할 예정이다.

제2절 수도권의 집중과 도시성장관리 문제

I. 수도권 집중현황

수도권정책이란 수도권이라는 특정 공간을 대상으로 하는 정부 차원의 각종 정책을 총칭하여 이르는 말이다.

수도권정책의 기조는 수도권으로의 과도한 인구와 산업의 집중을 억제 또는 분산하자는 것이 골격을 이루고 있다.

수도권정책은 '대도시 인구집중 방지책(1964)'에서 시작되어 현재까지 추진되고 있으며, 수도권정책의 대상과 내용도 크게 변화되었다. 수도권의 공간적 범위도 수차례의 변화과정을 거쳤다.

1960년대만 해도 수도권의 공간적 범위에 대한 확실한 개념은 형성되지 못하였으나, 제1무임소 장관실의 주도하에 수도권 인구 재배치 계획이 수립(1978)되면서 수도권의 경계가 최초로 확정[2]되었다.

그 후 서울시 광역화 현상의 급속한 진전을 반영하여 수도권정비계획법을 제정

---

2) 그 범위는 서울시와 주변의 6개 시, 2개 읍, 33개 면을 포괄하는 총면적 약 3,000km^{2}에 해당하는 것이었다.

(1982)하는 과정에서 수도권의 범위가 크게 확대되어 서울시와 인천광역시 및 경기도 전역을 포함하게 되었다.

2004년 말 현재 수도권의 면적은 11,723k㎡로서 전국면적의 11.8%에 해당한다. 이에 비하면 수도권 내의 거주 인구수는 23,528천 명으로 전국 인구의 48.0%나 되고 있다.

인구로 본 수도권의 위상이 전국의 거의 절반을 차지할 정도로 지나치게 비대하고 수도권의 인구밀도가 다른 지역의 4배에 이를 정도로 과밀하다는 것을 의미한다.

수도권의 집중도가 대단히 극심한 수준임을 반증하고 있다. 인구 외의 다른 지표로 본 집중도 또한 심각한 상황임을 알 수 있다.

<표 3-13> 수도권 집중현황(2004년 기준)

구 분		전 국	수도권(%)
인구주택	면 적(k㎡)('04)	99,601	11,723(11.8)
	인 구(천 명)('04)	49,053	23,528(48.0)
	인구밀도(인 / k㎡)('04)	492	2,007
	주택보급률(%)('04)	102.2	93.9
지역경제	지역총생산액(십억 원)('03)	727,605	350,083(48.1)
	제조업체(개소)('03)	112,662	64,044(56.8)
	서비스업체(개소)('03)	650,725	315,010(48.4)
	금융 예금(십억 원)('04)	540,726	367,450(68.0)
	금융 대출(십억 원)('04)	565,655	376,321(66.5)
기 능	4년제 대학수('04)	171	67(39.2)
	공공기관수(개소)('03)	403	344(85.4)
	의료기관(개소)('03)	45,772	23,079(50.4)
	자동차(천대)('04)	14,934	6,921(46.3)

자료: 건설교통부 국토정책국(2004).

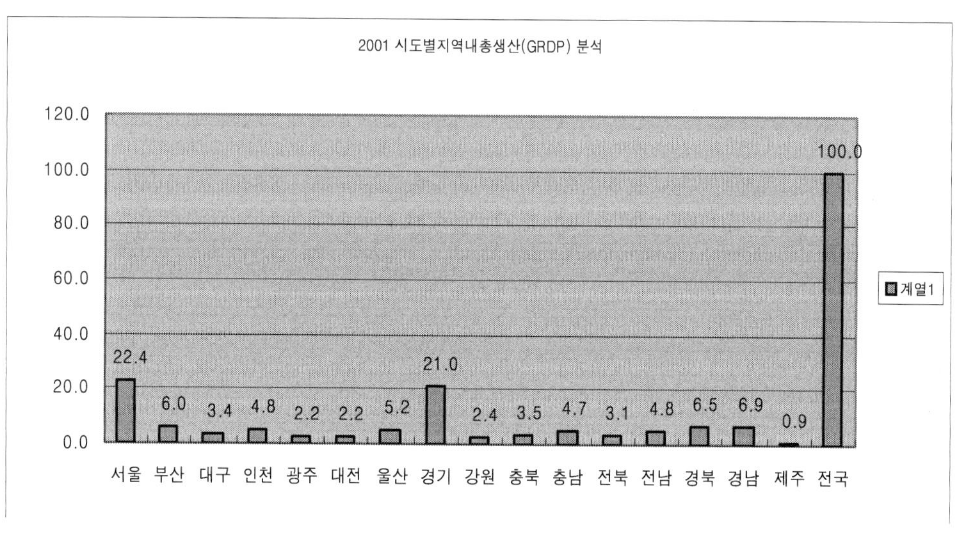

자료: 통계청(2003), 지역 내 총생산(GRDP).

<그림 3-2> 지역 내 총생산(GRDP) 분석

<표 3-14> 시·도별 지역 내 총생산(GRDP) 추세분석

(단위: 백만 원)

구 분	1998	1999	2000	2001	2002
전국	100	100	100	100	100
전국(국방, 수입세 포함)	104.13	104.47	105.15	105.22	105.15
수도권(서울, 인천, 경기)	46.39	46.32	47.22	47.06	47.93
서울특별시	22.30	21.78	21.70	21.39	21.94
부산광역시	6.41	6.24	6.02	6.13	6.07
대구광역시	3.51	3.46	3.41	3.44	3.49
인천광역시	4.65	4.45	4.44	4.78	4.86
광주광역시	2.17	2.20	2.27	2.30	2.26
대전광역시	2.31	2.28	2.31	2.38	2.42
울산광역시	5.00	5.14	5.06	5.06	4.86
경기도	19.44	20.09	21.08	20.89	21.13

구　분	1998	1999	2000	2001	2002
강원도	2.73	2.63	2.56	2.57	2.51
충청북도	3.62	3.72	3.64	3.54	3.48
충청남도	4.43	4.59	4.71	4.82	4.80
전라북도	3.47	3.46	3.38	3.31	3.19
전라남도	5.29	5.23	5.05	4.88	4.59
경상북도	6.43	6.72	6.67	6.64	6.64
경상남도	7.26	7.03	6.75	6.97	6.84
제주도	0.98	0.99	0.95	0.91	0.92

자료: 통계청(2005), 통계시스템, 재작성.

수도권의 인구 및 산업의 집중은 1960년대 이후 제반 여건이 유리한 수도권에 각종 개발이 편중되어 나타난 결과라고 볼 수 있다. 수도권의 면적은 전국의 12%에 불과한데 인구는 47%, 제조업체는 57%, 대학은 41%, 공공기관은 85% 등 생산요소 및 중요기능이 과도하게 밀집되어 있다.

이런 가운데 수도권의 인구증가율은 감소추세이나 아직도 전국평균증가율의 3배에 달하고 매년 30만 명씩 인구가 증가하고 있는 실정이다. 1960년대 이후 각종 경제개발 및 국토개발정책의 최우선 목표는 급속한 공업화를 통한 선진국으로의 도약이었다.

그에 따른 압축적 경제성장 과정에서 우리 사회는 도시화와 산업화로 인한 지역불균형 성장과 함께 인구의 수도권 및 대도시 집중으로 인해, 과밀과소지역의 출현과 함께 국토공간구조의 변화, 토지이용패턴의 변화, 환경오염 심화 등과 같은 각종 문제를 안게 되었다.

중앙정부에 의한 지역개발정책 주도와 경부 축과 수도권, 도시지역에 대한 편중된 개발로 인하여, 경부 축과 비경부 축 그리고 수도권과 지방 간의 격차가 발생하고 있다. 이것은 수도권 및 대도시권을 중심으로 한 사회간접자본의 부족, 중앙 및 지역과 지역 간 대립 갈등의 심화 등 각종 사회적 문제점들도 이 과정에서 발생한 경제성장의 부(負)의 효과라 할 수 있다.

결과적으로 이러한 문제는 소득의 격차로 나타날 수밖에 없는데, 인구 및 산업의 수도권 집중→기회의 격차→소득의 격차→수도권 집중 강화→국토의 불균형 발전이라는 결과가 연속적으로 발생하고 있는 것이다.

Ⅱ. 수도권 집중 원인

정부에서 그동안 수도권 집중문제 등을 해결하기 위해, 수도권정책을 지속적으로 추진했음에도 불구하고, 그 효과 면에서 크게 기여하지 못한 것이 사실이다. 특히 수도권의 인구 및 산업의 집중은 1960년대 이후의 경제성장 과정에서 수도권지역이 소득창출의 기반이 되었기 때문이다. 수도권 집중의 원인은 여러 가지로 설명될 수 있으나, 주요 요인을 살펴보면 다음과 같다.

첫째, 수도권의 핵심지역인 서울은 우리 역사상 오랜 기간 왕도로서의 기능을 유지하여 왔고 정치권력의 중심지였기 때문에 국민들에게 수도 지향적인 가치관이 뿌리 깊게 박혀 있다.

둘째, 해방과 6·25 전쟁 이후 일자리 창출이 전제되지 않은 가도시화(pseudo-urbanization) 현상[3])과 수도권에 집중된 개발정책에서 찾을 수 있다. 가도시화 현상과 함께 1960년대 이후 수도권에는 경제개발 최우선의 정책으로 말미암아 집적경제의 이점이 있는 서울과 수도권에 각종 경제활동이 집중되었다. 이로 인해 풍부하고 다양한 고용기회가 수도권지역에서 발생한 반면 지방은 상대적으로 뒤질 수밖에 없었기 때문에 보다 나은 직업을 구하기 위해 수도권으로 인구가 계속 집중되어 왔다.

셋째, 수도권은 교육, 의료, 문화를 비롯한 일상생활의 모든 측면에서 지방에 비해 월등한 서비스를 제공하고 있기 때문에 이를 얻기 위한 인구의 집중이 불가피했다.

---

3) 가도시화(假都市化) 현상이란 공업화가 수반되지 않은 도시화 현상을 말하는데, 6·25 이후 1960년대에 있어서 일자리 창출이 이루어지지 않은 가운데 서울로의 과도한 인구집중은 많은 도시문제를 야기했다.

결국 풍부하고 다양한 고용기회, 질 높은 서비스, 정치권력의 집중 등이 수도권 집중의 원인이라고 할 수 있으며, 이러한 요인이 완화되기보다는 오히려 강화됨으로써 수도권 집중은 계속해서 심화되었다.

Ⅲ. 수도권 집중문제와 도시성장관리의 실효성 저하

인구 및 산업의 과도한 집중은 교통난, 주택난, 환경오염 등 집적이익을 넘어서는 불이익을 초래하고 있다.

교통난의 심화는 수도권의 교통 혼잡 및 물류비용의 증가로 생산성을 저하시켜 기업의 국제경쟁력을 약화시키고, 주민생활환경 및 삶의 질을 저하시키는 결과를 가져왔다.

또한 수도권 내부적으로 서울과 주변지역은 인구와 시설이 과밀하게 집중되어 있는 반면, 수도권 외곽지역은 개발이 미흡하여 불균형적인 공간구조를 형성하고 있다.

이러한 과도한 집중은 지가를 상승시키는 등 사회간접자본의 확충에 과도한 재원이 소요되고, 한정된 국토공간을 비효율적으로 이용하여 지역발전이 침체되는 등 문제점이 가중되고 있다.

1. 과밀로 인한 사회비용의 증대

사회비용의 증대를 입증하는 증거로 흔히 사용되고 있는 것은 수도권 내의 토지 및 주택가격의 급등, 교통난의 심화, 환경오염의 심화 등이다. 실제로 수도권은 인구집중으로 말미암아 이 지역의 주택 토지시장이 만성적인 초과수요로 부동산 가격 폭등, 부동산 투기 등의 진원지가 되고 있다.

교통난의 심화도 여러 가지 지표로 설명되고 있다. 교통 혼잡으로 인한 사회비용이 2002년 한 해 동안 서울에서만 5조 3천억 원에 달했다는 점 등이 그것이다. 또한 수도권의 환경오염 문제도 수도권 과밀에 따른 기회비용 낭비도 사회적으로 큰 문제라고 할 수 있다.

2. 지역 간의 격차로 인한 지역 간 갈등유발

지역격차의 심화에 따른 지역 간 갈등증폭의 문제는 사회비용문제와 달리 대체로 합의된 수도권 과밀에 따른 문제점이다.

특히 교통난의 심화로 인한 교통혼잡비용의 증가는 수도권지역의 생산성을 저하시키고 있다. 이것은 궁극적으로는 국제경쟁력을 약화시킬 수 있음을 간과해서는 안 될 것이다.

또한 토지에 있어서 생산성을 초과한 가격형성은 사회간접자본(S.O.C) 확충에 있어서 필요 이상의 재원이 소요되게 하는 등 자원배분의 비효율성을 야기하는 한편, 불로소득을 획득하게 함으로써 사회적으로 악영향을 끼치고 있는 것이다. 그리고 주택가격의 급등, 지역 간 불균형 성장으로 인한 갈등유발 등 인구 및 산업의 과도한 수도권 집중으로 인한 문제는 경제적, 사회적 관점에서 볼 때 대단히 심각한 수준이다.

3. 수도권정책의 실효성 한계 문제

수도권정비계획에서 강조한 일정규모 이상의 개발활동을 '인구집중유발시설'로 규정하여, 수도권지역 외 분산을 목적으로 각종 경제여건 및 경제규모와 정치, 사회, 문화적 측면의 변화는 고려하지 않고 수도권 인구집중 억제책으로 계속 이어졌다고 볼 수 있다.

이와 같이 수도권의 인구 및 산업의 집중은 계속되고 있고, 30년 이상 지속적으로 추진된 각종 정책의 실효성에는 한계가 있다고 할 수 있다.

그동안 수도권 준농림지역의 난개발 및 가용토지의 활용 그리고 신도시 건설 등 적극적인 개발 붐이 형성되고 있어서, 수도권지역은 지역적 특성상 수도권 집중이 계속될 것이다.

따라서 도시성장관리 측면에서 보다 효율적으로 활용되어야 할 준농림지역의 무계획적 개발은 환경악화와 함께 그 지역의 개발여건상 기반시설의 미흡으로 시설투자에 많은 재정투자가 예견되므로 개발논리에 신중을 기해야 한다.

더욱이 산업이나 인구가 수도권 내에서 교외화가 이루어진다고 할 때, 수도권정책의 변화는 필연적이며 정책집행에 있어서도 지역여건을 고려하고 도시성장관리의 효율성을 제고시킬 수 있도록 해야 한다.

수도권의 과도한 집중을 억제하는 것은 사회비용 측면의 문제 해결과 함께 수도권의 과밀한 문제를 합리적으로 해결하고 국가의 균형발전을 추진하는 점이 곧 수도권 도시성장관리정책(Urban Growth Management)을 추진해야 하는 가장 중요한 요인이라고 할 수 있다.

제3절 수도권 도시성장관리정책의 변화

I. 수도권성장관리정책의 변화과정

수도권정책은 1964년 7월 국무총리의 지시에 의해 처음으로 건설부에서 실시되었는데, 수도권정책의 추진 기구는 과거 30여 년간 건설부(1964년) → 청와대(1969년 5월) → 무임소장관실(1969년 12월) → 건설부(1970년) → 청와대(1972년) → 경제기획원(1973년)

→ 국무총리실(1989년) → 건설부(1990년) → 건설교통부(현재)로 이관 또는 변화되면서 정책의 일관성이 결여되기도 하였다.

수도권정책의 목표는 기본적으로 두 가지로 요약된다.

첫째, 수도권 권역 내로의 인구 및 산업의 집중을 억제 또는 분산하는 것이다.

둘째, 권역내부의 공간구조를 효율적으로 정비하는 것이 그것이다.

수도권의 집중억제 및 분산을 통한 국토의 균형발전과 수도권 내부 공간구조의 재편성이 현행 수도권정책의 목표가 되어 있는 것이다.

집중억제 목표를 달성하기 위한 정책수단으로는 수도권에 집중된 중앙행정기관 및 권한의 지방이전, 고용을 창출하는 제조업의 신·증설 억제, 고등교육기관의 신·증설 억제 등이 주축을 이루었다. 이 밖에도 대형건축물의 신축억제, 공업단지 등의 신규조성 억제 등이 정책수단으로 활용되어 왔고 아울러 수도권의 집중억제와 함께 지방 육성책이 수도권정책의 보완적인 실천수단으로 채택되었다.

이러한 다양한 정책수단에도 불구하고 수도권 집중은 심화되어 왔는데, 이에 대한 제도적 개선으로부터 새로운 정책수단이 추진되었다. 이른바 과밀부담금 제도, 총량규제제도가 그것이다. 이것들은 종래의 정책수단인 물리적인 규제만으로는 정책효과의 한계가 있으므로 경제적인 간접규제를 통해 인구와 산업의 자발적인 분산을 유도하고자 마련된 정책이다.

수도권 권역 내의 공간구조 재편 수단으로는 1970년대에는 서울의 강남·북 간의 균형발전을 위한 시책과 서울 주변지역의 신도시 개발정책이 시도된 바 있다. 그러나 1982년에 수도권정비계획법이 제정되고 2년 후 수도권정비기본계획이 수립되면서 비교적 체계적이고 종합적인 개편방안이 마련되었고, 1994년 수도권정비계획법의 전면개정 이후에는 변화된 여건을 반영하여 제2차 수도권정비계획이 수립되었다.

다만 정부부처 간의 업무 관장부서가 서로 달라 정책 추진에 대한 한계가 드러난 가운데, 공업배치에 관한 사항은 산업자원부, 지방세법에 관련된 사항은 행정자치부(지적관리 및 지적전산화, LIS 차원의 종합토지전산망 구축), 건설교통부(수도권정비계획법 총괄, 국립지리원의 GIS 구축), 교육부문에 대한 사항은 교육부에서 관장하고 있기에 수도권을 총괄할 부서도 필요한 실정이다.4)

세부적으로 수도권정책의 변화를 살펴보면 다음과 같다.

1. 수도권문제의 인식 및 기본정책 추진시기(1964~1975년)

수도권정책에 대한 논의는 1960년대 이후 공업화 이후의 경제성장으로 대도시로 인구가 집중되어 사회간접자본(S.O.C: social overhead capital) 등 도시기반시설이 부족하여 수도권 인구집중 억제시책에 대한 필요성이 제기되었으며, 이와 함께 수도권 방위라는 특수성을 고려한 대도시의 인구집중 억제에 대한 목적을 달성하기 위해서 시작되었다.

정부의 수도권정책은 건설부의 대도시 인구집중 방지책(1964. 9)을 필두로 시작되었다. 그러나 수도권정책은 서울을 중심으로 추진되었으며, 지금과 같이 인천, 경기를 포함하지는 않았다. 수도권정책이 갖는 여러 가지 이유로 1975년까지는 본격적인 수도권정책이 추진되었다고 보기는 어렵다.

<표 3-15> 수도권문제의 인식 및 기본정책 추진시기(1964~1975년)

문제의 인식 및 기본정책 추진 주요내용(1964~1975년)
○ 대도시 인구집중 방지대책('64. 9 .22 건설부) • 대도시의 문제점을 인식하여 그 해결책을 모색한 최초의 시책 • 정치, 경제, 사회, 경제, 행정 등 각 부문에 걸친 해결책 제시 • 정치적 조치 ▶ 행정기관의 지방이전, 대도시 영세민에 대한 세금부과 및 정치적 과잉배려 지양 • 경제적 조치 ▶ 대도시의 공장시설확장 억제, 농지개발의 촉진, 전원도시 및 신산업도시의 건설 • 사회적 조치 ▶ 대도시 영세민의 지방취업알선, 대도시 교육의 억제 및 교육, 문화, 복지시설의 지방육성 제시 • 행정적 대책 ▶ 지방기업체 육성(당초 목적 달성은 희박했으나 대도시집중문제에 대해 구체적 정책대안으로 제시함)

---

4) 수도권의 도시성장관리정책을 효율적으로 추진하기 위해서는 프랑스의 DATAR 같은 조직을 통해 수도권을 체계적으로 관리할 필요가 있다.

- ○ 대도시 인구 및 시설의 조정대책('69. 12. 29 무임소장관실)
- • 지정지역 이외에서 공장 신·증설 억제
- • 공해 및 용도지역 위반업체의 이전계획 수립
- • 대도시 내 고등교육기관 신·증설 억제 및 전·입학 불허
- • 행정권한의 지방이양 및 정부기관, 산하단체 본사 지방이전
- • 산업, 교육, 공공시설의 분산대책, 각 부분별 장·단기대책 제시
- • 산업시설분산대책▶지정장소 이외의 공장건축억제, 개발거점의 집중적인 개발, 공해 및 용도지역 위반업체의 이전계획 수립, 공업단지건설계획의 조정통일
- • 교육시설분산대책▶대도시 내 고등교육기관의 신·증설을 억제, 지방에서의 전·입학 불허, 이전학교에 각종 혜택(인센티브)부여 ← 대도시 내로 고등교육기관이 집중하는 것 억제
- • 공공시설 분산대책▶행정권한 및 사무기능 지방이전, 행정간소화, 정부기관 및 산하기관 본사 지방이전
- ○ 수도권 인구과밀 억제에 관한 기본지침('70. 4. 3 건설부)
- • 장기대책: 도시, 농촌의 균형발전, 수도권정비계획의 수립
- • 긴급대책: 제한구역 설정, 지방공업발전법 제정, 수도권공장 지방이전에 대한 조세감면(조세 인센티브) 및 서울시 공장 중과세, 행정권한의 지방이양
- ○ 제1차 국토종합개발계획(1972~1981년)상의 수도권정책
- • 계획체계상 상위계획(Top Down)
- • 수도권시책▶수도권 내 권역별 기능분산, 도시계획법상 개발제한구역과 특정시설제한구역 등의 구역제와 도심 30㎞의 위성도시 개발, 수도권정비청 신설제안. 집중적인 개발, 공해 및 용도지역 위반업체 이전계획 수립, 공업단지건설계획의 조정 통일
- • 교육시설분산대책▶대도시 내 고등교육기관의 신·증설을 억제, 지방에서의 전·입학 불허, 이전학교에 각종 혜택(인센티브)부여 ← 대도시 내로 고등교육 기관이 집중하는 것 억제
- • 공공시설 분산대책▶행정권한 및 사무기능 지방이전, 행정간소화, 정부기관 및 산하기관 본사 지방이전
- ○ 대도시 인구분산대책('73. 2 경제기획원)
- • 주민세를 신설하기 위해 지방세법을 개정하고, 국영기업체 본사 및 공공기관의 지방이전을 적극 권장
- • 공해공장 및 용도지역 위반공장의 지방이전 촉구
- • 사무실, 백화점 및 일정규모 이상의 건축물에 대한 신·증설을 제한, 지방금융기관의 육성정책 실시
- ○ 서울시 인구소산계획('75. 8. 2 서울시)
- • 위생업소의 신규업소의 신규허가를 억제, 주거지역의 공장입지를 금지, 공장지역을 축소하여 공장시설을 억제.
- • 지방학생의 서울전입을 억제하고 지하철을 건설하여, 강남지역을 개발 제시.

자료: 국토개발연구원(1992), 수도권정책의 종합평가, pp.12–16, 분야별 재작성.

    수도권의 공간적 범위가 서울시에 국한되었거나 혹은 광역적 정책이라 할지라도 실천적 의지를 담은 종합적인 계획체계나 법체계를 갖추지 못했다. 이 당시의 수도 권정책은 광역적 차원의 과밀집중을 해소하는 것보다는 수도 서울의 당면문제 해 소5)에 중점이 두어졌다.

2. 수도권정책 본격 추진기(1976~1988년)

이 시기에는 수도권의 인구집중 억제시책이 드러난 문제점의 보완과 함께 세부적인 실천방안에 대한 정책수립의 필요성이 증대되었다. 따라서 모든 시책을 좀 더 종합적으로 총괄할 시책을 수립하여, 수도권정비시책을 체계적으로 추진하게 된 시기라고 할 수 있다. 수도권정책의 직접적인 추진을 위하여 관련 법제를 정비하여 보다 강력한 제도의 형성과 정비를 실시한 시기이다.

<표 3-16> 수도권정책 본격적인 추진시기(1976~1988년)

수도권정책 본격 추진시기 주요내용(1976~1988년)

○ 수도권 인구 재배치 기본계획('77. 3. 1 무임소장관실)
- 기존공장의 일제등록 이전대상업체 및 시기의 결정
- 중장기적으로 서울시 산업시설의 이전, 서울시 내 사립대학의 이전 및 분교설립 지원을 위한 교육제도의 개선
- 계획실현을 보장하기 위해 수도권정비법의 제정, 기금의 설치 및 금융상의 지원 등
  ▶▶수도권정비기본계획이 수립되면서 이 계획은 수도권정비기본계획에 통합됨
○ 공업배치법령 제정('77. 12, '78. 12 상공부)
- 이전촉진 및 제한정비권역 내에서의 공장 신·증설은 원칙적으로 금지
- 이전촉진지역에 입지한 공장에 대해 이전 명령의 근거규정 작성에 의미부여
- 공업낙후지역에 대한 유치지역을 지정, 공업의 연도별·업종별 지역별 배치 ,
- 이전촉진 및 제한정비지역 공장의 유치지역으로의 이전에 대한 사항 공장용지의 장기
- 수요 측정, 업종별·지역별 공해예방과 환경보전에 관한 사항 등을 규정
  ⇒ 공업배치기본계획 수립의 근거조항 마련.
○ 제2차 국토종합개발계획(1982~1991)상의 수도권정책
- 수도권 시책에 관련하여 제시한 부문은 지역생활권의 조성과 성장거점 도시의 육성
- 수도권을 5대 권역으로 구분 제시

---

5) 주택부족, 불량주거지 형성, 안보상의 위험 증대 등의 문제를 극복하는 것이 수도권정책의 주요대상이 되었던 것이다. 이 기간에 작성된 보고서나 계획안 중 범정부적 종합대책의 형태를 갖추고 있는 것은 1964년에 건설부가 작성한 대도시 인구집중 방지책, 1969년 청와대 정무비서실의 수도권 인구집중 억제방안, 1970년 건설부의 수도권 인구과밀 집중 억제에 관한 기본지침, 1972년 경제기획원의 대도시 인구분산책, 1975년 서울시의 인구소산계획 등이다.

○ 수도권 공공청사 및 대규모 건축물 규제계획('82. 5 건설부)
- 행정·입법·사법부 및 지자체 등 기관청사의 신·증설 원칙적 금지
- 정부투자기관 본사사옥 등 공공청사의 신·증설 원칙적 금지
- 이전촉진지역 내 대학, 전문대학, 서울중심 8㎞권 내 고교의 신·증설 원칙적 금지
- 이전촉진지역 내 21층 이상의 사무소, 11층 이상의 판매용 건축물 등 민간건축물 신·증설 금지
○ 수도권정비계획법령 제정('82. 12, '83. 10 건설부)
- 수도권 내 권역별 행위제한 및 완화에 관한 사항
  - 대학, 공장, 공공청사, 대형건축물 등의 신·증설 규제
  - 공업용지, 택지조성사업 등의 규제
- 수도권정비위원회에 관한 사항
- 인구영향평가에 관한 사항
○ 수도권정비기본계획(1983. 10. 20 건설부)
- 수도권정비와 관련 가장 체계적 계획,
- 수도권을 5대 권역(이전촉진권역, 제한정비권역, 개발유보권역, 자연보전권역, 개발유도권역)으로 구분 규제
- 서울시의 인구를 9,800천 명으로 억제, 개발유도권역으로 서울에 있는 공장을 이전하고, 교육기관 지방으로 이전← 인구 및 기능의 재배치에 관한 내용 포함
○ 제2차 국토종합개발계획 수정계획(1987~1991)상의 수도권정책
- 인구유발시설규제, 기능의 분산으로 국토 균형개발 추진
- 수도권정비계획에 따라 5개 정비권역별로 토지이용규제 즉 ① 이전촉진권역: 집중규제 ② 제한정비권역: 과밀억제 ③ 개발유보권역: 이전수용, ④ 자연보전권역: 한강보전 ⑤ 개발유도권역: 특수개발 등 분산방향 제시
- 수도권에 대응하는 지역경제권 형성 기능분산, 이 주변지역과 통합하여 대도시권으로 성장관리

자료: 국토개발연구원(1992), 수도권정책의 종합평가, pp.12−16. 분야별 재작성.

  수도권정책은 서울시의 인구집중에 따른 문제 해결에 초점이 맞추어졌다.

  1960년에 약 250만 명이었던 서울의 인구가 1975년에는 거의 700만 명에 육박하게 되었고 동시에 서울시의 광역화 현상이 1970년대에 들어오면서 확실하게 드러나기 시작했다.

  이 같은 상황하에서 과밀집중의 문제를 서울시에 국한하여 다루는 것은 사실상 무의미한 일이었다. 따라서 1970년대 중반은 종래 수도권정책의 전반적인 재조명과 방향전환이 필요한 시점이었다. 바로 이러한 시점에서 정부는 무임소장관실에 수도권 인구정책조정실을 설치하고 종합적인 수도권정책을 수립하였다.

  이렇게 해서 1976년 2월에 조직된 수도권 인구정책조정실은 1년여의 작업 끝에 수도권 인구재배치 기본계획(1977. 3)을 수립하였고, 1978년 1월에는 세부계획을 추

가한 '수도권 인구재배치 계획'을 발표하였다. 이 계획을 통해 수도권의 공간적 범위가 서울시와 주변의 6개 시, 8개 군 35개 읍면(총 2,999.48㎢)으로 확정되었다.[6)]

1982년의 수도권정비계획법 제정과 1984년에 수도권정비기본계획이 수립되었다. 이것의 몇 가지 뚜렷한 차이점은 다음과 같다.

첫째, 수도권의 공간적 범위가 서울시와 그 인접지역으로부터 서울시, 인천시, 경기도 전역으로 대폭 확대되었다는 점이다.

둘째, 수도권정책을 종합적으로 뒷받침할 법적 근거가 마련되었다는 점이다. 셋째, 수도권정비계획에 의한 공간적 차원의 개발규제가 수도권정책의 핵심수단으로 등장하게 되었다는 점이다.

이렇게 해서 1976년에 시작하여 1980년대 초에 확정된 제2기 수도권정책은 1980년대 말에 이르기까지 10여 년간 지속되었다.

그러나 1986년 아시안게임 개최, 1988년 서울올림픽 개최, 수도권 5대 신도시 개발착수 등 수도권 인구집중 억제 정책에 반하는 정책변수들이 잇달아 발생하면서 이 기간의 수도권정책은 큰 성과를 거두지 못하였다. 결국 이 시기의 수도권정책은 적극적으로 추진되기는 했지만 수도권정책 외적인 변수들로 말미암아 정책효과가 크게 훼손된 시기였다고 할 수 있다.

---

6) 당시 정부가 수도권 인구분산과 관련하여 계획했던 또 하나의 획기적인 정책은 임시행정수도건설이었다. 이것은 1977년의 대통령 연두기자회견에서 발표되었고 그 내용은 남북통일 때까지 정부기능을 수도권 남부지역으로 이전한다는 것으로서 수도권 인구분산목적 외에 군사적 목적이 강하게 작용한 것이었다. 그해 7월에는 '임시행정수도건설을위한임시조치법'이 제정되었으며 그 이듬해에는 청와대 내에 신행정수도 건설기획단이 구성되어 구체척인 입지선정과 건설계획에 착수하였다. 그러나 신행정수도 계획은, 이 계획을 주도했던 대통령의 시해사건(1979. 10)이 발생하면서 전면 백지화되었다.

3. 수도권정책시책 전환기(1990년)[7]

지방분산형 국토골격의 형성, 통일에 대비한 국토기반의 조성이라는 상위계획의 대변화 속에서 수도권정비계획법상의 수도권 권역 조정 및 총량규제, 과밀부담금제도 등으로 수도권정책의 새로운 전기를 마련하고 수도권정책의 실질적인 추진이 계속되었다.

건설부의 수도권 전담기구와 별도로 총리실에 수도권대책 실무기획단을 설치(1989. 2)하였다. 그러나 이 기구는 곧 해체되었고 이를 대체하여 청와대에 지역균형발전기획단이 발족되어 수도권문제를 주요과제로 다루게 되었다.

1990년을 전후한 시기에는 그간의 수도권정책에 대한 전반적인 평가와 더불어 대안적인 방안을 모색하는 작업이 청와대와 건설부를 중심으로 이루어졌다. 당시에 분석됐던 기존정책의 중요한 문제를 들자면 다음과 같다.

첫째, 종래의 수도권정책이 지나치게 물리적 규제시책에 의존하고 있어서 산업활동이나 인구의 자발적인 분산을 유도할 수 없었다는 점이다.

둘째, 수도권 집중이 지역적으로 편중되어 수도권 내부에서도 집중지역과 과소지역이 발생함으로써 수도권 내의 지역격차가 심화되었다는 점이다.

셋째, 집중억제 시책이 경직되게 추진되다 보니 시책의 실효성이 저하될 수밖에 없었다는 점이다. 이를테면 현실과 동떨어진 수도권정비계획지표로 인한 수도권 내 모든 관련 계획의 왜곡 등이 이러한 경직된 시책의 문제점이다.

넷째, 수도권정책이 다른 국가시책에 밀려 일관성 있게 추진될 수 없었다는 점이다. 수도권정책을 무력화시켰던 대표적인 정책으로는 88올림픽에 대처한 서울시 개발, 주택 200만 호 건설계획에 의한 수도권 5대 신도시계획, 경제 활성화를 위한 남동·시화공단 개발, 민원해소를 위한 불법무허가 공장의 양성화 조치 등이 있다.

---

7) 국가적 대사였던 88올림픽을 성공리에 마친 정부는 정책적 기조를 국내문제로 돌려 지역 간 격차로 인한 갈등해소를 겨냥하여 수도권 집중문제를 다시 중요한 정책과제로 다루기 시작하였다.

수도권정책시책 전환 시기 주요내용(1990년대)

○ 수도권정비계획법령 개정('94. 1, '94. 4 건설교통부)
• 수도권 5개 권역을 지역특성을 살린 3개 권역으로 재조정, 권역별 인구집중유발시설 및 개발사업의 차등 규제
  - 과밀억제권역: 인구·산업이 과도하게 집중되었거나 집중될 우려가 있어 이전·정비 필요지역
  - 성장관리권역: 과밀억제권역으로부터 이전하는 인구 및 산업을 계획적으로 유치하고 산업의 입지와 도시의 적정개발이 필요한 지역
  - 자연보전권역: 한강수계의 수질 및 녹지 등 자연환경의 보전이 필요한 지역
• 대형건축물에 대한 규제방식을 물리적 방식에서 경제적 방식인 과밀부담금제도 도입
• 공장·대학에 대한 개별적 규제방식을 총량규제방식으로 전환
○ 수도권정비계획법시행령 개정('98. 2 건설교통부)
• 심의제도 개선 및 절차간소화
• 과밀억제권역: 공공청사의 신도시 이전, 쓰레기매립지 공공청사 입지(심의 폐지 및 건교부장관과 협의)
• 성장관리권역: 대학이전(심의 폐지)
• 자연보전권역: 전문대 및 소규모 대학의 이전(심의 폐지), 노동자총연합단체 등 4개 법인의 연수시설 신·증축(심의 폐지 및 건교부장관과 협의)
• 벤처기업집적시설을 인구집중유발시설에서 제외하여 과밀부담금 면제
• 영종·용유·무의도와 송도매립지를 과밀억제권역에서 성장관리권역으로 변경
• 서울도심 내 학원규제 폐지
  자연보전권역 내 창고·주차시설 규제완화
○ 수도권정비계획법시행령 개정('98. 10 건설교통부)
• 4년제 대학 중 예외적으로 수도권에 허용되는 소규모대학의 정원 허용규모를 첨단전문분야의 경우 확대 허용(50인→100인)
• 대학의 야간계 학과에 대해서도 입학정원을 제한하여 대학규제의 실효성 강화
○ 제3차 국토종합개발계획(1992~2001)상의 수도권정책
• 우리나라가 현재 당면하고 있는 국토개발의 현안문제를 해소하는 동시에 2000년대를 향한 새로운 여건 변화에 효과적으로 대응하여 국가경쟁력을 극대화하고 좁은 국토를 넓은 번영의 터전으로 탈바꿈시켜 나갈 장기적이고 종합적인 기본방향을 제시.
  - 기본방향:
    ① 수도권과 지방이 그리고 도시와 농촌이 합리적으로 발전할 수 있도록 유도하는 지방분산형 국토골격을 형성.
    ② 국가의 인적·물적 자원이 그 기능과 역할을 최대한 발휘하며 지역별 잠재력과 역량을 최대한 살려, 국제경쟁력을 키워나갈 수 있도록 생산적이며 자원절약적인 국토의 이용을 도모
    ③ 안정되고 쾌적한 삶을 누릴 수 있도록 국민복지의 향상과 국토환경의 보전
    ④ 남북통일에 대비한 국토기본 축의 조성
  - 추진전략: (※ 수도권은 지속적으로 성장을 억제한다고 명시)
    ① 지방의 분산과 수도권 집중의 억제
    ② 신산업지대의 조성과 산업구조의 고도화
    ③ 통합적 고속교류망의 구축
    ④ 국민생활과 환경부문의 투지확대
    ⑤ 국토계획의 집행력 강화 및 국토이용 관련제도의 정비
    ⑥ 남북교류지대의 개발·관리

자료: 국토개발연구원(1992). 수도권정책의 종합평가, pp12-16. 분야별 재작성.

이 같은 문제인식에 입각해서 1992년에 수립된 제3차 국토종합개발계획(1992~2001)에서는 수도권정책의 방향을 다음과 같이 정했다.

첫째, 종래의 시책 중 효과가 있었다고 판단되는 공장, 교육시설 등에 대한 신·증설규제는 계속하여 시행해 나가되 실효성을 보완한다.

둘째, 수도권에서 지방으로 이전하는 시설에 대한 세제·금융혜택을 강화하는 한편 수혜대상시설에 기업체 본사, 연구개발기능, 정보처리업 등을 추가한다.

셋째, 인구집중유발시설 신·증설 시에 과밀부담금을 부과하여 기업의 자발적인 지방이전을 유도하고 징수된 재원을 지방 육성을 위한 재원으로 활용한다.

넷째, 수도권 내 국제기능은 보강하되 수도권 내 기능분산 및 용지확보 등을 고려하여 위성도시개발 등 공간구조를 개편한다.

〈표 3-18〉 1990년대 이후 수도권시책의 세부 시행내용

'90. 5.10	• 통일관련 개발사업 허용(통일동산조성)
'90.10.30	• 공장에 대한 규제완화 면적(100㎡→200㎡ 이상), 인원(10인→16인 이상) • 연수시설을 규제대상에 포함
'91. 7. 4	• 수도권대학 첨단이공계학과 '95학년도까지 매년 2천 명 증원허용
'92.12.31	• 관광지조성사업규제완화 (6만㎡까지 허용) • 소규모학교 신설허용
'93. 2.20	• 한국예술학교 신설허용
'94. 4.30	• 3개 권역범위를 구체적으로 설정 • 과밀억제권역·성장관리권역·자연보전권역별로 행위제한 차등규제 • 과밀부담금 부과지역(서울) 설정 및 대상규모 규정(판매용 1만 5천㎡, 및 복합용 2만 5천㎡, 공공청사 3천㎡ 이상), 도심재개발 건축물 과밀부담금 50% 감면 • 공장총 허용량 및 집행방법 규정
'96. 6. 4	• 대학원대학·의료·문화기관을 인구집중유발시설에서 제외, 성장관리권역 내 공업지역 지정가능 근거마련 • 과밀억제권역 내에 국제협력 및 중소기업지원 공공법인 사무소 신·증축 허용 • 강화·옹진·검단지역을 성장관리권역으로 변경

'98. 2.20	• 벤처기업집적시설·학원을 인구집중유발시설에서 제외 • 신도시로 공공청사 이전, 쓰레기매립지 인근으로 환경관련 공공청사 이전, 성장관리권역으로 대학이전의 경우 수도권심의 제외 • 인천 영종도·용유도·무의도·송도매립지를 성장관리권역으로 변경
'98. 10. 29	• 야간대학을 총량규제 대상에 포함 • 소규모대학 중 첨단전문분야에 한하여 50인에서 100인 이하로 설립허용

자료: 건설교통부(2005).

다섯째, 적극적인 지방육성정책을 시행하여 수도권의 집중분산이 자연스럽게 이루어질 수 있도록 한다. 1993년에 수립된 신경제 5개년 계획은 국토계획의 방향을 보다 구체화하여 실천방안을 마련한 바 있다. 제3차 국토계획 및 신경제 5개년 계획의 방향과 지침을 수렴하여 1994년에는 수도권정비계획법이 대폭 개정되었다. 동시에 1984년에 수립되었던 수도권정비기본계획을 대체할 제2차 수도권정비계획이 수립되었다.

4. 수도권정책 본격 추진시기(2000년대 이후~현재)[8]

수도권정책은 참여정부에 들어와서 또다시 변화의 과정을 겪은 바 있다. 수도권의 획일적 규제정책에서 벗어나서 다양한 정책적인 변화를 시도하는 수도권발전대책을 발표[9]한 것이 특징이다. 다만 수도권 도시성장관리정책 측면보다는 행정중심복합도시 건설을 추진하는 과정에서 수도권에 정책적 대안을 제시하는 측면[10]에서 이루어졌다고 할 수 있다.

---

8) 1988올림픽후에 정부는 지역간 격차로 인한 갈등 해소를 위해 수도권 집중문제를 다시금 주요 정책과제로 다루기 시작하였다.

9) 2005. 6. 27 발표한 참여정부의 수도권발전대책은 건설교통부·국가균형발전위원회가 주도하며, 재정경제부, 교육인적자원부, 통일부, 법무부, 국방부, 행정자치부, 문화관광부, 농림부, 산업자원부, 정보통신부, 보건복지부, 환경부, 노동부, 해양수산부, 기획예산처, 국무조정실, 중소기업청 등이 연계하여 추진한다.

10) 수도권 발전대책 수립은 선진한국을 이룩하기 위한 노무현 대통령의 핵심 대선공약 사업으로 추진되었다. '국가균형발전을 위한 대구구상'을 계기로 수도권 발전대책 추진방

〈표 3-19〉 2000년대 이후 수도권시책의 세부 시행내용

'00. 3. 28	• 국제회의전문시설은 인구집중유발시설에서 제외
'01. 1. 5	• 공공청사의 범위 확대[문화·의료기관등 규제대상 포함, 규제대상 규모 조정(3천㎡→1천㎡)] • 중앙행정기관 및 수도권 관할 공공기관을 제외하고는 공공청사의 신축 금지(증축·용도변경은 심의 후 허용)
'02. 7. 24	• 대학원대학도 규제대상에 포함 (수도권 전체에서 매년증원은 300명 이내 허용(첨단분야 제외), 자연보전권역에서의 신설은 심의 필요) • 산업·전문대학의 증원허용범위 축소(전국증가분의 20%→10%) • 오염총량제 실시조건으로 자연보전권역 내 택지개발허용규모를 상향조정(6만→20만㎡) • 연접·분할 대규모개발사업을 합산 규제 • 수도권 관할 공공법인(지점포함)의 부담금 면제 • 수도권과 인근 도 지역 관할 공공청사의 신·증설 허용(건교부장관과의 협의·승인 후)
'04. 4. 24	• 지역균형개발및지방중소기업육성에관한법률에 의한 복합단지개발사업을 수도권 입지규제 대상에 새로 포함 • 공장 총량 설정주기를 1년에서 3년으로 전환(수도권 지자체는 지역여건을 고려하여 연도별 배정계획을 수립, 건교부장관의 승인을 얻어 시행)

1) 참여정부의 '수도권발전종합대책'의 정책적 기조

참여정부에서 발표한 수도권 발전 종합대책의 정책적 기조는 다음과 같다.

첫째, 수도권의 질적 발전과 지방의 자립적 발전을 동시에 추구할 새로운 패러다임이 필요하다는 것이다. '수도권 과밀·지방 침체'라는 국토의 이중구조를 해소하고, 지방과 수도권이 모두 상생 발전할 수 있는 토대를 마련한다는 것이다. 행정중심복합도시 건설, 공공기관 지방이전 등 적극적 지방화 정책을 통해 지방을 새로운 성장 동력으로 육성하고, 수도권은 적극적 발전을 위한 종합대책을 통해 세계적인 경쟁력과 삶의 질을 갖춘 동북아 경제중심으로 육성한다. 수도권과 지방의 상생발전이라는 큰 틀에서 수도권의 글로벌 경쟁력을 높이고, 삶의 질을 향상하고, 노동·자본 투입 위주의 양적 팽창에서 지식·기술 중심의 질적 발전으로 패러다임을 전환한다.

침을 발표하였으며, 국가균형발전위원회 내에 수도권관리전문위원회를 구성·운영하여 전문가들의 의견을 수렴하였다. 수도권의 질적 발전을 도모하기 위한 '新수도권 발전방안'의 국정과제회의 보고 및 기본방침을 언론에 발표하였다. 자료: 건교부, 국가균형발전위원회(2005), 수도권종합발전대책, p.1.

〈표 3-20〉 수도권정책시책 성숙기(2000년대)

주요내용

○ 수도권정비계획법시행령 개정('00. 3 건설교통부)
  - 국제회의시설 중 전문회의시설을 인구집중유발시설에서 제외하여 과밀부담금을 면제함으로써 국제회의 유치를 지원

○ 수도권정비계획법시행령 개정('01. 1 건설교통부)
  - 공공청사에 대한 수도권규제를 강화
    • 규제대상 공공청사의 범위를 확대(3천㎡ → 1천㎡ 이상)
    • 공공청사에서 제외되어 있던 문화·의료·군사(군부대시설 제외) 시설도 규제대상에 포함
    • 중앙행정기관 및 수도권 관할 공공기관 이외에는 공공청사의 수도권 내 신축을 금
      (교육·국제교류기관은 '03말까지 허용)
    • 수도권 관할 공공기관 이외의 모든 공공청사의 신축·증축·용도변경에 대해서는 수도권심의를 의무화
  - 관광호텔 객실면적에 대해서는 2002년 말까지 한시적으로 과밀부담금을 감면하여 2002월드컵행사를 지원
  - 공장 총량의 산출방식과 시·도별 공장 총 허용량에 대해 수도권심의와 관보게재를 통해 제도의 투명성을 제고

○ 2001 공장 총량제 운영방안 고시('01. 6 건설교통부)
  - 총량 89만 평 설정, 산업단지·가설건축물·신고건물의 총량제 적용 제외

○ 수도권정비계획법시행령 개정('02. 7 건설교통부)
  - 대학원대학도 규제대상에 포함(수도권 전체에서 매년증원은 300명 이내에서 허용하되 첨단전문분야는 제외, 자연보전권역에서의 신설은 심의 필요)
  - 산업·전문대학의 증원허용범위 축소(전국증가분의 20% → 10%)
  - 오염총량제 실시조건으로 자연보전권역 내 택지개발허용규모를 상향조정(6만 → 20만㎡)
  - 연접·분할 대규모개발사업을 합산 규제
  - 수도권 관할 공공법인(지점포함)의 과밀부담금 면제
  - 수도권과 인근 도지역 관할 공공청사의 신·증설 허용(건교부장관의 협의·승인 후)

○ 수도권정비계획법시행령 개정('04. 4 건설교통부)
  - 지역균형개발및지방중소기업육성에관한법률에 의한 복합단지개발사업을 수도권 입지규제 대상에 새로이 포함
  - 공장 총량 설정주기를 1년에서 3년으로 전환
    (수도권 지자체는 지역여건을 고려하여 연도별 배정계획을 수립, 건교부장관의 승인을 얻어 시행)

자료: 건설교통부(2005), 국토편람.

이와 같은 수도권의 적극적인 발전정책에는 향후 검토되어야 할 사항이 많이 있다. 그동안 수도권의 규제정책에도 불구하고 급성장한 곳이 수도권이므로 수도권의 도시성장관리를 통한 국가경쟁력의 강화를 제시할 필요가 있는 것이다. 행정중심복합도시 건설에 따른 수도권 패러다임의 변화도 검토되어야 한다. 수도 기능에 따라 정책적 적지 않은 변화도 예상되고 있기 때문이다.

둘째, 수도권 규제는 행정중심복합도시 건설, 공공기관 이전 등 지방화 추진과 연계하여 단계적으로 개선한다는 것이다. 수도권 규제개선은 행정중심복합도시의 건설, 공공기관 지방이전 등 지방화 추진속도와 연계시키고, 단기적으로는 현재의 정책기조를 유지해 나가면서 경쟁력 강화 등에 필수적인 사항을 선별적으로 개선한다. 중장기적으로 수도권 권역의 합리적 조정, 계획관리체제로의 전환 등 종합적인 개편 등을 추진한다.

정책적 기조로 제시하고 있는 수도권 규제문제는 실질적으로 국가경쟁력과 연계된다. 많은 기업 활동이 수도권에서 이루어지고 있는 현실에서 비합리적인 수도권 규제는 지방과의 공동번영(win-win)을 목표로 합리적인 개편이 이루어져야 한다. 기업 활동과 상관없이 한강수계에 따른 물 관리 규제 등도 현실적인 접근이 필요하다.

셋째, 궁극적으로는 수도권 주민의 삶의 질을 제고하고, 산업클러스터 활성화를 통하여 경쟁력을 강화한다는 것이다. 인구안정화를 전제로 다양한 삶의 질 개선 방안을 추진한다. 인적자원 활용, 산학협력 네트워크 구축 등을 통해 지식기반 제조업과 서비스업을 집중 육성한다.

수도권 집중문제는 수도권이 갖는 다양한 기회와 혜택에 따른다고 할 수 있다. 그동안의 수도권정책이 실패한 이유는 방대한 수도권지역의 관리가 실질적인 규제정책보다는 도시성장관리의 지표설정 없이 방만하게 관리되어 온 결과라 할 수 있다.

삶의 질 문제도 수도권 내에서의 과밀과소지역이 상존하고 있으므로 실효성 있는 정책적인 접근이 필요하다.

2) 수도권의 경쟁력과 삶의 질 제고방안

(1) 수도권 인구안정화를 위해 수도권 시·도별 인구지표제 도입

2004년 말 현재 47.9%인 수도권 인구집중도를 2020년까지 현재수준으로 안정화되도록 인구지표를 설정·관리한다는 것이다. 현재의 수도권 인구증가 추세를 방치할 경우 2010년경에는 전체 인구의 50%에 이를 것으로 전망하고 있다.

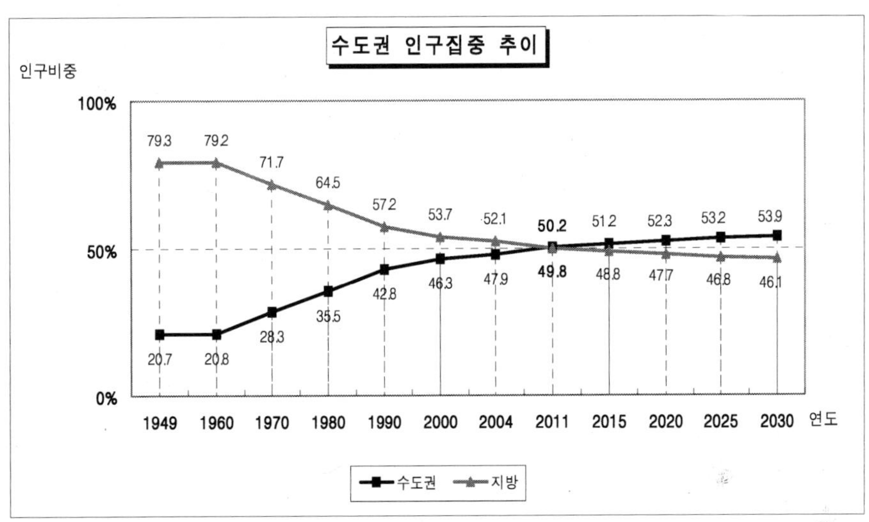

자료: 통계청(2005).

〈그림 3-3〉 수도권 인구집중 추이

(2) 정부청사 및 공공기관 종전부지의 활용방안 마련

정부중앙청사는 행정중심복합도시 이전시기에 맞추어 수도권 잔류 행정기관을 재배치하여 활용하고, 과천청사는 산·학·연 협동연구단지 등으로 활용하는 방안을 검토하고 있다. 친환경적인 도시특성을 유지하면서 지역경제 활성화와 자족성 강화에 중점을 두되, 종전부지를 매각하여 행정중심복합도시 건설비용을 충당하고 공공기관 종전부지는 수도권 발전전략의 틀 속에서 해당기관·지방자치단체, 지역주민

모두에게 이익이 되는 방향으로 활용방안을 마련한다는 것이다. 구체적 활용방안 추진 시 지방자치단체의 의견을 적극 수렴을 한다[11]고 밝히고 있다.

(3) 수도권의 경쟁력 강화

① 지역특성을 반영한 산업클러스터[12] 활성화

현재 수도권에 형성된 27개의 중소규모 산업클러스터가 활성화될 수 있도록 지원을 하는 것으로 수도권 규제와 경쟁력 강화방안을 상호 연계하여 산업클러스터의 활성화를 모색한다는 것이다. 이와 더불어서 수도권 노후산업단지의 환경개선 등 재정비방안을 검토한다. 수도권 광역지방자치단체의 정책방향을 살펴보면 다음과 같다.

첫째, 서울특별시의 세계도시화 프로젝트를 추진한다. 서울을 세계적 경쟁력을 지닌 동북아의 거점도시이자 국가 혁신 창출의 중심지로 육성한다는 것이다. 동북아 비즈니스·금융허브 구축[13]을 목표로 하여 5대 IT클러스터 및 3대 BT클러스터 활성화를 지원[14]한다는 것이다. 전통산업 클러스터에 대한 지원을 강화[15]하는 한편 서울시 강남·북 간 격차 등 내부 불균형 해소를 위하여 광역개발을 통한 도시구조 개선을 추진한다.

---

11) 성남 국제비즈니스타운(국내기업 본사, 외국기업 지사 등 유치), 안양 방송영상단지(영화, 방송, 멀티미디어) 등 활용방안을 검토한다.
12) 산업클러스터는 특정산업(1, 2, 3차 산업 포함)과 기업들이 연계된 집적지로써 산·학·연·관의 협력을 통해 지속적 혁신과 생산성 향상을 도모하는 지리적 공간으로, 소규모 지역 또는 건물일 수도 있고 단일 행정구역을 넘어설 수도 있다.
13) 2005년 7월 한국투자공사(자본금 1조 원)를 출범시켜 국내 자산 운용업 활성화를 주도하고, 외국 금융기관에 대한 흡인력을 확보하고 서울 도심, 용산, 강남, 여의도, 상암을 국제업무지구로 조성하고 다국적 기업 지역본부, 국제기구 등을 적극 유치하여 서울을 동북아 비즈니스 중심지로 육성, 국제회의 개최 증가에 대응하여 고부가가치 국제회의산업을 전략적으로 육성한다는 것이다.
14) 도심(종로·중구)의 디지털콘텐츠 산업 육성, 구로 서울디지털산업단지의 구조고도화, 상암 DMC의 첨단 IT컴플렉스 조성, 테헤란 밸리 등 강남 IT클러스터의 국제적 혁신네트워크 구축, 공릉 NIT클러스터 조성 등 5대 IT클러스터의 활성화를 지원한다. 홍릉 바이오밸리, 강북 메디클러스터, 관악 생명공학 클러스터 등 3대 바이오 클러스터에 대한 활성화를 지원한다.
15) 도심의 인쇄·의류패션·귀금속 및 2002년부터 추진 중인 재래시장의 현대화를 위한 지원을 강화한다. 특히 노량진 수산시장 등의 현대화를 지원한다.

〈표 3-21〉 서울시의 세계도시화 프로젝트 계획

동북아 비즈니스 · 금융허브	국제비즈니스(도심, 용산, 강남, 여의도, 상암), 동북아금융허브(명동, 여의도, 강남)
5대 IT거점	종로 · 중구 도심(문화), 강남(소프트웨어형), 구로 · 금천(하드웨어형), 상암(미디어 · 엔터테인먼트), 공릉(나노＋IT)
3대 BT거점	홍릉 바이오밸리, 강북 메디클러스터, 관악 생명공학클러스터
전통산업의 고도화	도심인쇄, 의류패션, 종로귀금속, 재래시장 현대화

자료: 건교부 · 국가균형발전위원회((2005. 6. 27), 수도권발전 종합대책.

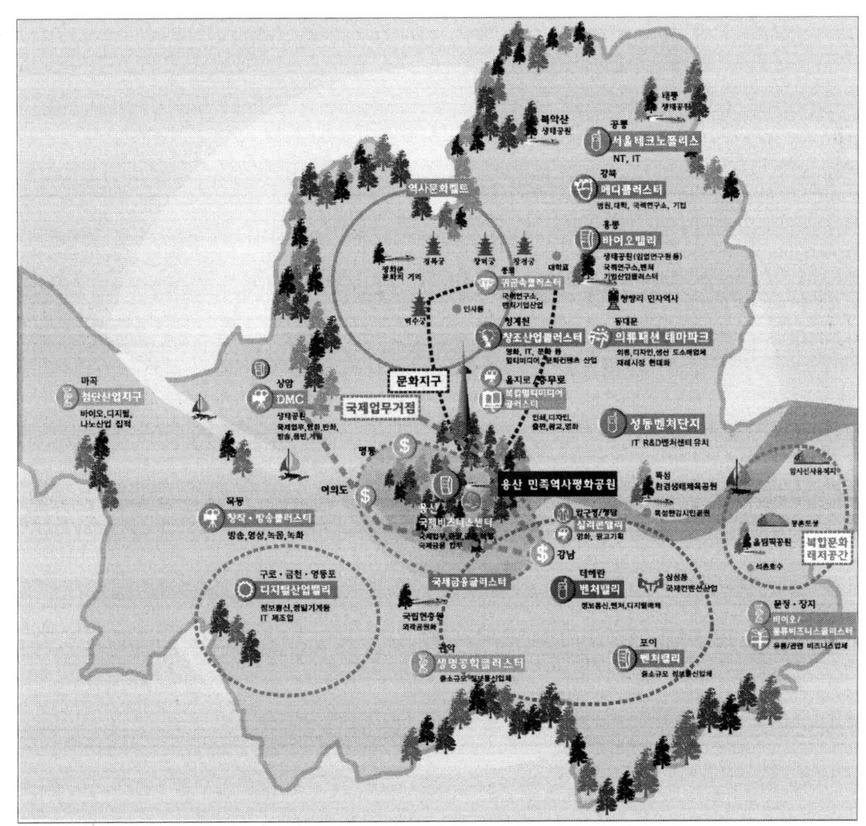

자료: 건교부 · 국가균형발전위원회(2005. 6. 27), 전개자료.

〈그림 3-4〉 서울시 산업클러스터 육성 구상도

둘째, 인천광역시의 동북아 관문도시화 전략을 추진한다. 이를 위해서 경제자유구역을 활성화하고 인천국제공항을 2020년까지 연간 여객 1억 명, 화물 700만 톤 규모의 동북아 중추공항[16]으로 육성한다는 것이다.

그리고 인천 경제자유구역 내에 외국대학 설립을 허용하고 인천항의 경쟁력제고 및 항만시설의 공급 확충[17]과 함께 물류 연계수송망을 확충[18]한다는 것이다. 한편 송도에는 송도 유비쿼터스-IT 클러스터 구축[19]을 통해 도시발전을 도모한다.

<표 3-22> 인천광역시의 동북아 관문도시화 전략

경제자유구역의 활성화	송도(국제업무, IT·BT산업, R&D센터), 영종(항공물류, 첨단산업, 해변 종합관광), 청라(금융·관광·복합레저)
국제물류비즈니스 클러스터 조성	인천국제공항, 인천항, 인천항만공사제 도입 등
관광·여가 도시화	옹진(도서 해양관광), 강화(역사문화, 해양관광), 소래포구(문화관광, 레저, 수변문화지구)
구도심의 재생	도시재생 프로젝트, 구도심의 자동차부품, 기계 등 주력산업 구조고도화

자료: 건교부·국가균형발전위원회((2005. 6. 27), 전개자료.

---

16) 인천국제공항 구역에 1단계로 63만 평 규모의 자유무역지역을 개발하여 다국적 물류 및 생산기업을 유치하고 '08년까지 공항 활주로 등 2단계 시설 확장을 추진한다.
17) 인천항 항만관리의 효율성 제고 및 경쟁력 강화를 위해 1조 266억 원을 출자하여 '05년 7월 인천항만공사를 설립하고, 인천북항은 고철부두 등 18선석을 확보하기 위한 사업을 지속 추진하고, 인천남외항은 다목적 부두 확충을 위한 타당성 조사 및 기본설계 용역을 시행하는 등 조기 추진하는 한편 물류기업의 투자유도를 위해 항만배후단지를 조성하여 새로운 부가가치 창출기반을 마련한다.
18) 이를 위해 인천공항 접근로의 다양화 및 동북아 물류중심국가 실현을 위해 인천대교(제2 연육교)를 추가 건설 청라지구와 서울도심이 직접 연결될 수 있도록 경인고속국도 직선화의 조기 완공을 추진한다.
19) 송도 지식정보 산업단지 내 2.4만 평에 글로벌기업 및 혁신 선도형 국내기업이 집적된 유비쿼터스-IT 클러스터를 조성하고, 첨단산업 R&D 센터 유치를 추진한다. 청라지구에 약 70만 평의 테마파크와 골프장 등 레저공간을 조성하여 관광·레저와 국제업무기능을 활성화한다. 이것은 인천의 비전인 '시민과 함께 하는 동북아의 관문도시 건설'을 실행하기 위한 경제자유구역활성화의 일환이다.

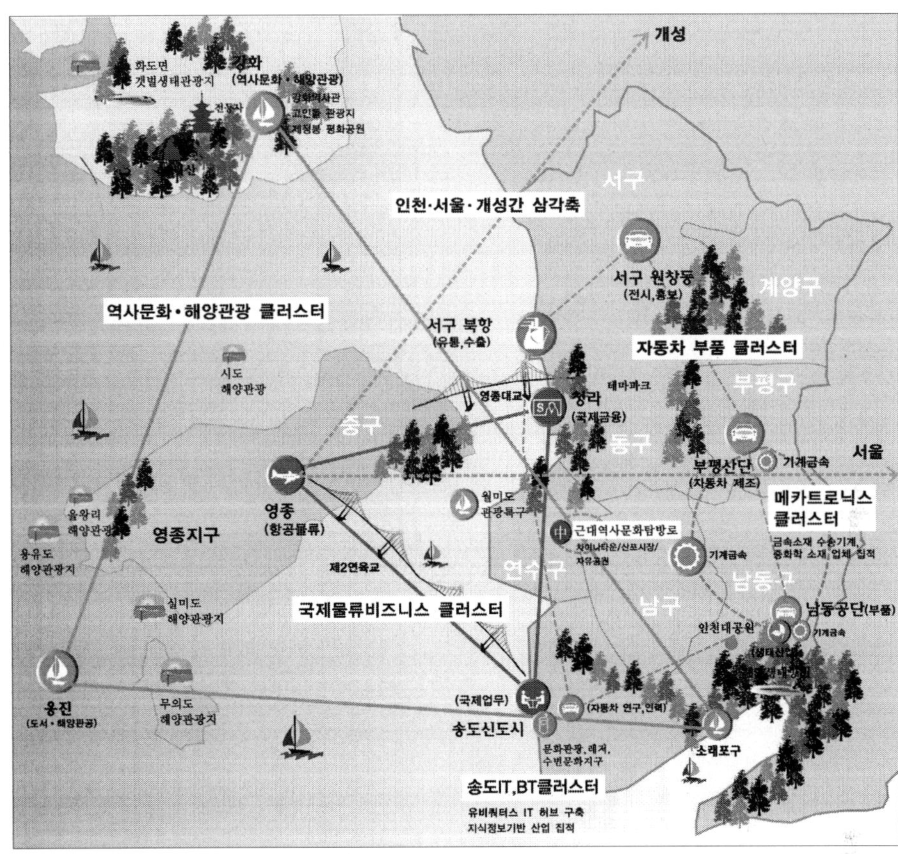

자료: 건교부 · 국가균형발전위원회((2005. 6. 27), 전개자료.

<그림 3-5> 인천시 산업클러스터 육성 구상도

　셋째, 경기도의 실리콘밸리화 플랜을 추진한다는 것이다. 경기도의 7개 권역을 첨단 · 지식기반산업의 메카로 육성[20]하여 한국의 실리콘밸리를 조성한다. 경기도의

---

20) ① 경기 서부는 반월 · 시화 국가혁신 클러스터와 부천의 영상 · 시흥의 게임 · 광명의 음악 밸리 등 창조산업 클러스터 조성을 지원하여 경기 서부의 글로벌 경쟁력을 강화한다. 부천의 생활로봇, 안산 등의 자동차부품 등 관련 산업 인력 양성을 지원한다. 시화호 및 주변지역 1,720만 평을 관광레저 중심의 친환경 생태도시로 개발하고, 주거 · 문화 · 레저 · 연구기능을 유치한다.

경우는 행정구역의 생활권 권역을 중심으로 사업을 추진한다. 그리고 경기도 남·
북부 간 지역격차 등 내부 불균형을 해소하기 위한 방안도 모색하는 것으로 밝히고
있다.

<표 3-23> 경기도의 7개 권역별 발전방안

권 역	시·군	발전방안
남 부	수원, 용인, 오산, 화성, 평택, 안성	지식기반 IT BT, 국제항만클러스터 등
서 부	부천, 안산, 시흥, 광명	반월·시화 국가혁신클러스터, 생활로봇, 첨단부품소재, 창조산업(음악, 영상, 게임 등) 클러스터 등
중 부	안양, 군포, 의왕, 과천	정보통신, 멀티미디어, 철도산업 R&D 등
동 부	성남, 하남, 광주, 이천, 여주	IT 벤처밸리, 휴양레저, 도자문화클러스터 등

② 경기 남부는 IT, BT 등 지식기반산업 클러스터의 활성화를 지원한다. 평택·당진항을
중심으로 항만물류 클러스터를 구축하여 지식기반산업과 동반 경쟁력 강화를 모색한
다. 평택·당진항에 최대 20만 톤급 접안시설을 확충한다.

③ 경기 중부는 안양·군포·과천의 멀티미디어, IT 기계, 정보통신 등 지역에 특화된
지식기반산업 클러스터의 활성화를 지원하고, 의왕의 철도기술연구원 내에 연구시설
건설 등 철도연구 개발 사업을 추진한다.

④ 경기 동부는 판교에 IT복합단지(가칭 판교 실리콘파크)를 조성하여 전국에 산재된 반
도체·디스플레이 산업체의 연구지원 시설을 집적한다. 여주·이천·광주의 3개 지역
을 연계한 도자(陶瓷)문화산업 클러스터 활성화를 지원한다.

⑤ 경기 북부는 양주 섬유센터 건립 지원 등을 통해 전통 제조업의 지식기반화를 촉진
하고 고부가가치화를 추진한다. 지역의 청정 환경, 향토·문화, 접경지역 등 다양한
어메니티 자원을 연계·활용하여 문화·관광클러스터를 활성화하고, 전통음식 특구를
조성하여 관광과 연계한다. 5도2촌 생활의 확산에 따른 체류형 숙박시설 등 인프라
및 관련 S/W 프로그램을 지원한다.

⑥ 경기 북서부는 파주 LCD, 출판문화정보단지를 중심으로 지식기반산업 클러스터를 통
한 지역경쟁력 강화를 지원한다. 남북연계 도로, 철도 등 인프라 구축 및 경협사업과
연계하여 남북한 교류, 물류의 전진기지 역할 수행을 지원한다.

⑦ 경기 북동부는 구리, 남양주, 양평, 가평 지역의 영화촬영소 등을 중심으로 영상, 애
니메이션 등 문화콘텐츠에 기반을 둔 실리우드 클러스터의 활성화를 지원한다(※ 실
리우드: 실리콘밸리의 디지털기술과 할리우드의 문화콘텐츠의 결합 산업). 남양주 지
역에 기존 택지지구 등을 중심으로 주거·교육·문화·관광·산업 기능이 복합된 혁
신형 주거공간을 조성한다.

권 역	시·군	발전방안
북부	의정부, 동두천, 양주, 포천, 연천	전통제조업(가구, 섬유) 구조고도화, 슬로우푸드, 평화·안보 클러스터 등
북동부	구리, 남양주, 가평, 양평	영상산업, 휴양·레저, 친환경, 슬로우푸드 등
북서부	고양, 파주, 김포	LCD, 출판문화, 남북교류 등

자료: 건교부·국가균형발전위원회((2005. 6. 27), 전개자료.

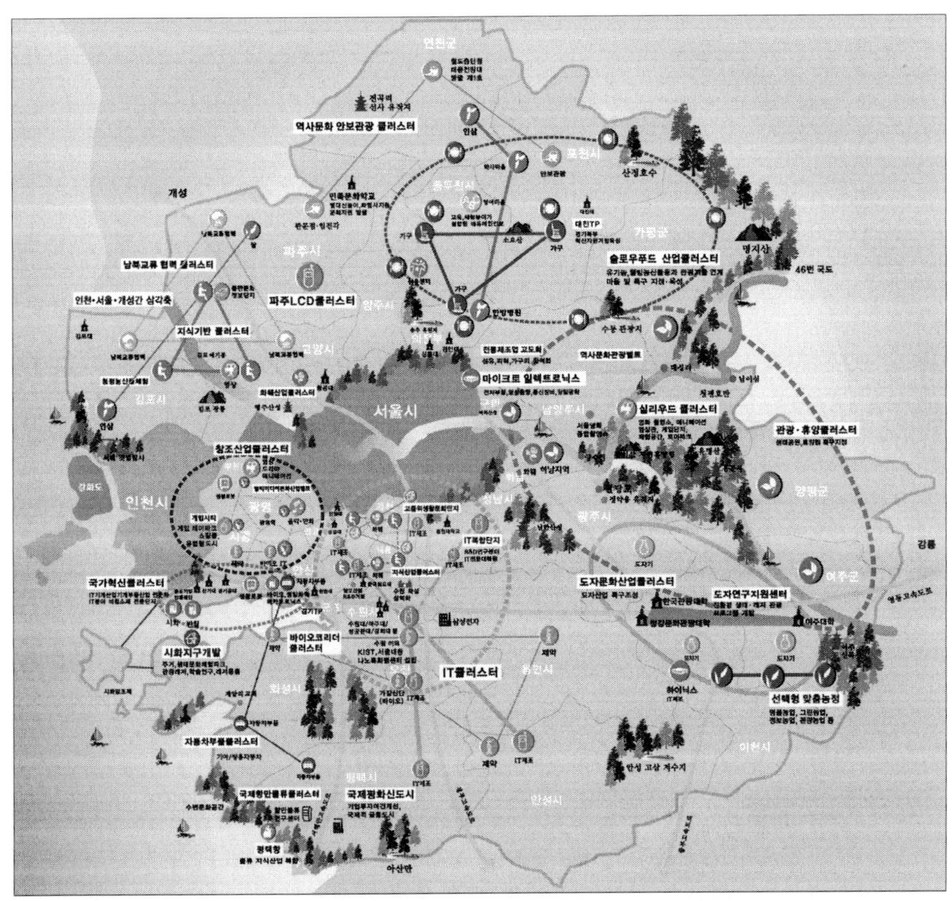

자료: 건교부·국가균형발전위원회((2005. 6. 27), 전개자료.

〈그림 3-6〉 경기도 산업클러스터 육성 구상도

② 수도권의 SOC 확충

　서울과 인천 및 경기도를 급행으로 연결하는 간선급행버스체계(BRT)를 구축하는 등 대중교통 중심체계를 강화[21]한다. 국제업무단지 연계교통망 및 물류 연계수송망 등을 확충[22]한다. 수도권 광역전철을 확충하고, 급행전철을 확대 운행[23]한다. 수도권 '남북7축·동서4축·3개 순환망(7×4＋3R)'을 구축[24]한다.
수도권 대규모 개발사업 지구의 교통인프라를 확충[25]한다. 물류유통의 선진화를 추진[26]한다.

---

21) 수도권에 총 22개 BRT노선(540km)을 구축하여 대중교통 이용률을 획기적으로 높이고, 서울특별시 주요 경계지역에 종합환승센터를 설치하며, 서울시 외곽지역에 환승주차장을 건설한다.
22) 경의선 용산－문산 복선전철 등 국제업무단지 연계교통망을 확충한다. 수인선 건설 등 물류 연계수송망을 확충한다. 광명역 활성화를 위해 신안산선 등 연계교통망을 구축하고, 역세권을 단계적으로 개발한다.
23) 2007년까지 인천공항~김포를 연결하는 공항철도를 건설하고 2009년까지 서울 도심과 연결하여 인천공항기능을 높인다. 현재 운행 중인 광역급행전철을 확대하고 광역전철을 추가 건설하여 철도의 수송분담률을 높인다. 수도권 내 주요거점 및 수도권과 인접 광역지자체 연결 광역철도를 확충한다. 남북철도와 대륙철도의 연결 및 개성공단 제품 등 철도화물 수송 활성화에 대비한 수도권 우회 수송 철도망을 구축한다. 경부고속철도 평택역 신설은 미군기지 이전·평화도시개발계획 확정 후 신설을 고려한다.
24) 한계 용량에 도달하고 있는 서울외곽순환도로의 교통량 분산 등을 위하여 제2외곽순환 고속도로를 건설한다. 인천공항 접근의 정시성 확보와 송도신도시 지원 등을 위해 인천대교를 착공한다(2005.6).
25) 화성 동탄, 성남 판교, 파주 교하 등 수도권 신도시의 교통흐름 개선을 위해 '08년까지 광역단위의 연결도로를 확충한다. 광명 소하, 화성 향남지구 등 택지개발지구의 교통흐름 개선을 위해 2008년까지 도로 개설 및 확장공사를 추진한다.
26) 의정부권, 부천권, 인천권, 여주권, 수원권, 안산권 등 6개 권역별로 유통단지 조성을 추진한다. 개성공단 활성화 등에 대비하여 파주 일원에 수도권 북부 내륙화물기지 조성을 추진한다. 인천국제공항 화물터미널과 물류서비스업체 및 입주기관 간 전략적으로 연결하는 네트워크를 구축한다. 내륙컨테이너기지(ICD) 등 물류거점시설에 대한 정보 공동활용 체제 구축 등 물류정보망을 구축한다.

(4) 삶의 질 개선

첫째, 수도권의 초록도시화 프로젝트를 추진한다. 자연경관심의제·경관계획 등을 활용하여 자연경관과 조화를 이루는 환경 친화적 개발을 추진한다.

이를 위해서 생태계 훼손을 최소화하고 자연경관을 고려한 개발원칙을 유지하고, 주변 자연환경과 어울리는 건축물·시설물의 높이, 규모, 모양, 색채를 결정한다. 도시 지역 내 경관우수지역을 경관지구 등으로 지정하여 관리하고, 경관협정 등 주민 참여형 경관관리수단을 제도화한다.

배출가스 저감대책, 사업장 오염물질 총량관리 등으로 10년 내에 대기오염물질 배출량을 절반 수준으로 낮추어 수도권의 대기 질을 선진국(OECD) 수준으로 개선한다.

수도권의 대기오염으로 인한 사회적 손실비용은 연간 10조 원 수준에 달한다. 바

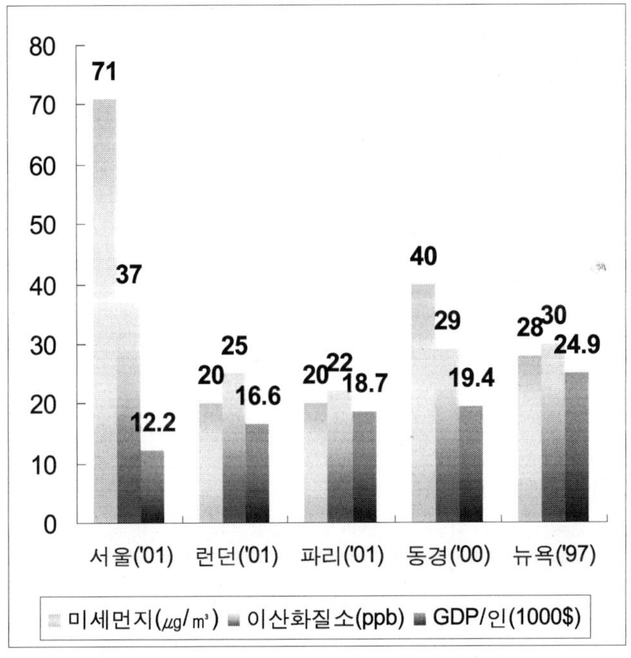

자료: 환경부(2005).

〈그림 3-7〉 선진국 주요도시의 대기오염도 비교

람길 확보 등을 통해 환경 친화적 도시구조를 조성하고, 수도권 광역 대기순환시스템을 구조적으로 개선한다.

이를 위해 관련 부처 및 지자체와의 유기적 협조체제를 강화한다. 수도권 대기환경관리기본계획(2005~2014)을 수립하여 관련 예산을 적극 투자할 계획이다. 녹지총량제[27]와 녹지활용계약제[28]를 적극 활용하고, 도심지와 주거지 인근에 다수의 근린공원과 녹지를 확충한다.

둘째, 수도권의 맑은 물 공급이다. 수도권의 상수원인 팔당호와 유입하천에 수질개선사업을 강화하여 맑고 깨끗한 상수원 확보에 주력팔당호 등 한강수계의 10개년(’06~’15년) 수질보전 기본계획 수립을 통한 맑은 물 공급 마스터플랜을 제시하고, 수질오염총량제 의무화, 수변구역 중장기 관리방안 마련 등을 통한 유역관리체제 조기정착 유도수질개선을 극대화하기 위하여 비점오염원관리 및 가축분뇨 자원화에 역량을 집중하고, 하수관거 정비를 중점 지원한다.

물 수요관리 강화를 위하여 절수 인프라 구축을 강화하고, 노후 수도관 개량사업을 촉진한다.

셋째, 수도권의 역사·문화 공간을 확대한다. 미군기지 이전 후 용산 기지를 민족역사평화공원으로 조성[29]한다. 효창공원의 민족공원화 사업을 추진[30]한다. 광화문·세종로 일대의 역사문화성과 공공성[31]을 복원하고, 주변의 역사문화자원들을 네트워킹하는 녹색보행 축을 조성하여 역사문화도시 서울의 품격을 제고하고 관광명소

---

27) 녹지총량제는 지방자치단체가 녹지의 총량을 설정하고 이를 달성하기 위해 자투리땅 활용, 공원·녹지 확보의무화 등 제도 기반을 마련하는 것이다.
28) 녹지 활용계약제란 지방자치단체가 일정지역 내 토지소유자 또는 거주자와 나무 심기 등 녹화사업 협정을 체결하여 녹지공간을 확보하는 것이다.
29) 용산을 역사와 민족주체의 성찰을 위한 문화공간으로 창조하고, 북악산-남산-관악산의 축과 연계하여 생태공원으로 조성하고, 심각한 대기오염을 겪고 있는 서울의 허파기능을 회복한다.
30) 용산구 효창공원의 재정비를 통해 민족정기선양의 역사기념 공간, 시민의 휴식·체육 등 복합문화공간으로 조성한다. 국무조정실에서는 T / F팀 구성·운영(’04.12~’05.6), 전문연구용역실시(’05.1~4), 향후 서울시 등 관계기관과 협의를 통해 종합계획안을 마련하여 추진한다.
31) 경복궁 복원계획과 세종로 주변 청사부지 활용계획을 연계하여 추진한다.

화한다.

넷째, 수도권 주요시설의 재배치이다. 수도권 내 군부대, 교정시설 등 특수시설 이전은 공간 활용 및 이전비용과 대체시설 마련 등을 종합적으로 고려하여 추진[32]한다.

그 밖에도 수도권만을 관할로 서비스를 제공하는 공공기관은 수도권 내 입지가 불가피한 점을 감안하여 청사를 신·증축하는 경우 건설교통부장관과의 협의나 승인절차를 폐지하여 불필요한 행정력 낭비를 방지하기로 하였다.

5. 수도권 규제개선 방안

1) 단기적 규제개선

① 첨단산업에 대한 선별적 규제개선

〈표 3-24〉 수도권 공장입지 규제 현황(2005년 기준)

구 분		과밀억제권역	성장관리권역	자연보전권역
공장 총량		2004~2006년 건축총량 259만 평(산업단지·공업지역 제외)		
공업지역		제2차 수도권정비계획(1997~2011): 1,330만 평		
공장 규제	대기업	신·증설 금지	신·증설 금지 (14개 첨단업종 증설허용)	신·증설 금지
	외투기업	신·증설 금지	신·증설 금지 ※2002~2004년 25개 업종 한시 허용	신·증설 금지

자료: 건교부(2005), 전개자료.

---

32) 기무사(종로) 부지는 광화문 일대의 역사문화공간 조성과 연계하여 활용방안을 마련하고, 금천구의 도하부대는 이전을 추진하고 영등포교도소를 천왕동으로 이전하고, 구로차량기지도 외곽지역으로 이전하는 방안을 검토한다. 국방대학교, 경찰대학교를 지방으로 이전하고, 일부 시설을 시민 문화공간으로 조성하는 방안을 검토한다. 기타, 수도권 도심지 내 노후화된 위험시설·기피시설 등의 외곽 이전을 추진하는 방안을 검토, 외곽에 위험시설 등의 이전 집단화 단지 조성방안을 검토한다.

2005년 현재까지 대기업공장의 신설을 금지하고, 증설은 14개 첨단업종에 한하여 허용하며, 외국인투자기업 25개 첨단업종의 신·증설은 2002~2004년 말까지 한시적으로 허용했다. 앞으로는 수도권 성장관리권역의 산업단지 내에서 외국인 투자기업의 첨단업종(25개) 공장 신·증설[33]을 재허용[34]할 것으로 보인다. 국내 대기업 첨단공장의 신설허용은 행정중심복합도시 건설, 공공기관 지방이전 등 지방화 추진 정도와 연계하여 종합적으로 검토한다.

② 정비발전지구 제도 도입[35]

정비발전지구의 도입은 행정중심복합도시 건설과 공공기관 지방이전 등에 따른 수도권의 경쟁력 약화에 대한 우려를 불식시키고, 현행 권역별 규제의 획일성·경직성을 보완하는 측면에서 추진한다. 수도권 내부의 균형발전을 도모한다는 측면에서 수도권 과밀해소와 국가균형발전 기조를 유지하는 범위에서 제한적으로 지정하고 선별적인 규제특례를 부여하는 것이다. 경제자유구역 및 접경지역 지원, 신활력지역 등과는 달리 정부 재정지원은 없는 것이 특징[36]이다. 지정 대상지역은 행정기관 및 공공기관이 지방으로 이전함에 따라 지역경제의 활력이 저하될 것으로 우려되는 지역·지구를 원칙으로 한다.

정비발전지구의 공간적 범위는 동일 지역 내 복수의 공공기관 종전부지를 연계하거나, 일부 종전부지를 중심으로 지역발전거점이 될 수 있는 지역을 지정한다. 저발전지역 내에서는 산학연계 또는 지역 고유자원 등을 활용하여 지역발전 잠재력이

---

33) 첨단업종의 범위를 일부 조정하고, 2004년 말로 종료된 신·증설 허용 특례기간을 2007년 말까지 연장한다.
34) 산집법시행령 개정안 국무회의 의결(2005. 5.17), 시행한다(2005.5.26).
35) 향후 추진일정은 정비발전지구 도입을 위한 법률 개정(2005년 하반기)을 통해 정비발전지구를 지정·운영(2006년 2/4분기)한다. 선도지구를 지정·운영 후 제도를 보완하고 지방화와 연계하여 본격 운영한다.
36) 수도권 내 다른 지역보다 상대적으로 저발전된 지역도 포함하여 수도권 내부의 균형발전 및 다핵분산화를 도모한다. 인구·산업·지방재정 등을 종합 고려하여 낙후도가 심한 접경지역 및 자연보전권역(팔당수질보전특별대책지역을 제외한 지역으로서 수질오염총량제를 시행하는 지역)을 대상으로 검토한다.

최대화될 수 있는 곳에 지정한다. 기존의 접경지역 개발계획, 신활력지역 지원사업 등과 연계될 수 있는 입지를 중심으로 지정하여 지역발전효과를 높이도록 한다.

해당 지역 내에서 구체적인 정비발전지구의 지정위치 및 규모 등은 수도권정비위원회 심의를 거쳐 결정한다.

수도권 규제특례를 부여하는데, 수도권정비계획법상의 규제 및 수도권 집중억제를 목적으로 시행 중인 조세중과 조치 등을 선택적으로 완화[37]한다.

③ 자연보전권역 택지규제의 합리적 개선

2005년 현재 자연보전권역 안에서 6만㎡ 초과 택지조성사업이 금지되고, 3만㎡~6만㎡ 사업은 수도권 심의를 거쳐 허용[38]하고 있다.

앞으로는 소규모 개발을 억제하기 위해, 사업을 수차례 분할하거나 연접하여 시행하는 경우 합산하여 규제하고, 난개발·수질오염 통제에 효과적인 지구단위계획과 오염총량제가 확대 도입될 수 있도록 인센티브를 부여한다.

한편 수도권 자연보전권역 내 소규모의 난개발을 방지한다는 측면에서 연접합산 규제 도입 및 지구단위 계획에 따른 계획개발을 유도한다.

이것은 수도권 자연보전권역에서 여러 개의 소규모 지구로 분할하여 택지조성사업을 시행하는 관행을 억제하기 위하여 연접합산 규제를 도입하는 한편, 지구단위계획이나 오염총량제 등 계획적인 개발을 하는 경우에는 난개발 방지를 위한 인센티브를 주기로 한 것이다.[39]

소규모 분할개발이 금지되는 대신 계획적 개발에 대해서는 인센티브가 부여[40]된

---

37) 법률(수도권정비계획법)에서 규제특례 사항을 일괄 규정하되, 지구별 특례는 수도권정비위원회 심의를 거쳐 지구유형 및 입지성격에 따라 필요한 사항에 국한하여 적용한다.
38) 오염총량제를 시행하는 시·군에서는 20만㎡까지 허용하고 있다.
39) 건설교통부는 7월 15일 수도권정비계획법시행령 개정안을 입법 예고하였다.
40) 현행 수도권정비계획법시행령의 규정에 의하면 수도권 자연보전권역 내에서는 3만㎡~6만㎡ 이내의 택지조성사업은 수도권심의를 통해 허용되는 반면, 3만㎡ 이내의 소규모 택지조성사업에 대해서는 수도권 심의가 면제되어 왔다. 그러나 일부 개발업체에서는 이러한 점을 악용하여 사업구역을 3만㎡ 이내로 쪼개어 연접하여 개발함으로써 난개발과 환경오염의 주범이 되어왔다.

다. 지구단위계획을 수립하여 시행하는 경우에는 택지조성 허용면적을 30만㎡로 상향 조정하여, 초등학교 1개 등 적정 기반시설이 입지할 수 있도록 하였다.

수질오염총량제를 시행하는 지역은 개발 총량이 정해지는 등 별도의 통제장치가 있으므로, 택지조성 허용면적을 50만㎡로 상향 조정하여, 초등학교 1개와 중학교 1개 등 적정 기반시설을 갖춘 계획적 개발이 이루어지도록 유도하는 것이다. 이렇게 규제가 완화될 경우 수도권의 수질오염총량제 시행이 활성화되는 효과도 기대할 수 있게 된다.

④ 대학 설립·이전 규제의 합리적 개선

지금까지는 서울시 내부에서 기존 대학의 이전도 불가능했고, 수도권 안에서 4년제 대학의 신설이 금지되어 있었다. 앞으로는 서울시 내부에서의 대학 이전을 허용하여 시설 및 운영여건을 개선하고, 도시 내부의 균형발전을 촉진한다는 것이다. 또한 접경지역으로의 대학 이전이 유도될 수 있도록 지원한다.

2) 중장기적 규제개선

행정중심복합도시 등의 건설단계에서는 현행 수도권정책을 단계적으로 정비 개편[41]한다.

1994년에 지정된 현행 3개 권역을 그간의 지역별 인구변화, 산업발전 정도 등을 기준으로 개편하고 자연보전권역은 한강수계특별법 개정(수질오염총량제 의무화)과 연계하여 규제제도를 정비한다는 것이다.

---

[41] 현재의 일률적인 금지 위주의 규제방식을 심사를 통해 허용 여부를 결정하는 방식으로 전환하고, 공공기관의 지방이전 실적을 통해, 수도권에 잔류하는 공공기관의 수도권 내 신·증축 허용기준을 조정한다.

<표 3-25> 정부의 수도권정책 향후 추진계획

년도	구분	주요내용	시행시기
2005년	수도권발전 종합대책 확정·발표	○ 정부 내 '수도권발전대책협의회'의 논의를 거치고, 국무회의 심의를 거쳐 확정·발표	2005년 6월
	수도권발전 종합대책 보완	○ 지역의견 수렴·검토 후 수도권 발전과제·사업 추가 제시	2005년 하반기 중
	수도권발전대책 보완을 위한 국제용역 시행	○ 경쟁력과 삶의 질을 높일 수 있는 구체적인 전략과 프로젝트를 개발	2005년 6월~12월
	제3차 수도권정비계획 (2006~2020) 수립	○ 수도권발전 종합대책과 국제용역 결과를 토대로 관계부처 및 시·도별 실행계획을 수립	2005년 하반기
	관련 법령 개정	관련 법령 개정	2005년
2006~2007년	정비발전지구 지정		2006년 2/4~
	기타 경쟁력강화 및 규제개선 과제		2006년 이후
2008년 이후	중장기 발전대책의 단계적 추진		

자료: 건설교통부(2005).

　행정기관 및 공공기관의 지방이전 효과가 가시화된 이후에는 규제 위주의 현행 수도권정비계획법 체제를 전면 개편하여 중앙정부와 수도권 지자체가 협력하는 계획관리체제로 전환한다는 것이다.

<표 3-26> 2020년 수도권 지표

정책목표	관리지표	목표수준
(1) 적정 인구수 유지로 수도권의 과밀을 완화하고 지방과 상생발전	수도권 인구비중	47.9%(2004) ⇒ 47.5%(2020)
(2) 직주근접형 공간구조 형성으로 수도권의 교통 및 환경부하 저감	인천·경기지역의 서울통근율	20.5%(2000) ⇒ 15%(2020)

정책목표	관리지표	목표수준
(3) 질좋고 저렴한 주택공급 확대로 주민들의 주거복지 수준 제고	주택보급률	92.8%(2003) ⇒ 115%(2020)
	최저주거기준 미달가구비율	23%(2003) ⇒ 5%(2020)
	PIR (소득대비 주택가격수준)	5.7배(2001) ⇒ 3.5배(2020)
(4) 대중교통체계와 교통망 정비로 편리하고 안전한 교통여건 조성	전철 수송분담율	23.6%(2002) ⇒ 40%(2020)
	간선도로 교통처리율	28%(2002) ⇒ 30%(2020)
(5) 녹지 및 공원의 확충으로 휴식 공간 및 자연과의 접촉기회 확대	1인당 공원면적 (조성 기준)	서울: 5.83㎡(2003) ⇒ 12.0㎡(2020) 인천: 7.30㎡(2003) ⇒ 12.0㎡(2020) 경기: 5.63㎡(2003) ⇒ 12.0㎡(2020)
(6) 대기질의 획기적 개선으로 맑은 공기 공급	미세먼지	69$\mu g/\text{m}^3$(2003) ⇒ 40$\mu g/\text{m}^3$(2014)
	이산화질소	38ppb(2003) ⇒ 22ppb(2014)
(7) 상수원의 수질 보전으로 깨끗한 식수 공급	팔당호 수질	2등급(2004) ⇒ 1등급(2015)
(8) 쓰레기발생량 감축 및 재활용 증대를 통한 자원절약 추진	1인당 생활쓰레기 발생량	1.03kg/일(2003) ⇒ 0.94kg/일(2008)
	생활쓰레기 재활용율	49.1%(2003) ⇒ 50.0%(2007)
	음식물쓰레기 재활용율	62.5%(2001) ⇒ 77.4%(2007)
(9) 국제화 기반정비로 동북아의 물류 및 금융중심지 기능 수행	인천공항의 여객 처리능력	연간 3천만명(2005) ⇒ 4.4천만명(2008)
	인천공항의 화물 처리능력	연간 270만톤(2005) ⇒ 450만톤(2008)
	인천항의 화물 처리능력	연간 11,539만톤(2004) ⇒ 24,480만톤(2020)
	평택·당진항의 화물처리능력	연간 4,123만톤(2004) ⇒ 9,860만톤(2020)
	세계50대 자산운용사 지역본부	0개(2005) ⇒ 1개(2012)

자료: 건설교통부(2006), 제3차 수도권정비계획((2006~2020).

수도권 도시성장관리정책의 수단별 분석

앞서 수도권문제 해결에 역점을 둔 정책변화를 고찰하여 보았지만, 수도권 도시성장관리에 대한 인식부족으로 다양한 형태의 수단이 활용되지 못하는 실정이다. 다만 개별법에서 각종 행위제한 형식을 갖고 있으나 진정한 의미의 도시성장관리 시각이라고 보는 데는 한계가 있다.

실질적 의미의 도시성장관리 시각은 수도권정비계획법에서 찾을 수 있다.

현재 우리나라에서 실시되는 도시성장관리 수단에 대해 토지정책적인 측면에서 접근한다면 수도권정비법상의 과밀부담금제도, 총량관리제도가 있으며, 구도시계획법상 도시성장관리 수단[42]으로 중요한 기능을 한 것은 개발제한구역(그린벨트)제도라 할 수 있다.

〈표 4-1〉 수도권 도시성장관리정책 수단의 비교

구 분		서울특별시	인천광역시	경기도
성장관리 정책의 수단 및 기타 고려 대상	총량규제	권역별로 시행	권역별로 시행	권역별로 시행
	과밀 부담금	현재 실시 중(과밀권역해당)	실시되지 않음	실시되지 않음
	개발 제한구역 (G.B)	철저히 관리되고 있으나 위법행위 계속 발생 −제도개선 추진 중	철저히 관리되고 있으나 위법행위 계속 발생 −제도개선 추진 중	철저히 관리되고 있으나 위법행위 계속 발생 −제도개선 추진 중
	그 밖의 수단	조세제도	조세제도, 송도신도시 건설	조세제도, 수도권 제1기 신도시 및 제2기 신도시 건설
	비축토지 확보 및 토지 수급계획	국토종합개발과 병행추진	국토종합개발과 병행추진, 동아매립지 행정통합으로 가용토지확보	국토종합개발과 병행추진 준농림지활용 문제대두
※ 향후 수도권 도시성장관리정책에 영향을 미칠 수 있는 사안은 행정중심복합도시 건설이다.				

---

[42] 2002년 이후 국토계획 및 이용에 관한 법률 및 개발제한구역지정 및 관리에 관한 특별조치법에서 개발제한구역에 관한 규정이 명시되고 있다.

수도권 신도시정책 역시 비축토지의 적극적 활용을 통한 수도권의 주택문제 해결에 역점을 두었다고 할 때, 신도시정책 역시 수도권 도시성장관리정책의 한 부문으로 작용했다고 할 수 있으나 수도권 내의 신도시 건설은 수도권의 재집중화 등 적지 않은 부작용도 있었던 것도 사실이다.

또한 실질적으로 도시성장관리에 있어서 중요한 영역은 비축토지의 확보 및 관리라 할 것이다.

그 밖에 개별법적 요소로 제기되는 수단이 있으나 그 영향은 적다고 할 수 있다. 여기에서는 수도권지역의 대표성을 갖는 광역자치단체인 서울특별시, 인천광역시, 경기도의 순으로 실증분석을 시도하였다.

제1절 과밀부담금제도

Ⅰ. 과밀부담금제도의 도입배경

과밀부담금은 수도권의 과밀해소와 지역균형발전이라는 국가적 목표를 달성하고, 직접적인 물리적 규제제도의 부작용을 해소하는 데 있다.

특히 경직적인 규제방식으로 인하여 야기되는 수도권의 공간기능의 저하를 예방하고, 수도권 입지에 따라 수반되는 집적경제에 의한 이득을 수익자로부터 환수하여 상대적 낙후된 지역의 개발에 투자함을 목적으로 한 것이다.

대형건축물 입지에 따른 도시기반시설에 대한 수요증가 및 과밀유발 비용을 원인자에게 부담하도록 한 것이다.

종전의 수도권정비계획법은 업무, 판매 등 대형건물을 수도권 내에서 신, 증설하고자 할 때는 일정규모 이상(업무용 25000㎡, 판매용 15000㎡)을 금지시키고 국민경제상 부득이한 경우에는 수도권정비 심의위원회 심의를 거쳐 예외적으로 허용하였다(수도권정비계획법 제12, 16조 관련).

이와 같은 규제방식은 규제규모의 대상건물이 수도권 전체 건물의 0.1% 정도에 불과하고 규제대상이 되는 건물도 수도권정비심의위원회에서 대부분이 가결 처리되어 규제의 실효성이 미흡하였다. 심의 절차도 복잡하여 처리기간이 2~3년이 소요되는 등 행정력의 낭비, 행정의 투명성 확보곤란, 기업의 자율성을 저해하는 문제점을 지니고 있었다.

따라서 물리적 규제시책의 경직성을 해소하고 수도권의 규제기능을 강화시키기 위해서는 반드시 필요한 시설은 입지할 수 있도록 허용하되, 과밀부담금을 부과하는 경제적 규제방식을 채택하게 된 것이다.

수도권정비계획법에서 과밀부담금은 과밀억제권역 중 대통령령이 정하는 지역 안에서 업무용·판매용 건축물·공공청사 등 인구집중 유발시설을 일정규모 이상으로 신축, 증축 및 용도 변경을 하고자 하는 건축주에게 수도권 입지에 따른 사회적 편익 환수 차원에서 부과토록 규정하였다.

부담금은 건설교통부장관이 고시하는 표준건축비의 10% 이내를 부과토록 하여 징수된 부담금의 50%는 '토지관리 및 지역균형개발 특별회계'에 귀속하여 지역균형개발을 위해 사용토록 하고, 나머지 50%는 부담금 징수지역의 지방자치단체에서 기반시설재원으로 활용하도록 하였다.

부담금의 대상지역 종류 및 규모의 범위는 수도권정비계획법 시행령에서 규정할 사항으로 입법예고안에 따르면 부담금은 '단위면적당 건축비×부담률(10%)×부과면적'으로 산정하도록 하였다.

부과면적은 건축 연면적에서 주차장과 주거용 면적, 기초공제 면적을 제외하였다. 부과대상 규모는 새로운 규제는 가급적 피한다는 원칙에서 현재의 규제규모 수준(업무용 25,000㎡, 판매용 15000㎡, 공공청사 3000㎡)으로 정하였다. 기초공제는 서울시의 근린생활면적을 감안하여 5000㎡(공공청사 3000㎡)로 하였다.

부과대상지역은 부과대상건물의 96%가 서울특별시에서 건축되는 점을 고려하여 서울시로 한정하였고 재개발사업은 도심재개발을 촉진하기 위하여 부담금의 30%를 경감토록 한 바 있다.

Ⅱ. 과밀부담금 부과 실태 분석

과밀부담금제도는 수도권정비계획법 시행령 개정(1993.4.30)에 따라 과밀억제권역 중 서울특별시에서만 시행되고 있다.

이 제도는 인구·교통 집중을 유발하는 서울 시내 대형건축물에 대해 과밀부담금을 부과하는 것을 의미한다. 수도권정비계획법이 개정 시행(1994.4.30)된 이후 대형건축물 건축에 대해 부과(1995.4.3)된 과밀부담금에 대한 현황을 건축유형별 용도별로 예시하면 〈표 4-2〉와 같다.

제도를 시행한 당시에는 과밀부담금 부과에 대한 인식은 낮은 상태였고, 이 부담금이 실질적으로 도시의 과집중을 제어할 수 있는 도시성장관리정책이라는 인식도 부족했던 것이 사실이다.

이 과밀부담금은 수도권정비계획법상 과밀억제권역 전역에 실시되었던 것이 아니라, 서울특별시에 한정해서 부과한 것이다. 그러므로 이 부담금의 징수 실무부서에서도 지속적인 부담금 징수 여부 및 다른 과밀억제권역의 미부과로 형평성 문제를 제기할 경우에는 법적인 문제가 있다. 실질적으로 도시의 과집중을 억제하고 도시성장관리 시각이 내재된 이 제도는 보다 체계적인 징수체계 및 제도에 대한 인식의 제고, 징수의 목적, 징수지역의 다른 지역으로의 확산 문제 등이 고려대상이다.

<표 4-2> 서울특별시 과밀부담금 부과유형별 용도별 분석예시(1995년 기준)

유형별 \ 용도별	계		업무용 시설		판매용 시설		복합용 시설	
	건수	금액	건수	금액	건수	금액	건수	금액
신 축	25	73,519,350	6	20,720,686	12	36,269,683	7	16,528,980
증 축	40	30,369,874	18	17,318,898	9	6,831,142	13	6,219,834
용도변경	4	403,640	1	40,518	3	363,122	–	–
계	69	104,292864	25	38,080,102	24	43,463,947	20	22,748,815

따라서 이 제도에 외국의 사례 및 제도적 접근에 대해 심도 있는 연구가 이루어
져야 할 것이다. 이제는 과밀부담금제도에 대한 도시성장관리 측면의 효과성을 분
석해 볼 필요가 있다.

<표 4-3> 과밀부담금 부과 및 징수실적(2003년 말 기준)

단위: 백만 원

구 분	부 과		징 수	
	건수	금 액	건수	금 액
계	509	940,708	303	367,975
'94년	21	9,154	5	730
'95년	30	13,891	22	3,836
'96년	35	49,178	22	6,650
'97년	51	57,718	40	22,390
'98년	41	150,251	29	46,700
'99년	29	30,974	38	64,730
'00년	48	79,587	36	68,716
'01년	58	106,134	42	79,422
'02년	87	201,486	32	31,386
'03년	109	242,335	37	43,415

자료: 건설교통부(2005), 국토편람.

제2절 총량관리제도

Ⅰ. 총량관리제도의 의의

총량관리제도란 대도시권의 성장관리를 목적으로 지역별, 기간별로 특정한 시설물의 허용 상한량을 설정하고 그 범위 내에서 시설물의 입지를 허용하는 제도로서 프랑스, 미국 등의 선진국에서 시장경제의 보완 수단으로 활용하고 있다(수도권정비계획법 제18조 관련).

우리나라에서는 주택건축물량의 일시적 집중을 방지하기 위하여 시·도별로 분기별 관리물량을 배정하여 시행한 바 있다. 환경관련 법령에서 수질, 대기 등 오염물질을 총량으로 규제하는 방식을 도입하고 있다.

Ⅱ. 부분별 총량관리수단

1. 공장 총량관리

1) 도입배경 및 의의

종전에는 공장 신·증설을 업종·규모에 따라 개별 규제하여 수도권 집중억제효과는 미흡하면서 불법공장을 양산하는 등 부작용이 발생하였다. 따라서 수도권에 공장의 과도한 집중을 억제하는 효과를 높이고 경직성 등의 부작용을 최소화하기 위해 도입하였다[43](법 제18조제2항).

공장 총량관리를 위하여 건설교통부는 수도권 및 시·도별 연간 공장허가 총 허용량을 설정하고 총량 배분원칙 등이 포함된 총량관리지침을 마련하도록 한 것이다. 시·도지사는 총량관리지침에 따라 지역별 여건을 고려하여 시·군·구별로 총량을 할당 또는 조정하고 시장·군수 등을 총량범위 내에서 공장설립 허가를 심사하게 된다.

2) 공장건축 허가 총 허용량의 설정[44]절차

공장 총량(안) 설정은 시·도별 공장건축 허가추이, 산업단지 조성현황 등 공장설립 대상지역을 감안하여 관계부처와 협의를 거쳐 서울특별시·인천광역시·경기도별 총 허용량(안)을 마련하게 된다.

한편 3년마다 수도권정비위원회의 심의를 거쳐 시·도별 공장건축 총 허용량을 고시하게 되는데 연도별 배정계획 수립 및 공장 총량을 배분[45]하게 된다.

공장 총량관리는 인구집중유발시설인 $200m^2$ 이상의 공장과 그 공장용지 안에 설치되는 공장부대시설인 건축물의 신·증축을 대상으로 적용된다.

도서지역 안에서의 공장의 신·증설, 아파트형 공장, 공사용 가설공장 등은 수도권 인구집중에 미치는 영향이 거의 없으므로 총량규제대상에서 제외되도록 하였다.

연간 건축허용량은 수도권에 제조업이 과도하게 집중하지 않도록 제조업 집중도, 건축허가 추이, 경제동향 등을 감안하여 시·도지사의 의견을 수렴한 후 매년 1/4

---

43) 규제대상(영 제21조)은 산업집적 활성화 및 공장설립에 관한 법률 제12조 제1호의 규정에 의한 공장으로서 건축물의 연면적 $200m^2$(제조시설과 사무실·창고면적 합계) 이상인 공장의 신축·증축 또는 용도변경(재축, 개축 등은 제외)에 한한다.

44) 3년마다 시·도지사는 과거 3년간의 실적과 향후 3년간의 예상량 등 공장건축 총 허용량 설정 기초자료를 설정 연도 1월 31일까지 건설교통부에 제출한다.

45) 시·도지사는 시·도별 총 허용량의 범위 안에서 연도별 배정계획을 수립하고 건설교통부장관의 승인을 거쳐 그 내용을 공보에 고시(영 제22조제4항)하며, 시·도지사는 시·군·구별로 공장건축을 계획적으로 관리할 필요가 있다고 인정하는 경우에는 연도별 배정계획의 범위 안에서 시·군·구별로 공장 총량을 할당하고 그 내용을 공보에 고시(영 제22조제5항)한다.

분기 중 수도권정비 심의회의 심의를 거쳐 결정하게 된다.

건설교통부장관은 공장 총량관리의 원활한 집행을 위하여 총량관리 운영절차, 지역별 배분원칙, 공장설립 허가 우선순위, 보고 및 사후관리 요령 등이 포함된 총량관리지침을 수립하게 된다.

시·도지사는 당해 연도의 공장건축 허가예상량, 분양예정 공업단지면적, 지역별 제조업 집중상태 등을 감안하여 시·군별 연간 건축허가 총량을 할당하고, 시장·군수는 할당된 총량범위 내에서 공장입지 우선순위에 매월 공장설립 허가 심사 후 공장설립 허가를 하게 된다.

〈표 4-4〉 수도권 공장 총량 및 운영실적

(단위: 천㎡, %)

구분	2000년		2001년		2002년		2003년	
	총량	집행(%)	총량	집행(%)	총량	집행(%)	총량	집행(%)
계	4,705	4,648 (99)	2,942	2,680 (91)	2,766	2,756 (99.7)	2,766	2,718 (98.3)
서울	103	87	70	8	10	6	10	6
인천	681	642	270	72	80	75	80	63
경기	3,921	3,919	2,602	2,600	2,676	2,675	2,676	2,649

※ 2001년 이후, 계획입지 및 공업입지에 건축하는 공장은 공장 총량 적용대상에서 제외

또한 공장 총량관리제도의 체계유지와 부동산 투기 방지 등을 위하여 공장허가를 받은 자가 9개월 이내에 공장건축 허가를 받지 못한 경우에는 공장설립 허가가 취소된다.

수도권정비계획법 제18조의 규정에 의하여 2004년부터 2006년까지 서울특별시·인천광역시 및 경기도의 공장건축의 총 허용량을 다음과 같이 결정하여 고시를 살펴보면 다음과 같다(2004.5.28: 건설교통부 고시 제2004-124호).

2004년부터 2006년까지의 수도권 공장건축 총 허용량에 대한 산출방식은 공장의 개별입지를 억제하고 공장을 계획입지로 유도하기 위해 과거 3년간의 집행실적 수

준인 8,155천㎡를 기본물량으로 설정하고, 일자리 창출 지원을 위해 기본물량의 5퍼
센트를 추가한 양을 공장건축의 총 허용량으로 설정한 것이다.

<표 4-5> 시·도별 공장건축 총 허용량(2004.1.1~2006.12.31)

구 분	수도권	서울특별시	인천광역시	경기도
공장건축 총 허용량	8,563,000㎡	21,000㎡	222,000㎡	8,320,000㎡
공업지역 공급총량			0.08㎢	5.02㎢
총 허용량 산출방식=[(2001년 집행량+2002년 집행량+2003년 집행량)×1.05(일자리창출 지원분)]				

3) 공장건축 허가 제한

건설교통부장관은 시·도의 연도별 공장건축량이 연도별 배정계획을 초과하여 과
도하게 건축될 우려가 있을 때는 수도권정비위원회 심의를 거쳐 업종·규모 및 기
간 등을 정하여 공장 건축허가를 제한[46]한다.

<표 4-6> 공장 총량 적용대상에서 제외 사례

가. 아파트형 공장의 건축

나. 가설건축물 및 건축법상 허가나 사전신고대상이 아닌 건축

다. 공공사업시행으로 인하여 수용된 공장을 이전하는 경우로서, 종전 건축물 연면적 이내의
    공장건축

라. 다음에 해당하는 공장의 집단화 단지 또는 공업용도로 계획된 지역 안에서의 공장건축
    ① 산업입지및개발에관한법률에 의한 산업단지
    ② 자유무역지역의지정등에관한법률에 의한 자유무역지역
    ③ 경제자유구역의지정및운영에관한법률에 의한 경제자유구역
    ④ 중소기업진흥및제품구매촉진에관한법률에 의한 중소기업협동화 단지
    ⑤ 도시개발법에 의하여 조성된 공업용지
    ⑥ 국토의계획및이용에관한법률에 의하여 지정된 공업지역

---

46) 시·도지사도 시·군·구별 공장건축량이 지역별·연도별 총량을 초과할 우려가 있을
    때는 업종·규모 및 기간 등을 정하여 공장건축 허가를 제한한다. 이와 같은 제한내용
    은 관보(시·도별 제한), 공보(시·군·구별 제한)에 각각 고시한다.

⑦ 국토의계획및이용에관한법률상 제2종지구단위계획구역 및 개발진흥지구로서 공업용도로 구획되는 면적이 3만㎡ 이상인 것

마. 국토의계획및이용에관한법률 시행령 별표27 제1호 바목의 규정에 의하여 관리지역 안에서 건축할 수 있는 공장 중
- 2002년 12월 31일 이전에 종전의 공업배치및공장설립에관한법률(법률 제6842호 산업집적활성화및공장설립에관한법률에 의하여 개정되기 전의 것을 말한다)
제13조의 규정에 의하여 공장설립 승인을 얻은 경우 또는 동 조의 규정에 의하여 공장설립 승인을 신청한 경우(동 시행령 별표27 제2호 차목의 규정에 의한 면적제한요건에 적합하지 아니하여 2003년 1월 1일 이후 그 신청이 반려된 경우를 포함한다)로서 2004년 1월 20일부터 1년 이내에 건축법 제16조의 규정에 의한 착공신고를 하는 경우

첫째, 공장 총량은 산업집적 활성화 및 공장설립에 관한 법률 제2조의 규정에 의한 공장으로서 건축물의 연면적[47])이 200㎡ 이상인 건축법에 의한 신축·증축 또는 용도변경 면적으로서 건축법에 의한 건축허가·건축신고·용도변경신고 또는 용도변경을 위한 건축물대장의 기재내용 변경신청 면적을 기준으로 적용한다.

둘째, 시·도에 배정된 공장 총량이 소진되는 경우에는 공장의 건축허가 등을 해서는 안 된다.

4) 제도운영상의 문제점

공장 총량규제가 갖는 제도적인 장점에도 불구하고 여러 가지 정책적인 한계를 드러내고 있는 실정이다. 그 예를 살펴보면 다음과 같다.

첫째, 공장설립 승인 업체에 대한 중복규제이다. 공업배치법에 의한 산업입지 규제와 중복되며 이로 인한 건축공정 차질로 민원이 제기되는 실정이다. 일부에서는 건축 공정에 맞춰 기계설비 구매계약을 한 경우 해약 및 제품생산 차질을 초래한 사례도 있다.

둘째, 산업단지에 대한 총량적용은 산업입지정책과 배치된다는 점이다.

---

47) 제조시설로 사용되는 기계·장치를 설치하기 위한 건축물 및 사업장의 각 층의 바닥면적과 사무실 및 창고의 각 층 바닥면적의 합계를 말함

산업단지는 수도권정비법에 의한 공업지역 공급물량 범위인 6.3㎢(성장 5.0, 자연 1.3) 내에서만 조성 가능하고 이미 수도권정비위원회 심의를 거쳐 조성된 계획입지임에도 총량을 적용하는 것은 불합리하다는 것이다.

셋째, 부대시설까지 총량적용으로 산업 활동도 위축시킨다는 점이다.

공장 내 부대시설인 후생복지시설, 연구시설까지 총량으로 규제하고 있어 종업원의 근로환경 개선 및 기술개발에 대한 투자위축을 가져온다는 점이다.

넷째, 법률 간 건축면적 적용기준 상이로 업무혼선을 초래한다는 점이다.

공업배치법에 의한 공장건축면적은 500㎡(제조시설+사무실+창고)이고, 수도권정비법에 의한 공장건축면적은 200㎡(제조시설+모든 부대시설)이며, 건축법에 의한 공장건축면적은 500㎡(공장건축 연면적)라는 점이다.

다섯째, 외국인 투자기업의 사업계획 집행 차질로 국가신용도를 훼손한다는 점이다. 정부에서 각종 인센티브 제공을 조건으로 유치한 외국인 투자기업에 대하여 건축총량 규제로 국가신용에도 악영향을 초래한다는 점이다.

수도권에서 출퇴근이 가능한 지역으로 기업이 이동한다는 점에서 물류비용 및 수도권의 진입에 따른 교통문제를 발생시킨다고 할 수 있다.

공장 총량관리는 공장용지의 확보 및 가용토지의 활용 등 수도권 도시성장관리정책과 밀접한 관련이 있다고 할 수 있다. 이런 요인으로 공장 총량관리제도의 개선 필요성이 제기되고 있다. 한편 일정규모 이하의 무등록 공장 문제도 해결해야 할 과제이다. 이런 점에서 보면 수도권의 적정성장 또는 성장관리 수단에 대한 재평가가 필요한 것이다.

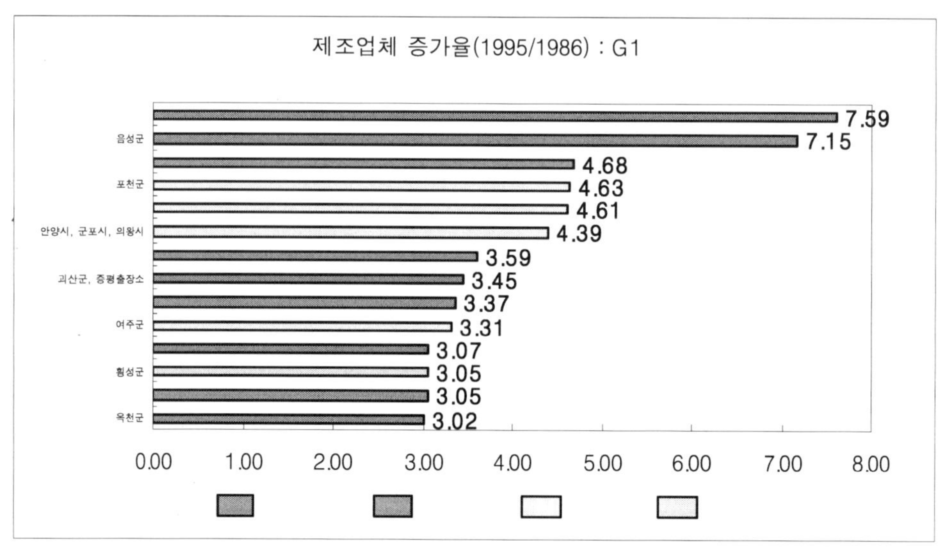

〈그림 4-1〉 수도권 인근지역 제조업 증가율

시·군	업체명	종업원수	부지면적(천 평)	생산품	이전년도	이전지역	사유	공장부지 활용계획
수원시	한일합섬(주)	1,100	80	아크릴사	94	중국. 청도	경영적자	아파트건립(5,282세대)
	대한방직(주)	213	26	면사	96	중국. 청도 전북.전주	경영적자	아파트건립(1,293세대)
성남시	에이스침대	237	7	침대	98	충북. 음성	경영합리화	물류창고
의정부	(주)인켈	500	15	음향기	93	충남. 천안	부지확보	아파트건립(1,488세대)
	(주)대한펄프	250	21	상자	99	충북. 청주	청주공장 통합	아파트건립 예정
안양시	만도기계(주)	500	17	자동차부품	96	충북. 청원	사내사정	아파트건립(1,385세대)
	동일방직(주)	894	29	섬유	97	충남. 천안	〃	아파트건립(1,996세대)
	(주)캠브리지	437	9	신사복	97	충북. 장호원	〃	물류창고건립 예정
	한국제지(주)	320	24	종이	98	경남. 울산	〃	아파트단지(1,998세대)
	동아제약	320	27	박카스	99	반월, 신갈	기존사업장 분산	한전 사원주택(1,872세대)
	금성통신(주)	2,574	41	케이블	93	충북. 청주	〃	산업부품단지
	(주)혜인	151	3	중장비수리	96	충남. 천안	〃	중기판매시설

시·군	업체명	종업 원수	부지 면적 (천 평)	생산품	이전 년도	이전지역	사유	공장부지 활용계획
부천시	(주)진로	289	67	포도주	92	충북. 청원	공장확장	아파트건립(971세대)
	동양엘리베 이터	370	15	엘리베이터	99	서울, 오류동	공장합리화	아파트건립(408세대)
평택시	한라공조(주)	690	57	에어콘	96	대전. 대덕	경영합리화	공장일부이전
남양주	(주)서통	570	24	pp필름	94	경북. 구미	구미공장 통합	아파트건립(1,488세대)
화성군	(주)두산기계	274	24	산업용기계	99	경남. 창원	구조조정	아파트건립예정

◉ 이전 대기업: 17개 업체(9,689명)
◉ 국내이전 16개 업체 중 75%인 12개 업체는 수도권에서 출퇴근이 가능한 지역으로 이전
자료: 경기도청(2000), 공업지원과 내부자료.

2. 대학 총량관리

현재까지는 수도권정비위원회 심의를 거쳐 대학별 입학증원을 허용하였으나, 수도권심의제도를 폐지하고 총량관리제도로 전환하여 전문대학은 전년도 전국증원의 20% 범위 내에서 서울을 제외한 수도권지역에 허용하고, 4년제 대학의 경우는 1995학년도까지 이공계 2000명 범위 내에서 교육부에서 자율적으로 증원을 허용하였다.

1) 대학신설 및 이전(입지규제)

<표 4-7> 수도권 권역별 대학신설의 입지규제 실태

구 분		과밀억제권역	성장관리권역	자연보전권역
대학	4년제 대학 ·교육대학	신설: 금지 이전: 심의 후 권역 내 가능(서울은 금지)	신설: 금지 이전: 권역 내 또는 타 권역에서의 이전은 가능	신설: 금지 이전: 금지
	소규모 대학	신설: 금지 이전: 심의 후 권역 내 가능 (서울은 금지)	신설: 심의 후 가능 이전: 권역 내 또는 타 권역에서의 이전은 가능	신설: 심의 후 가능 이전: 권역 내 가능

구 분		과밀억제권역	성장관리권역	자연보전권역
대학	전문대학 산업대학 대학원대학	신설: 가능(대학원대학 이외의 경우 서울은 금지) 이전: 심의 후 권역 내 가능 (서울은 금지)	신설: 가능 이전: 권역 내 또는 타 권역에서의 이전은 가능	신설: 심의 후 가능 이전: 권역 내 가능 (산업대학 신설·이전 불가)
	(증 원)	○ 총량규제 ─ 대학·교육대학 및 입학정원 50인 이내· 소규모대학(첨단학과는 100인 이내)의 증원은 심의 후 허용 ─ 산업·전문대학은 전국 입학정원 총 증가 수의 10% 이내 허용, 10% 초과는 심의 후 허용 ─ 대학원대학은 수도권 전체에서 매년 300인 이내 허용(첨단분야 제외), 300인 초과는 심의 후 허용		

자료: 건설교통부(2005).

2) 입학정원(총량규제)

대학·교육대학의 입학정원의 증원 및 소규모대학의 신설의 허용 여부 및 그 총 증가 수는 건교부장관이 수도권심의를 거쳐 결정[48]한다. 산업대학·전문대학의 입학정원 총 증가 수는 전년도 전국 총 증가 수의 10% 이내에서 교육부장관이 결정[49]한다.

대학원대학의 입학정원 총 증가 수는 수도권 전체에서 300인 이내(첨단분야 제외)에서 교육부장관이 결정[50]한다.

---

48) 총정원 범위 내에서 대학별 정원은 교육부장관이 자율 결정한다.
49) 10% 초과 시에는 건교부장관이 수도권심의를 거쳐 결정한다.
50) 300인 초과 시에는 건교부장관이 수도권심의를 거쳐 결정한다.

〈표 4-8〉 입학정원 증원

구 분	'96	'97	'98	'99	2000	2001	2002	2003	2004
계	9,360	8,020	16,810	6,315	1,535	△29	1,473	△422	△742
대 학	2,230	2,310	8,180	775(775)	△255	△759	△20	80	△18
교육대	△155	△45	−	−	150(150)	−	−	−	−
산업대	360	−	640(400)	280	80	130	705	20	−
전문대	6,925	5,755	7,990	5,260	1,560	600(1,120)	788(1,190)	△522	△724

* (   )은 수도권심의에서 허용한 정원.
자료: 교육인적자원부(2005).

〈표 4-9〉 연도별 대학 등 입학정원 현황

		2001		2002		2003		2004	
계	전 국	646,770	(350)	656,783	(352)	653,170	(357)	642,256	(359)
	수도권	219,356	(121)	220,829	(122)	220,407	(123)	219,665	(125)
	집중도	33.9%	(34.6%)	33.6%	(34.7%)	33.7%	(34.5%)	34.2%	(34.8%)
대 학	전 국	316,780	(162)	324,309	(163)	327,040	(169)	327,740	(171)
	수도권	114,866	(66)	114,846	(66)	114,926	(66)	114,908	(67)
	집중도	36.3%	(40.7%)	35.4%	(40.5%)	35.1%	(39.1%)	35.1%	(39.2%)
교육대학	전 국	4,735	(11)	4,855	(11)	5,015	(11)	5,615	(11)
	수도권	1,150	(2)	1,150	(2)	1,150	(2)	1,150	(2)
	집중도	24.3%	(18.2%)	23.7%	(18.2%)	22.9%	(18.2%)	20.5%	(18.2%)
산업대학	전 국	33,220	(19)	34,445	(19)	35,193	(19)	31,678	(19)
	수도권	4,440	(3)	5,145	(3)	5,165	(3)	5,165	(3)
	집중도	13.4%	(15.8%)	14.9%	(15.8%)	14.7%	(15.8%)	16.3%	(15.8%)
전문대학	전 국	292,035	(158)	293,174	(159)	285,922	(158)	277,223	(158)
	수도권	98,900	(50)	99,688	(51)	99,166	(52)	98,442	(53)
	집중도	33.9%	(31.6%)	34.0%	(32.1%)	34.7%	(32.9%)	35.5%	(33.5%)

자료: 교육인적자원부(2005).

3) 수도권 대학 관리의 문제점

수도권정책의 정책적 기조는 수도권의 과도한 집중을 억제하고 수도권과 비수도권의 균형발전을 도모하는 데 있다고 할 수 있다.

대학이 지역경제에 미치는 영향이 큰 실정에서 지방대학의 학생수급의 불안정문제는 해당지역의 경제기반마저 저해하는 요인이 되고 있다. 학생 수 감소에 따른 불가항력적인 원인은 제외하더라도 수도권으로의 편입제도에 따른 학생들의 연쇄이동문제는 제어할 필요가 있다. 지방대학의 육성전략과 함께 대학입학·편입제도 등의 개선만으로도 수도권정책의 해법을 찾을 수 있음을 간과해서는 안 된다.

제3절 개발제한구역(Greenbelts)제도

Ⅰ. 개발제한구역 지정과 도시성장관리의 의의

1. 개발제한구역 지정의 의의

개발제한구역은 1971년 수도권에 최초 지정 후(1971.7.30일) 전남 여천지역의 지정까지 8차례에 걸쳐 14개 권역 총 5,397.1㎢(전 국토 면적의 5.4%에 해당)를 지정하였다(77.4.18).

대상지역으로는 1특별시, 6광역시, 36시, 30군이며 이는 수도권 29%, 부산 11%, 기타 12개 권역 60%이다.

수도권의 경우에는 서울시의 확산을 방지할 목적으로 서울의 일부지역, 인천의 일부지역, 경기도의 경우는 현재 전체 31개 시·군 중 21개 시·군이 지정[51]되었다.

　이와 같은 개발제한구역제도는 도시성장관리(urban growth management) 측면에서 기여한 것은 사실이다. 이 제도 자체가 신도시에서 적용된 것이 아니라 기존도시를 중심으로 지정하였기에 지정대상이 된 구역에서는 주택의 신축은 물론 기존 주택의 증·개축 등이 제한되어 지극히 열악한 도시주거환경을 가지고 있었다.

　다만 이와 같이 30년 이상 도시주거환경 개선에 있어서 강한 규제로 작용했던 개발제한구역은 도시 내의 녹지 축의 유지 등으로 개발제한구역을 그린벨트(Greenbelt)로 칭하는 경우도 많이 있었으나, 현지조사 등을 해보면 경기도의 경우 폐염전, 도로 개설 등도 폭넓게 이루어져 있어서 그린벨트라는 말에는 한계가 있음을 알 수 있다.

　심지어 일부지역에서는 한강수계나 주변의 잘 보전된 녹지 축을 이용하여, 지정당시 건물을 유흥시설로 영업하며, 불법으로 증, 개축하여 활용하는 사례도 있는 실정이다. 오히려 그동안 주민들만 주거환경 개선에 어려움을 겪은 것으로 보이는 것도 이것에 기인한다. 여기에서는 1995년의 수도권 개발제한구역 관리 실태를 그대로 전제하였으며, 최근 개발제한구역정책이 수도권을 포함하여 전국적으로 추진되고 있어서 도시성장관리 측면에서 그에 대한 내용을 보완하였다.

---

51) 경기도의 경우 수도권 전체 지정면적 1,566.8㎢의 83%에 해당하는 1,302.87㎢가 21개 시·군 (17시, 4군)에 걸쳐 지정되어 있다. 이 중 행정구역 면적의 2/3 이상이 개발제한구역인 시·군은 의정부(75.65%), 광명시(68.94%), 과천시(89.58%), 구리시(68.42%), 의왕시(89.62%), 하남시(91.74%) 등 6개 시이다.

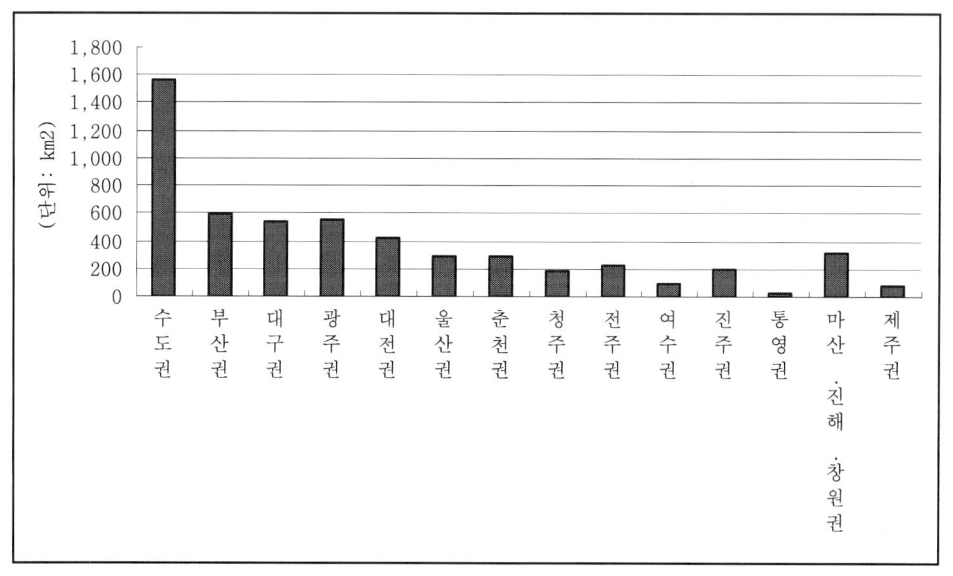

〈그림 4-2〉 전국 개발제한구역 해제 전 지정현황[1)](일부 권역별 해제 추진 중)

2. 개발제한구역에 대한 지정 목적

1) 지정목적의 의의

개발제한구역의 지정목적에 대하여 살펴보면 다음과 같다.

첫째, 도시의 무질서한 확산과 연담화의 방지이다. 도시의 무질서한 확산은 행정구역상 서울시의 면적의 확산은 막았지만 실질적으로는 서울시 주변의 개발제한구역을 넘어 인근 도시로의 개발이 확산되고 수도권이라는 대도시권을 형성하는 결과를 초래하였으며, 연담화의 경우 연담화가 왜 부정적인지에 대한 체계적인 연구결과는 제시되지 않고 있는 실정이었다.

둘째, 도시 주변의 자연환경 보전과 도시민의 건전한 생활환경 확보이다.

도시 주변의 자연환경 보전과 도시민의 건전한 생활환경 확보는 개발제한구역 지정으로 개발가용지가 부족하여 도심지 내 땅값 상승을 초래함으로써, 도시 내 녹지 보존을 어렵게 하였다.

개발제한구역 외곽에 위치한 임야나 녹지를 합법적으로 훼손하는 결과를 초래함으로써 도시환경 보존의 지정목적은 달성치 못하고 있다고 할 수 있다.

셋째, 국가안보이다. 국가안보상의 이유는 사실상 논의를 제외하며 다만, 남북화해정책이 추진되던 국민의 정부 출범과 더불어 개발제한구역 해제에 대한 논의가 시작된 점은 시사하는 바가 크다

2) 개발제한구역 지정에 따른 부작용

직접적인 피해로서는 구역 내 주민의 재산권 행사가 실질적으로 제한된다는 것이다. 간접적인 피해로는 좁은 국토를 더욱 좁게 만들 뿐만 아니라 가용토지의 공급을 제약하여 땅값, 집값 상승요인이 되며 그 부담을 특히 상대적으로 소득이 낮은 계층이 지고 있는 것이다.

한편 서울시를 넘어선 수도권의 대도시 형성으로 출·퇴근에 따르는 총 교통비와 사회간접시설의 설치 등에 많은 비용이 소요되었으며, 개발제한구역 관리비용을 해당 지방자치단체에서 부담하는 비용부담의 불합리성의 문제가 제기되고 있다는 점이다.

3) 개발제한구역 지정의 문제점

첫째, 지정과정에서의 문제점이다. 개발제한구역 지정 시 사전상비조사(지형, 지세, 개발현황, 토지이용 등)가 부족하여 녹지공간으로 부적합한 곳이 많이 지정되었으며, 동일부락의 관통, 한 건물을 양분하는 경우가 발생했다는 점이다.

둘째, 토지이용상의 문제점이다. 개발제한구역의 엄격한 행위제한에 따라 합리적

으로 토지이용을 하는데 어려움이 있다는 점이다.

셋째, 지가와 손실보상의 문제점이다. 개발제한구역과 구역 외 지역의 지가 격차와 토지이용 제한에 따른 소득격차를 발생시키고 있음에도 일체의 보상이 이루어지지 않고 있다는 점이다.

넷째, 이용관리상의 문제점이다. 지방자치단체의 도시발전의 주요요인으로 작용하고 있어, 민선 자치단체장의 단속 시 주민과의 마찰이 빈번하게 발생되고 있다. 현재는 공무원에 의한 단속만을 유일한 관리수단으로 하고 있어 구역관리에 한계를 나타내고 있다는 점이다.

3. 개발제한구역 관련 관리법령의 변화

1) 구(舊)도시계획법

개발제한구역은 구(舊)도시계획법을 전문 개정(1971.1.19, 법률 제2291호)하여 동법 제21조 제1항에 법적 근거[52]를 마련하였다. 개발제한구역 내의 행위제한에 대해서는 구(舊)도시계획법시행령 제20조에 2개 조항으로 허가나 신고할 수 있는 행위에 대하여 열거하고 있으며 세부적인 범위에 관해서는 건설교통부령인 구(舊)도시계획법시행규칙으로 세부사항을 정하고 있다.

구(舊)도시계획법시행규칙은 제정 후(1971.10.7, 건설교통부령 108호), 50여 회 이상 개정[53]되었으며, 시대별 변화과정 추이를 보면 다음과 같다.

---

52) "건설부장관은 도시의 무질서한 확산을 방지하고 도시 주변의 자연환경을 보전하여 도시민의 건전한 생활환경을 확보하기 위하여 또는 국방부장관의 요청이 있어 보안상 도시의 개발을 제한할 필요가 있다고 인정되는 때에는 그 도시의 주변지역에 대하여 도시개발을 제한할 구역(이하 '개발제한구역'이라 한다)의 지정을 도시계획으로 결정할 수 있다."로 명시하고 있다.

53) 개발제한구역의지정및관리에관한특별조치법(이하 '개특법'이라 한다)이 제정(2000. 7. 1)되어 주민의 생활환경개선 및 소득증대보장이라는 명분으로 개정됨.

첫째, 1970년대에는 21차례의 개정으로, 100㎡까지의 주택증축(종전 33㎡까지), 100㎡까지의 버섯재배사·농업용 창고·퇴비사, 300㎡까지의 축사, 싸이로 등의 행위제한을 완화하였다.

둘째, 1980년대에는 18차례의 개정으로 농기계수리소·농기계용 유류판매소 허용, 공장·주택 등 신축이 금지된 시설을 근린생활시설, 사회복지지설·유치원, 종교시설로 용도변경 등을 허용하였다.

셋째, 1990년대에는 12차례의 개정으로 버섯재배사 규모 확대 허용(100㎡→300㎡→500㎡), 축사설치를 위한 대지조성형질변경 면적 확대(바닥면적의 2배→3배), 축사 허용면적 확대(300㎡→1,000㎡), 콩나물재배사, 농업용 온실, 지역특산물 가공작업장 허용, 개발제한구역 지정 당시의 나대지에 3층 이하의 단독주택 및 음식점, 슈퍼마켓 등 24개 근린생활시설 신축 허용 등 점차적으로 개발제한구역에 대한 규제를 완화해 가고 있는 추세이다.

특히 구(舊)도시계획법시행규칙은 구(舊)도시계획법시행규칙 제2조 제1항 2호 차목을 신설(태릉선수촌 인접지역에 문교부가 설치하는 한국체육대학의 교육시설 및 그 부대시설의 설치)을 시작(1977.8.8 건설부령 191호)으로 이후 60여 개의 목(차목~비목)을 추가로 신설하였다.

따라서 개발제한구역 내에 공공시설의 설치를 허용함으로써 도시의 연담화 방지 및 녹지보전이라는 당초의 지정목적을 국가 스스로 훼손함으로써, 구역 내 주민들의 개발제한구역에 대한 불신을 가중시키는 결과를 초래하였다.

2) 헌법불합치(憲法不合致)

개발제한구역의 지정근거인 구(舊)도시계획법 제21조는 헌법재판소의 헌법불합치(憲法不合致) 결정(전원재판부 1998.12.24. 89헌마214, 90헌바16, 97헌바78 병합)을 받게 되는데, 그렇게 판결함으로서 개발제한구역 지정 및 행위제한에 대해서는 합헌을 인정[54]하였다.

활용이 불가능한 토지에 대한 보상규정을 신설치 않은 것은 헌법상 일치되지 않는다고 결정[55]함으로써 개발제한구역의 지정근거 법령인 구(舊)도시계획법 제21조는 개정이 불가피하게 되었다.

3) 특별법의 제정

개발제한구역의 지정근거인 구(舊)도시계획법 제21조가 헌법불합치로 결정(1998.12.24)됨에 따라 구(舊)도시계획법에서 분리, 특별법의 형태로 개특법[56](법률 제6241호, 2000.1.28 제정 공포, 2000.7.1 시행)과 개특법시행령(대통령령 제16893호, 2000.7.1 제정·공포 및 시행)과 개특법시행규칙(건설교통부령 제255호, 2000.8.14 제정·공포 및 시행)의 제정과 개발제한구역관리규정(건설교통부훈령 제284호, 2000.7.14 개정)을 개정하게 된다.

구(舊)도시계획법이 1개의 조문으로 대부분의 행위제한을 대통령령에 위임하고 있는 것을 감안할 때 강제적 권한이 부여되고 있음을 알 수 있다.

---

54) "헌법상의 재산권은 토지소유자가 이용 가능한 모든 용도로 토지를 자유로이 최대한 사용할 권리나 가장 경제적 또는 효율적으로 사용할 수 있는 권리를 보장하는 것을 의미하지는 않는다. 입법자는 중요한 공익상의 이유로 토지를 일정 용도로 사용하는 권리를 제한할 수 있다. 따라서 토지의 개발이나 건축은 합헌적 법률로 정한 재산권의 내용과 한계 내에서만 가능한 것일 뿐만 아니라 토지재산권의 강한 사회성 내지는 공공성으로 말미암아 이에 대해서는 다른 재산권에 비하여 보다 강한 제한과 의무가 부과될 수 있다."라고 판결하였다.
55) "개발제한구역 지정으로 인하여 토지를 종래의 목적으로도 사용할 수 없거나 또는 더 이상 법적으로 허용된 토지이용의 방법이 없기 때문에 실질적으로 토지의 사용·수익의 길이 없는 경우에는 토지소유자가 수인해야 하는 사회적 제약의 한계를 넘는 것으로 보아야 한다."라고 판시하였다.
56) 신설된 개특법은 제1조(목적), 제2조(국가 등의 채무), 제3조 내지 제9조(개발제한구역의 지정·해제기준 및 절차 등), 제10조(개발제한구역관리계획의 수립 등), 제11조 내지 제14조(개발제한구역에서의 행위제한 등), 제15조(주민지원사업), 제16조 내지 제19조(토지매수의 청구 등), 제20조 내지 제26조(개발제한구역훼손부담금 등), 제29조(법령 등의 위반자에 대한 행정처분), 제30조 내지 제33조(벌칙 등) 등 총33개 조문으로 구성되어 있다.

Ⅱ. 수도권 개발제한구역(Greenbelts)의 관리실태(1995~2005년)

1. 수도권 개발제한구역 관리 실태(1995년 당시)

〈표 4-10〉 각 시·도 개발제한구역 관리부서 현황(1995년 기준)

시도별＼구분	시·도 담당부서	시·군·구 담당부서
서울특별시	도시계획국 도시계획과(구역지정, 해제)녹지과(행위허가, 관리)	도시정비과 도시정비계(구역지정) 공원관리과 녹지계(관리)
부산직할시	도시계획국 도시정비과	도시정비과, 도시개발과
대구직할시	도시계획국 도시계획과(도시행정계)	도시국 도시개발과 도시행정계
인천광역시	도시계획국 도시계획과(도시행정계)	도시국 도시개발과 도시행정계
광주직할시	도시계획국 도시계획과(도시행정계)	도시국 도시정비과 도시정비계
대전직할시	도시계획국 도시계획과(도시행정계)	도시국 도시개발과 도시계
경 기 도	교통관광국 지역계획과(녹지관리계)	區: 도시과 도시행정계 郡: 건축과 단속계
강원도	건설도시국 도시개발과(도시개발계)	건설도시국 도시과 단속계
충청북도	건설도시국 도시개발과(도시개발계)	도시과 도시개발계
충청남도	건설도시국 지역계획과 도시계, 계획계	도시과 도시계, 계획계
전라북도	건설도시국 도시개발과(도시개발계)	도시계획국(건설도시국) 도시과 도시행정계
전라남도	건설도시국 도시개발과(도시계획계)	도시과 도시계획계, 단속계
경상북도	건설도시국 도시개발과(구획정리계)	도시과 도시계획과, 단속계
경상남도	도시국 도시계획과	도시계획과, 건설과 단속계, 건설과 녹지계 등
제주도	개발국 건설과, 도시계	도시계획국 도시과 단속계, 지역계획계

자료: 인천광역시 도시계획과(1995).

1) 서울특별시의 관리실태

서울특별시에 있어서 개발제한구역 해당 행정 동수 및 거주인구를 살펴보면, 11개 동 38,485세대 130,178명인데, 전 지역이 포함된 동은 4개 동이며, 일부지역이 포함된 동지역은 108개 동으로 분석되었다.

관리인력 및 시설 측면에 있어서는 감시원이 156명, 초소 62동, 표석 1,979개소에 이른다. 단속 및 순찰체계를 살펴보면, 특별단속 차원에서는 건설교통부에서 연 2회, 시에서 연 4회, 자치구에서 연 12회, 동에서 주 1회 실시하며, 구청 차원의 순찰은 감시원이 매일 2회, 초소장이 주 3회, 계장이 월 4회, 과장이 월 1회 실시한다.

구청 및 동사무소에서는 건축물관리대장을 각 1부씩 작성 비치하고 있는 실정이며, 매년 1회 이상씩 항공촬영을 실시하고 있는 실정이어서 적극적으로 개발제한구역을 관리하고 있는 것으로 나타났다.

서울특별시의 개발제한구역 관리에 대해 살펴보면, 서울시에는 166.82㎢(행정구역의 27.6%)의 개발제한구역이 있는데, 개발제한구역 내 지목별 토지이용을 살펴보면 다음과 같다.

① 대지가 7.27㎢(4.4%), ② 밭이 10.74㎢(6.4%), ③ 임야가 108.96㎢(65.3%), ④ 논이 12.47㎢(7.5%), ⑤ 기타가 27.38㎢(16.4%)를 차지했음을 알 수 있다.

개발제한구역 내에는 대지, 임야, 전, 답, 잡종지 등 다양한 형태의 지목이 존재함을 알 수 있으며, 지목상 대부분이 임야로 되어 있는 것이 특징이다.

지목상 대(대지)로 되어 있는 개발제한구역(그린벨트) 내 건축물을 살펴보면, 개발제한구역 내 건축물 수는 총 26,703동이며 이 중 허가가 16,848동, 무허가가 9,855동으로 나타났다.

실질적으로는 영농시설, 공동시설, 종교시설, 학교, 광공업시설들이 다양하게 혼재되어 있음을 알 수 있다.

특히 이 시설들이 모두 허가된 시설이 아니라 무허가 시설이 상당수 있어 항상 불법행위 및 무단점유 문제가 제기되어 행정처리의 대상이 되는 등 관리에 적지 않은 어려움이 있는 것도 사실이다.

　지방자치단체장의 개발제한구역의 관리·보존의 의지는 제도가 가지는 특수성으로 인해 성장관리 측면에서 계속 보존해야 한다는 시각이 내재되어 있는 것으로 나타났다.[57]

<표 4-11> 서울특별시 각 구별 개발제한구역 내 지목별 토지이용 현황

(단위: ㎢)

자치구별	계	대지	임야	전	답	잡종지	기타
계	166.82	7.27	108.96	10.74	12.47	8.65	18.73
종로	8.47	0.31	7.34	0.58	−	0.07	0.17
광진	1.90	0.03	1.83	0.00	0.00	0.00	0.04
중랑	5.84	0.25	3.19	0.55	0.56	0.01	1.28
성북	5.61	0.31	5.24	0.02	0.01	0.01	0.02
강북	11.67	0.21	10.92	0.07	0.02	0.06	0.39
도봉	10.35	0.23	9.08	0.31	0.39	0.03	0.31
노원	16.21	0.60	14.64	0.10	0.26	0.37	0.24
은평	18.71	1.77	12.33	0.75	0.49	0.21	3.16
서대문	1.81	0.07	1.71	0.00	−	0.02	0.01
마포	0.42	0.11	0.01	0.12	0.04	0.03	0.11
양천	1.51	0.01	0.89	0.60	−	−	0.01
강서	19.09	0.25	1.31	0.90	3.74	6.41	6.48
구로	4.78	0.57	2.61	0.70	0.52	0.07	0.30
금천	1.70	0.01	1.64	0.04	0.01	−	0.01
관악	8.28	0.01	8.21	0.03	0.00	−	0.03
서초	26.04	0.78	18.19	2.71	2.64	0.28	1.44
강남	8.55	0.55	4.72	0.96	1.30	0.32	0.70
송파	4.61	0.12	1.58	0.47	0.83	0.17	1.44
강동	11.27	1.08	3.52	1.83	1.66	0.59	2.59

자료: 서울특별시 도시계획과(1995).

---

57) 국감자료를 보면 개발제한구역의 적극적 관리에 대한 의지를 표명한 것으로 알려졌다.

　분석 자료를 살펴보면 서울시 외곽 대부분이 현재까지 개발제한구역으로 철저히 관리되고 있으나, 앞서 살펴본 바와 같이 개발제한구역 내의 지목별 토지이용 현황을 살펴볼 때 지목이 대지인 곳이 많아 지속적으로 민원이 제기되고 있는 실정이다.

〈표 4-12〉 서울특별시 개발제한구역 내 건축물 현황분석

구분	계	주택		영농 시설	공동 시설	공익 시설	종교 시설	학교	광공업 시설	기타
		본건물	부속							
계	26,703	15,695	8,610	493	40	809	445	168	276	167
허가	16,848	10,270	4,915	233	40	745	240	168	108	129
무허가	9,855	5,425	3,695	260	−	64	205	−	108	38

주: 기타 ⇒ 정미소, 매점, 작업장.
자료: 서울특별시 도시계획과(1995).

〈표 4-13〉 서울특별시 자치구별 개발제한구역 관리실태 분석

자치구별 \ 구분	GB 해당행정동수			세대수	인구	건축물 (동수)	감시원 및 시설수		
	계	전역	일부				감시원	초소	표석수
계	112	4	108	38,485	130,178	26,703	156	62	1,979
종로	6		6	939	3,211	1,375	8	4	188
광진	3		3	173	729	186	2	2	51
중랑	7		7	1,772	6,075	1,432	8	4	110
성북	3		3	1,834	6,427	1,321	9	5	127
강북	6		6	1,759	5,505	1,459	10	4	103
도봉	6		6	306	1,058	696	3	3	126
노원	9		9	3,306	11,145	3,555	10	5	179
은평	13	2	11	10,846	35,864	7,734	16	7	217
서대문	4		4	584	2,065	393	6	2	104
마포	1		1	472	1,467	344	2	1	9
양천	3		3	67	250	121	4	1	27
강서	7	1	6	2,301	7,372	1,424	8	3	99
구로	6		6	1,775	5,968	1,527	6	4	90
금천	4		4	86	252	33	2	1	68
관악	5		5	317	1,270	125	10	4	119
서초	7		7	5,460	19,392	1,957	32	4	80
강남	6		6	2,862	9,943	742	8	3	70
송파	6		6	192	685	210	4	1	90
강동	10	1	6	3,374	11,500	2,089	8	4	122

자료: 서울특별시 도시계획과(1995), 재작성.

〈표 4-14〉 개발제한구역 저촉 행정동 현황

자치구별＼구분	행정 동수	행정동명
계	112	
종로	6	청운, 효자, 삼청, 부암, 평창, 무악동
광진	3	중곡4, 광장, 구의2동
중랑	7	면목3, 면목4, 면목6, 면목7, 망우1, 망우3, 신내동
성북	3	성북2, 정릉3, 정릉4동
강북	6	미아1, 2 수유1, 6, 4, 5
도봉	6	쌍문1, 방학 2, 3, 4 도봉 1, 2동
노원	9	상계 1, 3, 4, 5, 9 중계본동, 하계1, 공릉 2동, 중계4동
은평	13	녹번, 불광1, 2, 3 갈현 1, 2 구산, 역촌2, 신사1, 2, 수색, 진관내·외동
서대문	4	홍은1, 2 홍제3, 4동
마포	1	상암동
양천	3	신월3동, 신월7동, 신정3동
강서	7	가양, 발산1, 공항, 방화1, 2, 3 과해동
구로	6	개봉 1, 2, 3 오류 1, 2 수궁동
금천	4	시흥 1, 2, 3, 5
관악	5	봉천 7, 11 신림9, 10
서초	7	서초3동, 방배2동, 방배3동, 양재1, 2동, 내곡동, 서초1동
강남	6	개포1, 2, 4동, 세곡, 일원, 수서동
송파	6	마천1, 마천2, 거여2, 문정1, 오금, 오륜동
강동	10	하일동, 상일동, 명일2동, 고덕1동, 고덕2동, 암사2, 3 길2동 둥촌1, 2동

자료: 서울특별시 도시계획과(1995), 재작성.

　　이런 연유로 관리에 어려움을 겪고 있으며, 실질적으로도 민원 해결에 있어 많은 논란의 대상이 되고 있다.

　　사유재산권의 침해논리로 계속 보상논쟁이 이어지나 행·재정적 계획을 수립할 필요가 있는데, 이것은 개발제한구역의 관리는 토지를 후손과 공동이용이라는 인식

이 전제되어 도시의 무질서한 확산방지 차원에서 체계적이고 실질적인 정책적 접근
이 요구되기 때문이다.

2) 인천광역시의 관리 실태

인천광역시의 개발제한구역을 살펴보면(1995년 기준), 관리 총면적은 80.58㎢으로
구역지정(1972.8.25, 건설부 고시 제385호)과 함께, 지적고시(1973.6.9, 건설부고시 제
241호)가 이루어졌다.

구체적으로 살펴보면, 지목별로 다양한 형태의 지목별 토지특성을 보이는 것으로
나타났다.

인천광역시에 있어서는 폐염전이 개발제한구역의 상당부분을 차지하고 있어 개발
의 논리와 보존의 논리가 대립할 수 있는 가능성이 있는데, 궁극적으로는 녹지로
조성하여 부족한 녹지공간의 확충 및 비축토지로서 작용할 수 있도록 적극적인 관
리가 필요하다. 다만 개발제한구역 내의 축사건축 등은 도시성격상 크게 점유되지
않고 있는 실정이다.

〈표 4-15〉 인천광역시 개발제한구역 내 이전조건부등록공장에 대한 조치현황 및 계획

자치구별 \ 구분	시설위치	시설내역			일정대로 미조치 시 그 사유 및 향후조치계획
		용도	규모(㎡)	발생시기	
남동구	만수동 696-8	합판	263.5	구역지정 이전	이전지역관계로 8월30일까지 자진철거
남동구	도림동 407	합판	238.5	구역지정 이전	이전지역관계로 8월30일까지 자진철거

자료: 인천광역시 도시계획과(1995).

<표 4-16> 인천광역시 개발제한구역(Greenbelts) 현황(1994.12.31.기준)

구분\구별	현황			면적 (㎢)						건물(동)								지정 당시 기존 무허가 건물(동)
	동수	가구	인구	계	대지	임야	전	답	기타	계	주거 시설	농림 수산 업 시설	공공 시설	부락 공동 시설	광공 업시 설	사회 복지 시설	기타	
총 계	7148	2709	10380	80578	3.70	31989	9.58	28142	7.17	7,16	4,92	1671	343	47	12	13	153	1,768
남 구	4	1	1	0.13	0.00	−	0.00	0.083	0.04	4	1	2	−	−	−	−	1	−
연수구	255	130	464	1.04	0.05	0.04	0.42	0.26	0.27	255	159	89	−	−	−	1	6	−
남동구	1984	855	3187	27953	0.53	11677	5.069	8.39	2.282	1,984	1,265	604	81	22	5	4	3	309
부평구	900	388	1500	7.29	1.71	3.9	0.58	0.12	0.98	900	518	111	248	2	−	−	21	790
계양구	2921	915	3575	26.39	1.32	7192	1.46	14899	1.53	2,92	2,14	649	3	18	−	−	110	−
서 구	1104	420	1653	17.37	0.09	9.18	2.02	4.39	2.09	1,10	845	216	11	5	7	8	12	669

자료: 인천광역시 도시계획과(1995).

<표 4-17> 인천광역시 개발제한구역(Greenbelt) 내 축사건축 및 운영현황(1995)

(단위: 건)

구분\자치구별	건축허가				가축사육현황					타용도 사용현황			사용	건축	소유자 변경
	계	우사	돈사	기타	계	소	돼지	닭	타 가축	계	창고	작업장 공장	사용 많음	건축중	
계	5	3	−	−	1	1	−	−	−	−	−	−	1	3	−
남구	1	−													
연수구	1	−													
남동구	1	−													
부평구	−	−													
계양구	2	2			1	1									
서구	1	1													

자료: 인천광역시 도시계획과(1995).

<표 4-18> 인천광역시 개발제한구역(Greenbelt) 내 공공시설 설치 현황분석

(단위: ㎢)

시설명		'94	'95. 1월~8월까지
계	건 수	21	10
	토지형질변경면적	218.2	68.7
	건 축 연 면 적	14.3	15.0
1. 도 로	건 수	5	-
	토지형질변경면적	70.2	-
	건 축 연 면 적	-	-
2. 철 도	건 수	2	2
	토지형질변경면적	9.5	39.0
	건 축 연 면 적	1.0	-
3. 상하수도	건 수	1	1
	토지형질변경면적	85.0	0.7
	건 축 연 면 적	-	-
4. 전기통신시설	건 수	-	-
	토지형질변경면적	-	-
	건 축 연 면 적	-	-
5. 군사시설	건 수	8	6
	토지형질변경면적	31.1	29.0
	건 축 연 면 적	13.07	14.8
6. 공공청사	건 수	-	-
	토지형질변경면적	-	-
	건 축 연 면 적	-	-
7. 학 교	건 수	-	-
	토지형질변경면적	-	-
	건 축 연 면 적	-	-
8. 폐기물처리시설	건 수	-	-
	토지형질변경면적	-	-
	건 축 연 면 적	-	-
9. 기 타	건 수	5	1
	토지형질변경면적	22.4	-
	건 축 연 면 적	0.23	0.2

자료: 인천광역시 도시계획과(1995).

3) 경기도의 관리실태

경기도에 있어서 개발제한구역의 지정은 서울특별시의 도시확산 방지를 목적으로 하였으나, 구역지정이 도시발전의 저해요소로 작용하여 자치단체는 그 해결에 어려움을 겪은 것이 사실이다.

특히 하남시, 의왕시, 시흥시 등은 행정구역의 90% 이상이 개발제한구역으로 지정되어 있어 도시행정에 어려움을 겪고 있다. 더욱이 개발제한구역 지정 당시와는 전혀 다른 도시로 성장하여 구역변화를 요구하는 실정이다.

한편 광명시, 구리시 등도 행정구역에 70% 이상이 지정되어 있고, 군포시도 거의 70%에 달하는 실정이다.

이것은 앞서 밝힌 바와 같이 구역지정 당시와는 크게 변화되었고, 수도권 도시성장의 결과로 서울특별시 주변에 많은 도시가 발전했음에 기인한다고 할 수 있다. 개발제한구역관리의 형평성과 합리성이 제기되는데, 지역특성을 고려하여 보다 실효성 있게 관리되어야 한다.

〈표 4-19〉 경기도 시·군별 개발제한구역 현황분석(1995. 6. 30 기준)

구분 시·군	읍·면·동	행정구역면적(㎢)	개발제한구역면적(㎢)	가구수	인구	개발제한구역 내 토지현황(㎢)						행정/GB면적
						계	대지	임야	경지	잡종지	기타	
계	176	4,893.05	1,302.84	101,091	316,164	1,302.84	43.77	736.97	330.15	17.56	174.39	26.6
수 원 시	9	117.21	36.50	673	2,555	36.50	0.34	20.57	9.77	0.19	5.63	31.1
성 남 시	16	141.72	54.80	5,079	15,937	54.80	1.84	35.50	10.58	4.62	2.26	38.7
의정부시	8	81.81	63.89	4,153	12,789	63.89	1.77	43.57	13.47	1.62	3.46	78.1
안 양 시	13	58.49	31.0	1,563	5,162	31.00	1.46	26.88	2.88	0.27	0.11	53.0
부 천 시	20	52.18	20.41	3,124	10,069	20.41	0.88	8.35	9.58	0.19	1.41	39.1
광 명 시	8	38.87	29.82	7,093	21,812	29.82	1.29	14.00	11.06	0.34	3.13	76.7
안 산 시	7	139.72	39.91	1,452	5,296	39.91	0.58	20.03	15.13	0.28	3.89	28.6
고 양 시	19	266.41	134.43	24,594	73,512	134.43	5.01	67.97	41.26	2.92	17.27	50.5
과 천 시	7	35.81	33.03	5,120	15,778	33.03	1.03	22.33	6.38	0.42	2.87	92.2
구 리 시	7	30.11	23.37	5,794	17,510	23.37	1.60	10.70	7.30	0.50	3.27	77.6
남양주시	11	465.55	241.88	12,432	42,220	241.88	8.48	117.51	47.15	1.46	67.28	52.0
시 흥 시	10	120.88	111.53	5,386	15,622	111.53	2.82	46.05	40.78	0.53	21.35	92.3

구분 시·군	읍· 면·동	행정구역 면적 (㎢)	개발제한 구역면적 (㎢)	가구수	인구	개발제한구역 내 토지현황(㎢)						행정 / GB 면적
						계	대지	임야	경지	잡종지	기타	
군 포 시	9	36.07	24.71	1,072	3,031	24.71	0.78	16.32	4.86	0.22	2.53	68.5
의 왕 시	6	53.40	49.81	3,041	9,651	49.81	2.64	33.43	9.58	0.19	3.97	93.3
하 남 시	9	87.81	86.41	11,244	35,587	86.41	2.85	49.99	21.98	2.49	9.10	98.4
양 주 군	3	303.40	79.02	3,076	10,123	79.02	2.53	58.70	13.38	0.56	3.85	26.0
화 성 군	4	691.41	96.22	3,227	11,583	96.22	3.28	52.40	36.57	0.25	3.72	13.9
광 주 군	5	431.70	106.49	1,614	5,429	106.49	1.22	81.69	13.31	0.21	10.06	24.7
양 평 군	3	872.74	17.20	306	1,052	17.02	0.17	6.49	3.04	0.01	7.49	2.0
용 인 군	1	591.23	3.6	－	－	3.60	0.01	3.42	0.13	－	0.04	0.6
김 포 군	1	276.53	18.81	1,048	3,446	18.81	3.19	1.07	12.56	0.29	1.70	6.8

자료: 경기도 도시계획과(1995).

2. 현행 개발제한구역 관리 실태(2005년 기준)

〈표 4-20〉 개발제한구역 지정현황(2004.12.31 현재)

권역별	행정구역	지정면적(㎢)		비 고
		당초	현재	
계		5,397.1	4,101.6	
대도시		4,294.0	잘못된 계산식	
수도권	서울, 인천, 경기도 일부지역	1,566.8	1,534.2	서울, 인천, 경기
부산권	부산, 양산시, (김해시)	597.1	465.5	부산, 경남(김해 일부, 양산)
대구권	대구, 경산시, 칠곡·고령군	536.5	535.4	대구, 경북
광주권	광주, 나주시, 담양·화순·장성군	554.7	543.2	광주, 전남
대전권	대전, 공주·계룡시, 금산·연기 ·옥천·청원군	441.1	436.3	대전, 충남, 충북
울산권	울산시	283.6	278.6	울산
마창진권	마산·진해·창원시, (김해시) 함안군	314.2	308.4	경남(마산, 진해, 창원, 함안, 김해 일부)
중소도시		1,103.1	－	
춘천권	춘천시, 홍천군	294.4	－	

권역별	행정구역	지정면적(km²)		비고
		당초	현재	
청주권	청주시, 청원군	180.1	—	
전주권	전주·김제시, 완주군	225.4	—	
여수권	여수시	87.6	—	
진주권	진주·사천시	203.0	—	
통영권	통영시	30.0	—	
제주권	제주시, 북제주군	82.6	—	

※ 개발제한구역은 1971.7.30∼1976.12.29에 5,397.1㎢(1특별시, 6광역시, 37시, 18군, 49구)에 지
정되었으나 '99.7.22 수립한 '개발제한구역제도개선방안'에 따라 2000.9.9부터 1,295.5㎢가 해
제되어 현재 4,101.6㎢(1특별시, 6광역시, 29시, 15군, 49구)에 지정되어 있음.
자료: 건설교통부 도시국(2005).

〈표 4-21〉 경기도 개발제한구역 지정 현황(2005.6.30 현재)

시군별	행정구역	개발제한구역			(현 개발제한구역 / 행정구역)
		지정	해제	현재	
경기도	4,928.21	1,302.08	30.84	1,271.24	25.80
수원시	121.19	36.50	0.00	36.50	30.12
성남시	141.86	54.80	2.17	52.63	37.10
의정부시	81.98	63.89	1.87	62.02	75.65
안양시	58.51	31.00	1.46	29.54	50.48
부천시	53.46	20.41	1.63	18.78	35.13
광명시	38.52	29.82	3.27	26.56	68.94
안산시	144.78	39.91	1.05	38.86	26.84
고양시	267.98	134.43	0.86	133.57	49.84
과천시	35.86	33.03	0.91	32.12	89.58
구리시	33.30	23.37	0.59	22.78	68.42
남양주시	460.36	241.12	1.42	239.70	52.07
시흥시	130.41	111.53	10.97	100.56	77.11
군포시	36.38	24.71	1.02	23.69	65.11
의왕시	54.01	49.81	1.41	48.41	89.62
하남시	93.08	86.41	1.02	85.39	91.74

시군별	행정구역	개발제한구역			(현 개발제한구역 / 행정구역)
		지정	해제	현재	
용인시	591.62	3.60	0.00	3.60	0.61
김포시	277.11	18.81	0.03	18.78	6.78
양주군	309.82	79.02	0.05	78.97	25.49
화성시	687.83	96.22	1.13	95.09	13.82
광주시	431.94	106.49	0.00	106.49	24.65
양평군	878.21	17.20	0.00	17.20	1.96

1) 개발제한구역 제도개선추진

앞서 살펴본 바와 같이 우리나라는 1960년대 이후 산업사회로 본격 진입함에 따라 인구 및 산업의 도시집중과 이로 인한 도시의 무질서한 확산 및 도로·상하수도와 같은 도시기반시설의 부족 등 각종 도시문제가 야기된 것이 사실이다. 정부는 이런 일련의 문제를 해결하고자 쾌적한 도시환경과 국토의 균형개발이라는 장기적인 비전으로 도시계획법을 개정(전문개정, 1971.1.19, 법률 제2291호)하여 개발제한구역을 지정할 수 있는 근거를 마련하였다.

1971년 서울을 시작으로 1977년까지 8차례에 걸쳐 14개 권역에 걸쳐 전·답 등의 농경지와 임야, 대지 및 일부 자연취락 등을 포함하여 전 국토 면적의 5.4%에 해당하는 5,397.1㎢를 개발제한구역으로 지정하게 되었다.

개발제한구역은 도시의 무질서한 확산을 방지하고 도시 주변의 자연환경을 보전함으로써 미래의 도시발전에 대비한 공간을 확보하는 긍정적인 역할에도 불구하고, 당초부터 구역이 불합리하게 지정된 사례도 있었고 엄격한 행위제한으로 주민들의 불만이 지속적으로 제기되기도 하였다.

이에 따라 정부에서는 개발제한구역에 대한 근본적인 제도개선방안을 마련하기로 하였다.[58]

---

58) 주민대표, 환경단체 대표, 언론인 및 학계전문가 등으로 '개발제한구역 제도개선협의회'

2) 해제현황

2004년 말 기준으로 제주(2001. 8), 춘천(2001. 12), 청주(2002. 1), 여수(2003. 1), 전주(2003. 6), 진주(2003. 10), 통영(2003. 10) 등 7개 중소도시는 전면 해제를 완료하였고, 부분 해제되는 7개 대도시권은 환경평가 결과 보존가치가 낮은 지역을 대상으로 조정가능지역을 설정하기 위한 광역도시계획 수립을 진행 중이다.

울산권·광주권(2003), 부산권(부산시 부분)·대구권·대전권·마창진권(2004)은 광역도시계획 수립을 완료하였으며, 고리원전 주변지역(2002. 1), 산업단지(2001. 1, 2001. 9) 등 지정 당시 목적을 달성한 곳과 주민생활불편 완화를 위해 대규모취락(300호, 1000명 이상) 등 72개 지역도 2003년까지 해제가 완료[59]되었다.

〈표 4-22〉 시·도별 개발제한구역 해제 현황(2005. 7월 기준)

(단위: 천㎡)

연도별 시·도별	지정면적	해제면적						잔여 면적
		'01까지	'02	'03	'04	'05.7월 말	누계	
계	5,397,110	391,307	390,599	485,639	27,476	25,467	176,854	6,859,129
서울	167,920		625	1,424	4,267	1,011	7,327	5,220,256
부산	389,320		86,290	288	5,165	18,018	109,761	279,559
대구	418,960			1,031		994	2,025	416,935
인천	96,800						0	96,800
울산	318,880		35,280	4,886	106	565	40,837	278,043
광주	267,620	9		8,764		3457	12,230	255,390
대전	316,820			3,252		1,422	4,674	312,146

가 구성(1998.4)되어 제도개선방안 시안이 마련(1998.11)되었다. 정부는 협의회가 마련한 제도개선방안 시안을 중립적인 시각에서 검토하기 위해 영국의 '도시농촌계획학회(TCPA)'에 시안을 의뢰(1998.12~'99.4)하는 등 필요한 절차를 거쳐 '개발제한구역 제도개선방안'을 마련(1999.7)하게 된 것이다.

59) 20호 이상 집단취락 1800여 곳 중 1,089개소(61%)도 해제를 완료하였으며, 국책사업 고양행신 2지구 등 17개 국민임대주택단지에 대하여 해제를 완료(12.25㎢)하였다.

연도별 시·도별	지정면적	해제면적						잔여 면적
		'01까지	'02	'03	'04	'05.7월 말	누계	
경기	1,302,080	11,506	714	7,594	6089	5,958	31,861	1,270,219
강원	294,400	294,400					294,400	−
충북	236,700		180,100			1,043	181,143	55,557
충남	67,680			1,575			1,575	66,105
경북	117,540						0	117,540
경남	719,690	2,747		233,000	7,564	2,813	246,124	473,566
전북	225,400			225,400			225,400	−
전남	374,700	45	87,590		2,710	7,686	98,031	276,669
제주	82,600	82,600					82,600	−

자료: 건설교통부 도시정책국(2005).

〈표 4-23〉 개발제한구역 유형별 해제내용 I (2004.12 기준)

구 분		시·도 / 지역명	해제면적 (㎢)	고시일
합 계		7개시 897개 취락 2개 산업단지 8개 특정지역 17개 국책 3개 지역사업	1,295.021	−
• 중소도시 (전면해제, 7개소 1,103.09㎢)	제주도	제주시(북제주군 포함)	82.60	'01. 8. 4
	강원도	춘천시(홍천군 포함)	294.40	'01.12. 8
	충북도	청주시(청원군 포함)	180.10	'02. 1.19
	전남도	여수시	87.59	'02.12.30
	전북도	전주권(김제시·완주군 포함)	225.4	'03. 6.26
	경남도	진주시(사천시 포함)	203.0	'03.10.31
		통영시	30.0	'03.10.31

자료: 건설교통부 도시국(2004).

〈표 4-24〉 개발제한구역 유형별 해제내용 II(2004. 12 기준)

구 분	시·도 / 지역명			해제면적 (㎢)	고시일
• 집단취락	897개소			46.497	−
−대규모취락 (300호 이상 취락 또는 1,000명 이상) (우선해제, 34개소, 8.987㎢)	서울 (15)		개화, 전원, 염곡, 못골, 방죽1, 은곡,	0.451	'02 9.30
			희망촌	0.027	'03. 4. 7.
			노원, 강일	1.021	'03.10.30
			정릉3동, 도봉1동 무수골	0.377	'03.11.10
			은평구 진관내동, 진관외동, 구파발동	3.495	'04. 2.10
			종로구 부암동	0.144	'04. 4.20
			노원(동일로 동측 추가)	0.009	'04.07.02
	경기도 (12) (2.013㎢)	성남시	고등	0.20	'01. 4.19
		광명시	신촌, 가리대, 설월리, 식골	0.53	'01. 4.19 '01. 10
		과천시	문원1단지, 문원2단지	0.26	'01.10.22
		시흥시	숯두루지	0.21	'01.10.22
		구리시	담터, 딸기원	0.543	'01.10.22
		의정부시	만가대, 빼뻘	0.27	'01.10.22
	부산광역시(5)		오봉산, 대저2동공항, 영강중리, 송정, 한일물산	0.97	'02. 1 .4
	경남 김해(2)		불암, 안막	0.48	'01. 3.31
−중규모취락 (우선해제, 818개소, 36.727㎢)	서울특별시(3)		구로구1, 강남구2	0.125	'03. 9.10
	대전광역시(139)		동구41, 중구6, 서구22, 유성구54, 대덕구16	3.197	'03. 7.21
	광주광역시(198)		동구8, 서구9, 남구40, 북구31, 광산구110	8.09	'03. 8.14
	부산광역시(58)		해운대3, 금정8, 강서28, 기장군29	4.482	'04. 8.28
	울산광역시(97)		중구7, 남구3, 동구1, 북구30, 울주군56	4.438	'03.12.31
	경기도 (103) (4.563㎢)		고양3, 군포10	0.666	'04. 3.20
			안양3	0.080	'04. 4 .4
			화성시 29	1.116	'04. 7. 6
			남양주시 32(1차25,2차7) 0.755, 0.168	0.923	'04. 9. 4
			의정부시 1	0.147	'04. 9. 3
			의정부16	0.979	'04.11.16
			의왕시16	0.527	'04.11.29
			부천시4	0.125	'04.12.20
	충청남도(33)		공주3, 금산2, 연기28	1.557	'04.4.1

구 분	시 · 도 / 지역명		해제면적 (㎢)	고시일
-중규모취락 (우선해제, 818개소, 36.727㎢)	경상남도(74)	진해5(계7.564)	0.265	'04.4.29
		김해57	3.440	'04.7.16
		마산38	2.812	'04.12.30
		양산15(추가3 0.955+0.092)	1.047	'04.10.22
	전라남도(61)	나주47	2.361	'04.12.14
		화순군14	0.350	'04.12.23
-경계선 관통취락 (우선해제 45개소, 0.783㎢)	경기도(23) (0.657㎢)	부천시	계수, 범박, 나사렛, 괴안	0.04	'01. 4.19
		김포시	신기, 본동, 향산	0.03	'01. 4.19
		구리시	새말	0.044	'01.10.22
		양주시	산북, 일영	0.049	'01.10.22
		안양시	삼막, 화창, 유원지, 호현, 내비산, 부림	0.47	'02. 1. 4
		화성시	간등, 수영말 · 후촌, 반고개, 큰말, 검다지	0.02	'02. 4. 8
		고양시	간촌, 바늘아지	0.004	'02. 4. 8
	광주, 전남(7)	광주 동산, 태봉, 가산, 네거리, 전남 (학림, 도산촌, 서동)	0.054	'01. 4.19
	충청남도(3)	공주시 학봉리, 봉암리, 연기군 감성리 학마을	0.018	'04. 4. 2
	대전광역시(12)	중구1, 서구3, 유성구7, 대덕구1	0.054	'03. 7.21

자료: 건설교통부 도시국(2004).

〈표 4-25〉 개발제한구역 유형별 해제내용 Ⅲ(2004.12 기준)

구 분	시 · 도 / 지역명		해제면적(㎢)	고시일
• 단절토지 (우선해제)	대전광역시(1)	유성구 구암동일원	0.001	'03. 7.21
	대구광역시(5)	수성구 황금동 일원 등	0.006	'03. 6.25
• 산업단지 (우선해제)	시화산업단지	안산시. 시흥시	9.33	'00. 1.11
	창원산업단지	창원시	2.267	'00. 9. 9
• 고리원전 (우선해제)	부산광역시	기장군, 장안읍, 일광면, 정관면. 일원	85.32	'02. 1. 4
	울산광역시	울주군 서생면 일원	35.28	'02. 1. 4
• 현안사업 (20개소, 13.1242㎢))	추모공원	서울시 서초구 원지동(지역사업)	0.173	'02. 4. 8
	경인교대	경기 안양시 만안구 석수동일원 (지역사업)	0.22	'03.10.31
	천왕지구	서울 구로구 천왕동 일대(국책사업 등)	0.485	'04.10.6
	국민임대주택	고양행신, 의정부녹양 등 16개 지구 (국책사업 등) 기타 광명역세권	12.2462	-
• 기타(조정가능지)	울산정밀화학	울산 중구 다운동 일대	0.106	-

자료: 건설교통부 도시국(2004).

개발제한구역에서 해제되지 않고 구역으로 존치되는 지역의 합리적인 관리 등을 위해서 기존의 도시계획법령에서 개발제한구역에 관한 사항을 분리하여 '개발제한구역의 지정 및 관리에 관한 특별조치법'을 별도로 제정(2000)하였다.

특별법에서는 구역 내 행위제한을 합리적으로 조정하고 개발제한구역 행위제한의 근거를 명확히 하였으며 구도시계획법령에 복잡하게 규정되어 있던 행위제한을 정비하였다.

또한 구역해제를 추진하는 과정에서 구역으로 남는 지역은 환경적으로 양호하고 보전가치가 큰 만큼 이를 철저히 관리하는 것이 중요하다는 점을 인식하여 '개발제한구역 관리계획' 등 새로운 제도도 도입·운영 중이다.

3) 현행 개발제한구역 일반적 관리 실태(2005년 기준)

① 경계표석의 설치 및 관리

개발제한구역의 명확한 경계를 인지시켜 불법행위를 최소화하고, 관리자들이 효율적으로 관리할 수 있도록 시장·군수·구청장이 경계표석을 설치하고 마모·훼손·망실된 경계표석에 대해서는 보수·수선·신규설치 등으로 그 효용을 유지하는 사후관리 의무를 부담시키고 있다.

② 행위허가

개발제한구역의 지정은 건설교통부장관이 도시관리계획으로 결정하며, 개발제한구역을 관할하는 특별시장·광역시장 또는 도지사에게 개발제한구역을 종합적으로 관리하기 위하여 5년 단위로 개발제한구역 관리계획을 수립하고 승인을 얻도록 하고 있다.

개발제한구역 내에서는 지정목적에 위배되는 건축물의 건축 및 용도변경, 공작물의 설치, 토지의 형질변경, 죽목의 벌채, 토지의 분할, 물건을 쌓아놓는 행위 또는 '국토의 계획 및 이용에 관한 법률' 제2조 제11호의 규정에 의한 도시계획사업의 시행을 할 수 없도록 하고 있다.

다만 개특법 제1호 내지 제8호에 해당하는 행위에 대해서는 시장·군수 또는 구청장의 허가를 받고 할 수 있도록 하였다.

특히, 연면적 3,000㎡ 이상인 건축물의 건축과 10,000㎡ 이상의 토지의 형질변경에 대해서는 개발제한구역관리계획에 반영 후 허가토록 하는 등 행위허가를 엄격히 관리하고 있다.

③ 위법행위 관리

개발제한구역 내 위법행위 예방을 위하여 개발제한구역관리규정 제3조에 의거 매년 1회 이상 항공사진을 촬영하여 그 성과에 의하여 단속하도록 하고 있다.

동 규정 제4조에 의거 시장·군수 또는 구청장에게는 위법행위 예방을 위하여 수시로 순찰·점검을 실시하는 한편, 3개월마다 1회 이상 특별단속반을 편성하여 단속토록 하고 있다.

시·도지사는 6개월마다 1회 이상 시장·군수 또는 구청장의 행위허가 및 단속 등 개발제한구역 관리실태에 대하여 점검하도록 하고 있다.

또한 건설교통부 주관으로 매년 상·하반기 2회에 걸쳐 점검을 실시하고 있으며, 총리실, 감사원, 행정자치부 등 중앙부처의 수시점검과 검찰·경찰 등 수사기관의 합동단속이 실시되고 있다.

개발제한구역 내 위법행위가 적발되면 위반행위가 중한 경우(개특법 제30조 해당) 위반행위자를 즉시 고발하고, 경한 경우(개특법 제33조 해당) 과태료를 부과·징수토록 하고 있다.

또한 위반행위가 개특법 제29조에 의한 시정명령 대상일 경우 계고조치하며, 이를 위반 시 개특법 제31조에 의한 시정명령 불이행으로 고발조치하며, 이와 병행하여 건축법 위반행위에 대해서는 건축법 제83조 규정에 의한 이행강제금을 병행·부과토록 하고 있다.

특히 개발제한구역 내 위법행위에 대한 처벌규정은 "1년 이하의 징역 또는 100만 원 이하의 벌금"이라고 명시(1972.12.30)했던 규정에서, "1년 이하의 징역 또는 1천만 원 이하의 벌금에 처한다."로 벌금액이 상향되었다(1991.12.14).

개특법이 새로 제정되면서 "3년 이하의 징역 또는 3천만 원 이하의 벌금"으로 점차 위법행위에 대한 처벌은 강화(재차 2000.7.1 개특법)되는 추세에 있다.

④ 관리비용 부담

구(舊)도시계획법 제21조(1971.7.30)에 의거 지정된 개발제한구역은 근거법령인 구(舊)도시계획법상에 지정 및 해제에 관한 절차규정 없이 국가에 의하여 지정 되었으나 개발제한구역 관리비용은 전적으로 해당 지방자치단체에서 부담하고 있다.

〈표 4-26〉 하남시 개발제한구역 관리비용

(단위: 천 원)

시별	2003년			2004년			2005년		
	집행액	국비	국비 보조율	집행액	국비	국비 보조율	집행 추정액	국비	국비 보조율
하남시	448,500 (시자체)	–	–	548,577	24,577	4.5%	592,577	24,577	4.1%

자료: 하남시 내부자료(2005.6.30 기준).

경기도 하남시의 관리비용 사례를 살펴보면, 개발제한구역 관리부서만을 기준으로 지출된 관리비용이 2003년 448백만 원, 2004년 548백만 원이며, 2005년 592백만 원의 관리비용이 지출될 것으로 예상됨에도 국비보조의 경우 2004년 24백만 원, 2005년 24백만 원으로 전체 관리비용의 4.1~4.5%만 지원되고 있다.

실제로는 개발제한구역 관리에 따른 민원발생, 각종 허가 시 개특법상 협의절차 처리비용 등을 감안한다면 이는 더욱 늘어날 것이다.

경기도의 경우 토지이용상황을 보면 전체 5,397.1㎢ 중 임야 3,272.4㎢(61.3%), 농지(전, 답) 1,308.5㎢(24.5%), 대지 113.3㎢(2.1%), 잡종지 59.8㎢(1.1%), 기타 643.1㎢(11.0%)이다.

집단취락(20호 이상)은 2,589개소이며 구역면적의 3.9%에 불과한 209㎢의 집단취락 안에 구역 내 인구의 76.9%가 거주하고 있다.

개발제한구역 우선 해제(2000.1.11)는 안산시, 시흥시의 시화산업단지 9.33㎢ 해제를 시작으로 해서, 1,322.4㎢가 해제되었으며(2005.4.30 기준), 향후 해제예정지 294.6㎢가 해제되면 개발제한구역 관리면적은 4,074.6㎢로 줄어들게 될 전망이다.

특히 경기도 하남시의 경우는 도시 전체면적의 91.73%(도시계획 면적기준 97.2%)에 해당되는 85.38㎢가 개발제한구역으로 지정되어(2005.6.30 기준) 도시행정에 커다란 제약요인이 되고 있다. 20개 부락 0.74㎢가 우선 해제되었고(2005. 7) 나머지 44개 부락이 해제되면 개발제한구역은 79.48㎢로 이는 시 전체면적의 85.39%(도시계획 면적기준 90.50%)에 해당된다.

3. 현행 수도권 개발제한구역의 관리상의 문제점(2005년 기준)[60]

1) 지정과정에서의 문제점

개발제한구역이 지정되면 토지이용의 제한과 개인의 사유권을 과도하게 제한하게 되므로 사전에 토지이용조사를 실시하여 최소한의 필요한 지역에 대해서만 구역이 지정되도록 하여야 한다.

그러나 개발제한구역 지정 당시 충분한 사전상비조사(지형, 지세, 개발현황, 토지이용 등등)가 부족하여 녹지공간으로 부적합한 곳이 많이 포함되었다.

영국의 경우에는 법이 제정된 후 7년이란 조사기간을 거친 후 최종적인 구역 경계를 확정하였던 것과 비교하면 너무 성급히 경계를 설정하였다는 것을 알 수 있다.

단기간에 경계선을 설정하여 개발제한구역이 동일부락을 관통한다든지, 한 건물

---

60) 하남시 내부자료(2005). 경기도에서 개발제한구역이 가장 많이 지정되어 있는 하남시의 사례를 중심으로 하남시 녹지관리팀이 제공한 자료를 중심으로 정리한 것이다.

을 양분한다든지 하는 경우도 발생하게 되었다. 심지어는 동일한 행정구역 내에서 개발제한구역으로 지정된 면적이 실제 행정구역보다 많은 경우도 있었다. 향후 진행 중인 개발제한구역에 대한 구역조정 시 이러한 문제는 많이 해소되어야 한다.

2) 토지이용상의 문제점

개발제한구역의 인구집중 억제 효과는 한도가 있다고 보기도 하지만, 계량분석이 곤란한 현 상황에서 도시내부가 고밀화될수록 대조적으로 그 외곽을 둘러싼 개발제한구역의 녹지 공간적 가치는 상대적으로 커지고 있는 것은 당연한 현상이다.

이러한 맥락에서 볼 때 규제를 근간으로 하는 개발제한구역의 관리가 인구감소 내지 정체지역에서는 생활환경만 개선하며 현상유지가 가능하겠으나, 인구가 증가하는 성장지역에서는 주택과 제반 설비의 신축금지에 따른 밀도증가에 따라 난관에 봉착하지 않을 수 없다.

개발제한구역 내의 토지는 사용과 이용에 많은 제약을 받게 됨에 따라 구역 내에서 영농을 생업으로 하고 있는 경우, 그 후손들을 분가시켜 영농을 승계하기 어려운 지경에 이르게 된다.

그 결과 도시의 평면적 팽창을 억제하기 위한 이 제도가 오히려 도시로의 인구집중을 가중시키고, 도시 내 인구밀도를 높임으로써, 도시 내 토지이용의 합리적 이용을 왜곡시키거나 생활의 질을 떨어뜨리는 중요한 요인으로 작용하게 된다.

3) 지가와 손실보상의 문제점

개발제한구역 외의 토지 소유자들은 그들의 토지를 마음대로 개발할 수 있어 비교적 부가가치가 높은 제조업이나 서비스업 등 2·3차 산업에 종사함으로써 높은 소득을 올릴 수 있다.

반면에 개발제한구역 내의 토지 소유자들은 그 토지의 개발이 제한되는 결과 그들의 토지를 자유로이 개발하지 못하고, 비교적 부가가치가 낮은 농업을 비롯한 1차 산업에 주로 종사하게 됨으로써 상대적으로 낮은 소득밖에 올리지 못하게 되어 양자 간의 소득격차 현상이 나타나게 된다. 특히 이러한 현상은 동일부락이 개발제한구역의 지정으로 양분된 경우에 더욱 심각하게 나타난다.

개발제한구역의 지정으로 인하여 개발제한구역으로 둘러싸인 외곽지역의 개발가능지역은 반사적으로 지가가 엄청나게 상승하였으나, 개발제한구역 내의 지가는 반대로 하락하거나 또는 보합세를 유지하고 있어 상대적으로 지가가 심한 불균형 현상이 나타났다.

이러한 현상은 개발제한구역의 지가는 현재의 이용가뿐이나, 그 밖의 지역지가는 현재 이용가에 개발가가 포함되어 있기 때문에 생기는 현상이라고 볼 수 있다.

개발제한구역의 지정은 그 구역 내 토지의 재산적 가치를 감소할 뿐만 아니라 그 토지의 이용 및 개발행위를 제한하여 토지소유자의 입장에서는 그 토지를 개발하거나 이용하여 재산상의 이익을 취득할 수도 없고 또 매매가 이루어지지 않으므로, 이를 타인에게 처분하기도 쉽지 않는 등 명목상의 소유자일 뿐 실질적인 재산권의 행사에 제약을 받고 있다.

우리나라 헌법 제23조는 국민의 재산권을 보장하면서 공공의 필요에 의한 재산권의 수용·사용 또는 제한은 법률로써 하되 정당한 보상을 지급하여야 한다고 규정하고 있다.

그러나 개발제한구역을 지정하는 근거법인 구(舊)도시계획법에 있어서는 보상에 관한 아무런 조항이 없으며, 새로 제정된 개특법도 본래의 용도로 사용이 불가능한 토지만 매수할 수 있도록 하고 있다.

개발제한구역의 목적이 도시의 무질서한 확산을 방지하고 도시 주변의 자연경관을 보호하여 도시민의 건전한 생활환경을 보장하기 위한 이른바 공익의 필요성에 의한 것인 이상 마땅히 정당한 보상이 따라야 한다는 문제가 제기된다.

이와 같은 손실보상의 경우에는 개개 재산권의 특질에 따라 당해 재산이 사회공익에 미치는 영향이나 토지에 대한 이용, 기타 재산권과의 균형 등을 고려하여 결정되어야 할 것이다.

4) 이용관리상의 문제점

개발제한구역의 경계선에는 매 100m 및 변곡점마다 표석을 설치하였으나 이는 이미 지도에 정한 바에 따라 측정 표시한 것으로서, 완벽하게 관리되고 있다고 볼 수 없다.

만약 지정 당시 신중하게 고려하였거나 또는 현지 측량 시 불합리한 지점에 대해서 수정 등의 조치가 있었다면 마을을 관통한다든가 하는 문제는 발생하지 않았을 것이다.

현재 개발제한구역의 지정은 중앙에서 하고 유지·보전할 책임은 지방자치단체에 주어져 있으나 다음과 같은 문제가 있어 그 관리가 어렵다.

첫째, 개발제한구역은 과도한 사유재산권 침해에 따른 문제이다. 개발제한구역에 대한 일체의 보상은 논의조차 되지 못하고 있다.

특히 구역 내·외의 지가(地價)의 현격한 차이로 인하여 상대적 빈곤을 느끼고 있는 주민들의 반발이 극심하며, 이러한 구역 내 주민들의 반발의식으로 개발제한구역 내 위법한 행위로 처벌을 받고도, 원상복구가 이루어지지 않는 경우가 많이 발생하고 있다.

1995년 지방자치 이후 선출된 민선 지방자치단체장 역시 개발제한구역을 지역발전의 걸림돌로 인식하고 있으며, 선출직 자치단체장이 선거를 의식하지 않고 주민들의 의사에 반하여 구역관리를 위한 강력한 단속을 하기가 어렵다.

둘째, 공무원에 의한 단속만을 유일한 수단으로 하고 있어서 구역관리 한계가 나타나고 있다. 영국의 경우 그린벨트가 성공할 수 있었던 이유 중 하나는 구역 내 주민들의 그린벨트를 보존하고자 하는 지지와 단속이 결합하였기 때문이다. 구역 내 주민들은 보존에 대해서는 재산권 침해 등을 이유로 반대하고 있어 공무원에 의한 단속만이 유일한 수단이지만, 구역관리의 한계[61]가 있다.

---

61) 1인당 단속공간이 광범위할 뿐만 아니라(하남시의 경우 단속원 1인당 관리면적이 300만 평에 이르고 있음) 단속요원의 신분이 주로 임시직(하남시는 청원경찰)으로 충당하고 있어서 신분이 불안정하기 때문에 실질적이고 계속적인 단속관리가 어려운 실정이다. 정규

셋째, 행위제한을 허용할 때에는 개발제한구역의 지정목적에 영향을 미치지 않는 범위 안에서 필요한 최소한도로 공공시설의 용지로의 형질변경을 하고 있지만 앞으로는 그러한 것들이 구역 지정목적을 저해할 것이 분명하며 따라서 이러한 관리방법은 시정되어야 한다.

넷째, 규제 장치가 복잡하게 얽혀 있어서 담당공무원들이 이를 숙지하여 업무수행이 원활하지 않으며 그 내용을 알 만하면 다른 부서로 전출되어 버리기 때문에 지속적이고 전문적인 단속행정을 기대할 수가 없는 실정이다. 결과적으로 개발제한구역의 훼손은 가속될 수밖에 없는 실정이다.

5) 개발제한구역 훼손부담금 부과 문제

개발제한구역을 관리하는 특별법인 '개특법' 제정(2000.7.1) 할 때 새로 도입된 제도중의 하나가 개발제한구역훼손부담금 제도이다.

훼손부담금은 개발제한구역의 훼손을 억제하고 개발제한구역의 관리를 위한 재원을 확보하기 위하여 개특법 제11조 제1항 단서 또는 제12조의 규정에 의한 허가를 받은 자에 대하여 부과·징수하는 것이다.

훼손부담금의 산정기준은 개발제한구역이 소재하고 있는 시·군 또는 자치구의 개발제한구역 외의 동일지목에 대한 개별공시지가의 평균치에서 허가대상토지의 개별공시지가를 공제한 금액의 100분의 150의 범위 안에서 대통령령이 정하는 비율에 허가대상토지의 면적을 곱하여 산정한다.

개발제한구역 주민의 주거·생활편익·생업을 위한 시설의 설치 및 영농과 국가안보상 필요한 시설 등 국가·지방자치단체가 직접 행하는 공공용시설 및 공용시설의 설치 시 대통령령에 의거 감면할 수 있도록 하고 있다.

훼손부담금은 부과·징수 후 개특법 제25조 제1항에 의거 국가균형특별회계로 귀

직에 의한 관리에 있어서도 다른 업무까지 동시에 맡겨지는 것이 보통이므로 불법행위의 단속이 소홀하지 않을 수 없고, 결국 이로 인한 징벌 위험이 크기 때문에 이 분야에 근무하기를 기피하는 경향마저 있다.

속되며, 개발제한구역 안의 주민지원사업에 소요되는 비용, 구역 내 토지 등의 매수에 소요되는 비용, 구역의 합리적 관리를 위한 조사·연구 등에 소요되는 비용의 용도로 사용하도록 규정[62]되어 있다.

휘손부담금이 도입되게 된 배경은 수도권의 인구집중과 더불어 개발가능 토지가 급격히 줄어들고 토지이용제한으로 구역 내 토지와 구역 외 토지의 현격한 지가(地價)의 차이로 인하여 개발제한구역에 개발압력이 가중되자 이를 예방하고 개발제한구역 내 토지매입 등의 재원마련을 위해서 도입되었다.

이러한 당초 도입취지와는 달리 운용상 많은 문제점을 안고 있는데 첫째, 휘손부담금의 부과에 따른 문제이다. 개발제한구역의 과도한 지정으로 재정자립도가 취약하여 도시기반시설이 낙후된 지방자치단체에 이중의 재정지출을 유도하여 도시발전을 저해하고 있다는 점이다.

특히 이들 지방자치단체는 개발제한구역의 입지선호로 인한 것이 아니라, 과도한 개발제한구역 지정에 따른 개발 가능지 부족의 결과이며, 상대적으로 개발제한구역 비율이 높은 시·군은 개발용지의 부족으로 구역 외 토지의 지가(地價)가 상대적으로 높게 형성됨으로써 더 많은 비용을 부담하게 되는 모순이 발생되고 있다.

하남시의 경우 개발제한구역이 97.2%(도시계획면적 기준)에 이르고 재정자립도가 2004년 기준 54%에 불과한 실정임에도 2001년부터 2004년까지 부과된 휘손부담금 300억 원 중 약 39.4%에 해당하는 111억 원을 납부하였으나, 국가균형특별회계를 통하여 지원된 금액은 20억 원에 불과하다.

개발제한구역의 지정에 따른 지역발전의 저해뿐 아니라 이중의 재정지출을 하게 되는 결과를 초래하고 있다.

---

62) 경기도 하남시 사례를 살펴보면, 2001~2004년 동안 부과된 휘손금은 73건 31,326백만 원이며, 이를 부과대상자로 분류해 보면 민간인 2,063백만 원(6.5%), 공공기관 17,033백만 원(54.4%), 군부대 62백만 원(0.2%), 기간시설자 240백만 원(0.8%), 하남시가 11,928백만 원(39%)이다. 용도별로는 공공용시설 12,312백만 원(39.3%), 공익시설 14,443백만 원(46.1%), 국방군사 187백만 원(0.6%), 도시민여가 2,880백만 원, 실외체육시설 1,504백만 원(4.8%)이다. 하남시가 납부한 부담금 내역은 도로건설 10,903백만 원으로 91.4%이며, 나머지는 하수관거, 체육시설 등이다.

둘째, 훼손부담금의 국가균형특별회계 귀속의 문제이다.

개발제한구역은 인근 대도시의 발전을 위해 구역 내 주민의 희생과 해당 지자체가 재정의 취약으로 낙후될 수밖에 없으며, 부과·징수된 훼손부담금은 구역 내 거주자의 주거환경 개선과 소득기반 조성 등에 사용되어야 하는 것이 타당하다. 그런데 하남시 사례에서 보면, 부과·징수된 훼손부담금 중 7% 정도만 하남시로 재투자되고 있다. 훼손부담금이 국가균형특별회계로 귀속되는 제도적 불합리로 발생된 것으로서, 개발제한구역특별회계로 독립되어 운영되는 것이 바람직하다 할 것이다.

이와 같이 개발제한구역이 지정된 후 개발제한구역을 합법적으로 훼손하는 경우는 대부분이 국가나 지방자치단체인 공공기관이다. 당초 훼손부담금 도입목적도 이러한 국가의 무분별한 개발제한구역 훼손을 억제하기 위하여 도입되었다. 그런데 고양행신 2지구 등 21개 지구 14.51㎢(4,397천 평)의 개발제한구역이 대규모로 훼손되었으나(2003.3.13), 훼손부담금이 개발제한구역으로 지정되어 있을 경우만 부과할 수 있도록 되어 있어서 개발제한구역 자체를 해제 시에는 부과할 수 없는 제도상의 한계를 드러냈다.

훼손부담금은 이에 대한 비용을 실질적으로 구역지정으로 재산권에 침해를 받는 구역 내 주민들과 해당 지방자치단체에 전가함으로써, 수익자와 비용부담자가 일치하지 않는 근본적인 문제를 내포하고 있는 것이다.

6) 개발제한구역과 기반시설부담금 부과 문제

정부의 개발제한구역 재조정 계획에 따라 개발제한구역 안의 20호 이상의 집단취락 해제에 있어서 드러나는 문제가 부정형의 지역문제와 기반시설부담금 부과 문제이다.

기반시설부담금 부과제도의 취지는 개발제한구역에서 해제 시 건축물의 건축 또는 공작물의 설치, 토지의 형질변경 등의 개발행위가 집중되어 기반시설 용량이 부족할 것으로 예견되기에 기반시설부담구역으로 지정하여 체계적으로 기반시설을 확보하는 데 있다. 문제는 집단취락 우선해제지역의 기반시설부담금을 해당 주민들에게 부과한다는 점에 있다. 이 지역주민들은 지난 30년 동안 주거환경 개선은 물론 재산권 행사에도 큰 제약을 받았는데, 기반시설부담금까지 내면서 주거환경 개선에 임하는 것은 문제라 할 수 있다.

개발제한구역 밖에 거주하는 주민들이 지가나 주거환경이 상대적으로 좋은 것은 그동안 이 지역의 도로개설, 문화시설 확충 등 도시기반기설이 아무런 문제없이 정부 또는 지방자치단체의 재정지원으로 이루어졌기에 가능했던 것이다. 따라서 이들 지역도 개발제한구역이 지정되지 않았다면 주거환경악화 등 많은 문제가 발생하지 않았을 것이라는 전제도 가능하기 때문이다. 이 부담금제도는 제도운영상에 적지 않은 문제가 제기[63]되는 것이다.

4. 개발제한구역의 관리개선방안과 도시성장관리

앞서 살펴본 바와 같이 개발제한구역의 지정목적은 대체적으로 도시의 무질서한 확산과 연담화 방지, 도시 주변의 자연환경 보전과 도시민의 건전한 생활환경 확보, 국가안보로 요약할 수 있다.

개발제한구역 관리가 환경보전이라는 가치보다는 개발행위를 규제하려는 데 초점이 맞춰지면서, 상대적으로 낮은 지가를 형성한 것이 사실이다. 그런 가운데 무허가 건물의 증가와 대규모 축사라는 건물신축으로 임야를 제외한 대부분의 농지가 개발되는 최악의 결과를 초래하였다.

일부 도시에서는 수도권의 주택난 해소를 위하여 30만 평에 이르는 대규모 개발제한구역을 훼손함으로써, 개발제한구역이 자연환경보전을 위하여 지정되었다고 보

---

63) 경기도 하남시의 경우에도 법적 근거(국토의계획및이용에관한법률 제67조)를 바탕으로 하남시 일원 개발제한구역우선해제 64개 집단취락을 기반시설부담구역(5,904,781㎢)으로 지정 고시한 바 있다(2005.7.5). 그러나 제도 운영상에 적지 않은 어려움이 있는 것이 사실이다.

기는 어려울 것이다.

도시성장관리 측면에서 그 효과 및 제도적 개선이 필요한 것이다. 다음에서는 도시성장관리와 연계해서 관리개선방안에 대해 살펴보고자 한다.

(1) 개발제한구역 훼손실태 공표와 구역 재조정

2000년 개발제한구역 해제에 따른 실태조사 결과 임야를 제외한 상당수의 개발제한구역이 훼손되어 있었으며, 당시 축사 등 동·식물 관련시설의 문제점 또한 도출된 상태였다. 하지만, 주무부서인 건설교통부는 이러한 현실을 무시하고 동·식물 관련시설을 제외한 주택 등 집단취락지역을 중심으로 해제계획을 추진하였다. 그 결과 개발제한구역 재조정 작업이 마무리되어 가는 현재에도 여전히 문제점은 해소되지 않고 앞으로도 해소[64]될 가능성은 없다.

개발제한구역 훼손실태에 대한 전면조사를 실시하고, 이에 따른 해결방안을 강구하여야 하며, 원상태의 녹지로 환원이 불가능한 토지에 대해서는 조정이 필요하며, 개발 시에는 개발이익금을 환수하여 구역으로 존치되는 주민들의 보상재원으로 활용하는 것도 검토가 가능할 것이다.

(2) 개발제한구역 주민의 보상방안 마련

개발제한구역은 지정 당시 면밀한 검토 없이 작위적으로 지정되면서, 인구집중과 대도시의 광역화라는 사회적 문제를 발생시켰고 도심지 내 개발공간의 부족으로 도시 내 녹지의 훼손을 가속화하였다.

우리나라 개발제한구역은 지정목적을 달성하지 못하였거나 목적의 불완전한 달성을 위해 지나치게 큰 사회적 비용을 초래한 반면 수혜자는 분명치 않다.

보상재원의 확보방안으로는 구역재조정에 따른 개발이익금의 환수 및 개발제한구역으로 인한 수혜를 입는 도시민들의 환경에 대한 비용부담이 하나의 방법이다.

이것은 현재 개발제한구역 훼손부담금이 수혜자와 비용부담자의 문제에 있어 일

---

64) 법률상 이를 수용하기는 현실적으로 어렵다 할 것이지만, 해결책이 없는 상황에서 현상유지를 한다는 것은 더 큰 문제를 야기하게 될 것이다.

치하지 않는 점을 고려할 때 검토해 볼 만한 사안인 것이다. 과거 상수원수질보전을 위해 논쟁이 되었던 물 이용 부담금의 예로 볼 때 전혀 불가능한 사안은 아닌 것이다.

(3) 토지이용 방안에 대한 개선 필요

개발제한구역을 관리하는 구(舊)도시계획법과 새로 제정된(2000.7.1) '개특법'에 의해 개발제한구역 내에서 유일하게 허용되는 것은 농업, 수산업, 축산업이다.

서울특별시의 경우 개발제한구역 지정(1971.7.30) 이후 산업화, 도시화가 급속히 진행되면서 수도 서울의 인구집중이 가속화되고 개발이 가능한 토지가 갈수록 점차 감소하면서 부동산 가격이 폭등하는 결과를 초래하였다.

개발제한구역이 과다 지정되어 있는 하남시의 경우는 비싼 임대료를 견디지 못한 영세업자들은 교통이 편리하고 임대료가 서울특별시에 비해 10분의 1 정도에 불과한 하남시의 개발제한구역 내 빈 축사에 관심을 갖게 된 것이다.

축산업과 농업의 붕괴로 별다른 소득원을 찾지 못하였던 주민들은 1990년대부터 축산업 붕괴 후 비어 있던 빈 축사를 창고, 공장으로 임대하기 시작하였으며, 그 수는 점차적으로 증가하게 된 것이다. 생존권이라는 현실 앞에 개발제한구역 내 축사의 불법용도변경 행위는 더 이상 구역 내 주민들에게는 불법으로 인식되지 못하였다.

엄격한 토지이용규제로 사실상 그 해법을 찾기가 불가능하였고, 정부는 개발제한구역 내에서 허용 가능한 축산업의 규모화를 유도하여 구역주민 소득보전을 도모한다는 차원에서 구(舊)도시계획법시행규칙을 개정(1993.12.31)하였다. 그 결과 축사설치를 위한 대지조성형질변경 면적의 확대(바닥면적의 2배 → 3배), 축사 허용면적의 확대(300㎡ → 1,000㎡), 콩나물재배사의 신축을 허용하였다.

특히 축사의 경우 그 규모가 1,000㎡까지 건축이 가능하고 또한 건축 후 창고, 공장 등으로 임대할 경우 막대한 임대료 수입이 보장되며, 위법행위가 적발되어도 부과되는 벌금에 비해 임대소득의 편차가 큰 점 등으로 급격히 증가하는 결과를 초래하였다.

개발제한구역으로 30여 년간 재산권 행사에 제약을 받던 주민들은 자체조직을 결성하여 압력단체로서 활동하는 계기가 되었다. 개발제한구역에 대한 주민불만은 가히 폭발하기 직전이었고, 표를 무기로 한 시민들의 개발압력을 민선 지방자치단체장이 거부하기는 현실적으로 어려운 실정이었다.

이러한 주민들의 압력에 굴복한 민선자치단체장은 동·식물 관련시설 허가 시 유화적으로 대처할 수밖에 없는 문제도 발생[65]하고 있다.

축사문제는 다양한 방법[66]을 제시할 수 있을 것이다. 현행 개특법에 의거 단속을 강화하여 불법용도변경을 근절하는 방안이 있을 수 있다. 현행 법령하에서 고발, 이행강제금 부과도 효과적인 수단[67]이다. 다만 축사를 비워두는 것이 과연 개발제한구역의 지정목적에 합당한 것인지에 대한 판단이다. 활용방안이 없을 경우 비워두는 것이 유일한 방안인데, 빈 축사의 방치로 인한 환경오염과 청소년들의 탈선현장으로 바뀌는 또 다른 문제가 제기되고 있으며, 세수손실과 실직자 증가, 지역경제의 위축이라는 문제도 초래될 것이므로 신중한 정책적 대응이 필요하다.

(4) 관리체계 개선 문제

개발제한구역에 있어서 토지이용 현황, 실제적인 소유실태, 지가 등에 대해 실효성 있는 조사를 하고 장기적인 종합대책을 수립할 필요가 있는 것이다.

다만, 이런 일련의 과정 속에서 다음과 같은 원칙을 고수할 필요가 있다고 생각한다.

첫째, 개발제한구역 내 재산권에 대한 적정한 보호를 고려해야 한다는 점이다. 개발제한구역 지정 당시의 토지소유자 및 구역 내에 거주하는 주민을 위주로 해야

---

65) 하남시의 경우 민선지방자치단체장 선출 이후 약 2,142건의 건축허가가 이루어졌고, 경기도 내 개발제한구역 비율이 높고 상대적으로 개발압력이 거센 고양시, 남양주시, 광명시, 시흥시와 부산광역시의 강서구 역시 비슷한 결과를 초래하였다.

66) 축사문제는 다양한 논의가 전개되고 있으므로 다음과 같은 방법을 제시할 수 있다. ① 현행 법령하에서의 합법화 방안 ② 건물철거 후 농지로 환원 ③ 부동산 매수 ④ 현행 관리체제 유지 등 다양한 방안을 모색할 필요가 있다.

67) 실례로 고발의 경우 2004년 성남지청의 합동단속 실시 후 약 20여 명의 축사소유자를 구속하고 40여 명을 불구속하여 현재, 이들 소유자의 축사건물은 100% 원상 복구된 상황이며, 집행유예가 풀리는 날까지 축사를 불법으로 사용하기는 어려울 것이다.

하며, 손실보상을 통한 문제 해결을 도모하고 비축토지 확보 측면에서 개발제한구역의 국·공유지화를 추진해야 할 것이다.

둘째, 개발제한구역의 지정목적에 부응할 수 있는 관리방안이 마련되어야 할 것이다. 따라서 대도시 주변의 녹지는 최대한 보존해 나가야 하며, 행위제한을 완화하는 경우에도 구역지정목적에 배치되지 않는 범위 내에서 개선을 도모할 필요는 있다.

셋째, 이런 일련의 제도적 변화 속에서도 개발제한구역 제도개선 당시 환경성 평가 1·2등급의 경우에는 개발제한구역 자체의 존치를 전제로 할 필요가 있다. 개발제한구역의 존치 필요성에 대해서는 국민적 공감대가 형성되어 있으므로 기존 개발제한구역제도의 골격을 유지하고, 제도개선을 위한 정책방안을 검토해 나가야 할 것이다.

현행 개발제한구역의 관리체계는 건설교통부장관이 구역을 지정하고 지방자치단체가 관리토록 하고 있다. 다만, 일정규모 이상의 개발행위는 개발제한구역 관리계획 수립 후 건설교통부장관의 승인을 받아 허가토록 하고 있다.

문제는 개발제한구역은 지정 당시 주민들의 의견수렴이 없었고 면밀한 검토 없이 광범위하게 지정됨으로써 토지이용 제한에 따른 구역주민들의 재산권이 침해되므로 구역보존에 따른 주민들의 협조가 사실상 불가능하다는 점이다.

개발제한구역이 해당 지방자치단체에는 도시성장관리 측면에서 중요한 정책적인 수단임에도 불구하고 도시발전 저해의 한 요소로 작용하기 때문에 구역보존에 미온적일 수밖에 없는 것이다.

한편 선출직 지방자치단체장으로서 지역개발과 구역주민의 반발을 감수하면서 구역의 보존을 기대한다는 것은 사실상 무리이며, 이러한 관리체계를 유지한다는 것은 사실상 소극적인 방치라 할 것이다.

따라서 개발제한구역 관리를 위한 별도의 독립된 기구를 설치하고 국가가 전면에 나서서 관리토록 하고, 구역 주민들의 경제적인 보전대책과 구역보존이라는 합리적인 방안이 강구될 수 있도록 하여야 하는 것이 도시성장관리 측면에서도 바람직하다.

Ⅰ. 수도권 신도시 건설과 도시성장관리 문제

　수도권 5개 신도시정책의 궁극적인 목표는 주택정책 차원에서 정부가 285만 호를 건설하는 데 목적을 두고 추진하였다.

　수도권 5대 신도시는 궁극적으로 각 도시의 특성상 서울시 주택문제 해결을 위해 서울 시내의 가용토지의 부족을 해소하기 위해서 수도권 주변의 가용토지를 이용, 주택문제 해결을 하고자 한 것이 특징이다.

　물론 주택문제 해소 차원에서는 긍정적인 평가를 할 수 있으나, 추진 당시에는 도시기반시설의 미확보 및 서울시로의 출퇴근 인구의 과다로 실질적으로는 출퇴근 거리 연장으로 많은 교통수요 및 정체현상으로 적지 않은 기회비용 측면에서 손실을 가져왔다고 할 수 있다.

　또한 수도권 제1기 5대 도시는 결과적으로는 '서울시 문제 해결을 위한 수도권 성장관리수단'으로 작용한 것이 아니라 몇몇 도시는 그 건설 목적상 '기존 도시의 성장관리를 위한' 무질서한 도시 모습을 재정비하기 위해 건설되었다고 할 수 있다.

　문제는 서울시와 불과 40㎞ 반경에 건설되어 실질적으로는 수도권 재집중의 한 요인으로 작용할 수 있으며, 수도권정비계획법의 실효성 문제 등 수도권 도시성장 관리 문제가 제기될 수 있음을 간과해서는 안 된다는 것이다.

Ⅱ. 수도권 1기 5개 신도시 특성 및 추진실태

앞서 살펴본 바와 같이 수도권 5개 신도시 건설의 배경은 주택가격의 폭등으로 주택수요의 급격한 증가에 따른 수도권의 택지부족 및 무주택 서민의 내 집 마련 기회의 부족, 그리고 교외 주거 수요의 증가에서 비롯되었다고 할 수 있다.

신도시 개발의 목표는 미래의 신도시 개발을 위한 모델로 건설하고, 서울의 과밀을 완화해 주는 신도시를 건설한다는 것이었다. 궁극적으로는 자족력 있는 기반시설 완비, 교육, 유통 등 다양한 도시기능을 구비하고 신도시 건설에 따른 개발이익은 전액 도시기반시설에 재투자한다는 것이 수도권 5개 신도시 건설의 추진방침이었다(경기도 신도시 지원담당관실, 1995: 1). 신도시는 도시자생력 및 자족도시 구축을 위한 정책적 추진이 지속적으로 필요하다.

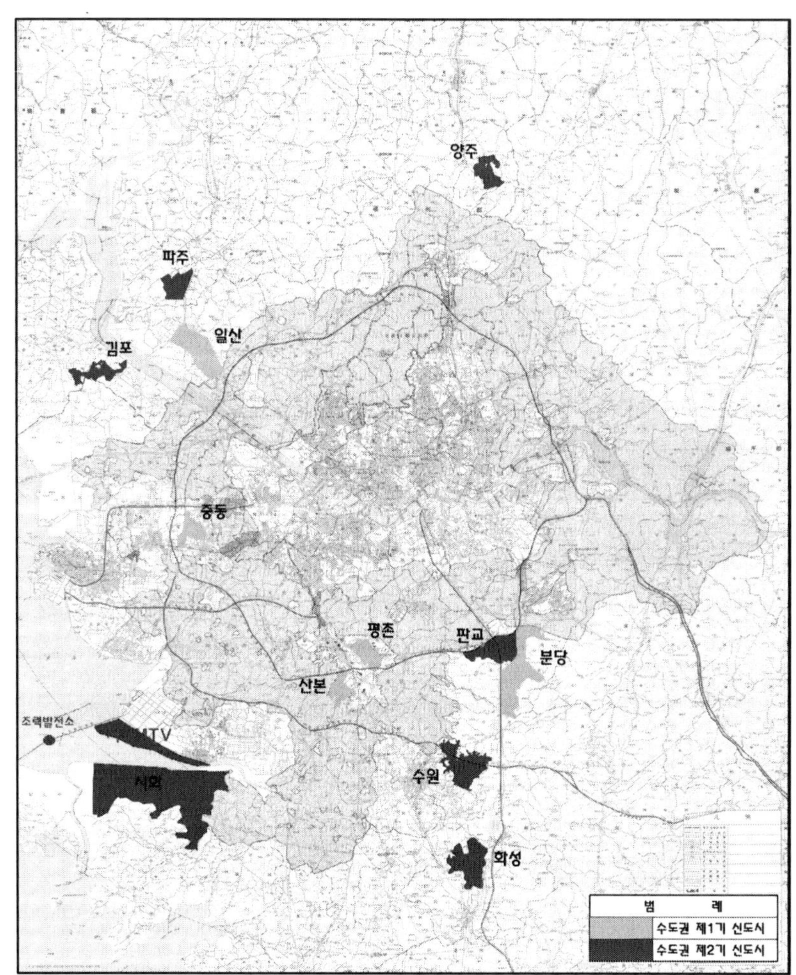

자료: 건설교통부 복합도시기획단(2005).

〈그림 4-3〉 수도권 신도시 위치도(제1기, 제2기 신도시)

　　다만 그 지역여건에 맞는 정책의 추진과 함께 도시 건설의 목적에 배치되는 정책 방향은 지양되어야 한다. 이런 방향이 적극적으로 검토되지 않으면, 수도권 신도시에서 서울로의 출·퇴근 인구의 지속적 급증 및 일시적 수도권 내 분산 형태라는 수도권정비법상의 근본취지와 배치되는 현상이 계속 이어질 것이다.

　자생력이 큰 도시로 육성하지 않으면 베드타운으로 전락해, 도시기능에는 한계가 있는 것이다.

<표 4-27> 수도권 5개 신도시 특성

구 분 \ 도 시	계	분 당	일 산	평 촌	산 본	중 동
도시특성		업무, 금융, 상업중심	문화, 관광, 국제회의 중심	기존도시 보완	기존도시 보완	기존도시 보완
위 치		분당동 외 5개 동	일산읍, 송포면 일원	평촌동 외 3개 동	산본동 외 3개 동	중동 외 5개 동
면적(㎢)	50,185	19.688	15,736	5,106	4,203	5,452
주택건설(戶)	291,833	97,580	68,810	42,047	41,974	41,422
수용인구(千名)	1,167	390	275	168	168	166
사업비(억 원)	108,812	38,081	25,902	11,786	9,033	24,010
사업기간 －택지개발 －주택공급		'89～'95 '89～'95	'90～'95 '90～'95	'89～'95 '90～'93	'89～'94 '90～'95	'90～'95 '90～'94
지구지정일		'89.5. 4	'89.6.20	'89.2.27	'89.2.27	'89.4.22
개발계획승인		'89.3.30	'90.3.31	'89.8.30	'89.8.30	'90.2. 8
실시계획승인		'89.10.16	'90.6.30	'89.12.30	'89.12.30	'90.6. 30
교통영향평가		'90. 3.23	'90.6.22	'89.8.16	'89.8.16	'90.3. 2
환경영향평가		'89.10.13	'90. 3.23	'89.8.16	'89.8. 2	'90. 1.31
최초입주		'91. 9.	'91.9.	'92.3.	'92.4.	'92.12 4
분양완료		'95년 중	'95년 중	'93년 중	'95년 중	'94년 중
사업시행자		토지개발공사	토지개발공사	토지개발 공사	토지개발공사	토지개발공사

자료: 경기도 신도시지원담당관실(1995).

〈표 4-28〉 수도권 제1기 5개 신도시

구 분	계	분 당	일 산	평 촌	산 본	중 동
면 적	15,167천 평	5,941	4,760	1,544	1,272	1,650
계획인구	1,168천 명	390	276	168	168	166
주 택 －단독주택 －공동주택	292천 호 11천 호 281천 호	97.6 3.0 94.6	69.0 5.9 63.1	42.0 0.6 41.4	42.0 0.6 41.4	41.4 1.0 40.4
용적률(%)	－	184	169	205	205	226
인구밀도 (인 / ha)	－	198	176	344	392	312
개발기간	－	'89.8～ '96.12	'90. 3～ '95.12	'89. 8～ '95.12	'89. 8～ '95. 1	'90. 2～ '96. 1

자료: 건설교통부 신도시기획단(2003).

최근 건설교통부의 조사결과[68]에 따르면, 수도권 신도시는 수도권 인구집중의 블랙홀 역할을 하고 있음을 알 수 있다. 따라서 수도권의 신도시정책은 수도권 도시성장관리정책 차원에서 추진해야 함을 알 수 있다.

건설교통부의 조사결과를 살펴보면, 수도권 거주자의 주거만족도는 분당·일산 등 신도시가 51.3%, 일반도시 23.9%로 신도시 거주자의 주거만족도가 기존 도시지역에 비해 2배 이상 높게 나타났고, 주거지 선택의 주된 변수로는 직장과의 거리(45.3)와 주거환경(16.4%), 교육(8.5%) 순으로 응답했다.

신도시 내 직장통근자는 현 거주지역 내가 50.7%로 99년 조사 시 35.6%보다 15%가량 높아져 자족성이 향상되고 있는 것으로 조사되었다.

수도권 가구 중 61.7%가 이사 의사가 있는 잠재층이고, 이사 가고 싶은 곳으로는 신도시 55.1%, 서울 26.9% 등이다.

설문조사 내용을 구체적으로 보면, 현 거주지로 이사 온(계속 거주포함) 이유는

---

68) 이것은 건설교통부가 신도시 개발정책의 방향설정 및 정책수립을 위한 기초자료로 활용하기 위하여 2004년 2월 6일부터 2월 21일까지 리서치월드에 의뢰하여 수도권 내 신도시 거주자 1,000명과 수도권의 기타 지역 거주자 1,000명 등 총 2,000명을 대상으로 면접 조사한 결과 이같이 조사되었다고 밝혔다.

'직장과의 거리' 45.3%, '주거환경' 24.8%로 직장과 주거환경이 주거지 선택의 가장 중요한 요인으로 나타났다. 1999년 조사결과에서는 '주택가격 적당', '직장과의 거리'가 중요한 요인이었으나 주거환경이 주거지 선택의 주요한 요인으로 등장하였다.

신도시 거주자에게 이전 거주지와 비교한 신도시의 편리성을 질문한 결과는 '주거환경 쾌적' 48.9%, '교통편리'가 21.8%였고, 현재 거주하는 주택의 소유형태는 '자가' 68.0%, '전세' 25.8%이고 신도시는 '자가' 71.5%로 일반지역보다 자가 비율이 상대적으로 높았다.

거주하는 주택의 면적은 일반지역은 20~29평이 39.6%, 신도시는 30~39평이 33.6%를 차지하였고 수도권에 거주하는 가구주의 직장은 '현 거주지역 내'가 58.4%, '타 지역'이 34.6%로, 주거이동 중요한 요인인 직장과의 거리 등 직·주 근접의 특성을 보였다.

신도시 거주자의 현 거주지역 내(모도시 포함) 직장통근자는 50.7%로 1999년 조사시 35.6%보다 15%가량 높아져 신도시의 자족성이 향상되고 있는 것으로 분석되었다.

주거지의 시설 및 서비스 만족도를 조사한 결과 종합만족도는 신도시(51.3%)가 일반지역(23.9%)에 비해 상대적으로 높으며, 특히 신도시에서 '경제활동 기회'를 제외하고는 모든 항목에서 만족도가 높게 나타났다.

분당, 일산, 평촌 등 5개 신도시의 종합만족도 비교(리커트 5점 척도)에서 평균 3.551이며, 분당이 가장 높게 났고 금년 조사에서는 분당(3.773), 평촌(3.607), 일산(3.512), 산본(3.473), 중동(3.193) 순이었다. 1999년에는 분당(3.82), 평촌(3.81), 산본(3.74), 일산(3.62), 중동(3.23) 순이었다.

주거이동계획에 관한 사항에 대한 조사에서는 수도권 가구의 향후 이사수요 잠재층은 61.7%이며 이전사유로 '삶의 질'(27.7%)과 '직장(22.8%)' 순으로 나타났으며, 선호하는 주거이전 대상지는 '수도권의 기존 신도시' 34.4% '신규 수도권 신도시' 20.7%, '서울 및 기타 지역' 16.9%로 신도시로의 이주의향이 강한 것으로 나타났다.

향후 거주지 이동 시 희망하는 주택유형은 아파트가 70.1%로 압도적이며, 단독주택은 22.0%, 오피스텔 1.6%이고, 희망하는 주택소유형태는 '자가'가 90.0%로 높으며, 전세(8.1%), 임대(1.5%) 순으로 나타났다.

희망하는 주택면적은 '30~39평'이 45.5%로 가장 높고, 뒤를 이어 '20~29평'(23.0%), '40~49평'(20.6%)의 순이었다.

추가 신도시의 적정위치를 묻는 질문에 대해서는 서울도심으로부터 소요시간을 볼 때, '30분~1시간 미만'이 62.0%로 가장 높고, '1시간~1시간 30분 미만'이 14.4%로 응답하였다. 신도시로의 이사의향은 긍정대답이 55.3%로 나타났고, 응답자의 특성을 볼 때 직장, 학교문제와 관련이 있는 것으로 추정된다.

신도시로 이사하려는 이유는 '자연환경 양호'가 18.8%로 가장 높고, '재산가치 상승'(17.6%), '주택가격 적정'(14.0%), '교육환경 양호'(13.9%) 등 다양한 이유가 나타났고, 신도시가 갖추어야 할 주요기능으로는 '공원·녹지 등 쾌적한 주거환경' 31.9%, '우수한 공공·사설교육환경' 18.1%라는 의견이 제시되었다.

다양한 의견이 제시되고 있지만 신도시가 도시기능을 완벽하게 수행하는 데는 많은 시간과 재정이 소요되어야 한다. 더욱이 수도권 신도시의 경우 서울시와의 도시기능적인 관계설정 등 긍정적인 요인과 부정적인 요인이 혼재되어 나타나므로 신중하게 정책을 추진해야 한다.

Ⅲ. 수도권 2기 신도시 특성 및 추진실태

1. 수도권 제2기 신도시 건설 배경

미니신도시라고 불리는 중소규모 공영개발과 민간주택사업체에 의한 준농림지역의 개발을 유도하였으나, 용인, 김포, 고양시 등 서울 인근 도시들에서의 교통, 환경, 교육 등 기반시설의 부족과 비용분담문제 등으로 심각한 사회문제를 야기하였다. 이러한 중소규모 개발과 난개발에 대한 비판과 함께 1기 수도권 신도시에 이어 1999년도부터 신도시 개발에 대한 논의가 다시 시작되었다.

2000년도에는 화성, 판교를 시작으로 정부는 수도권 제2기 신도시 개발에 본격적으로 착수(건설교통부, 2005: 394-401)하였다.

판교와 화성은 서울 강남지역의 주택수요 대체와 기능을 분담하고, 김포와 파주 신도시는 서울 강서·강북지역의 주택수요 대체와 성장거점기능을 분담한다는 것이다. 수원 신도시는 수도권 남부의 첨단·행정기능을 분담하며, 양주 신도시는 경기 북부의 안정적인 택지공급과 거점기능을 분담하도록 계획하고 있다.

2. 수도권 2기 신도시 현황

2002년 '9.4 주택시장 안정대책'에서 주택공급의 확충을 위해 신도시 2~3개 개발계획을 발표하였다.

〈표 4-29〉 수도권 제2기 신도시 추진계획

구 분	합 계	성남판교	화성동탄	김포양촌	파주운정	수원이의	양주옥정
위 치	–	성남시 분당구 판교동 일원	화성시 태안읍 동탄면 일원	김포시 장기동, 양촌면	파주시 교하읍 일원	수원시 팔달구 이의동 일원	양주시 옥정동 일원
면 적	50,069천㎡ (15,146천 평)	9,307천㎡ (2,815천 평)	9,037천㎡ (2,734천 평)	5,141천㎡ (1,555천 평)	9,408천㎡ (2,846천 평)	11,071천㎡ (3,349천 평)	6,105천㎡ (1,847천 평)
주 택	184.3천 세대	26.8천 세대	40천 세대	25천 세대	46천 세대	20천 세대	26.5천 세대
인 구	540.8천 인	80.4천 인 (86.4인 / ha)	121천 인 (134인 / ha)	75천 인 (146인 / ha)	125천 인 (133인ha)	60천 인 (54인 / ha)	79.4천 인 (130인 / ha)
사 업 기 간	–	'03~'09년	'01~'07년	'05~'10년	'03~'09년	'05~'10년	'06~'11년

기능		
	화성동탄	• 자연과 함께하는 전원속의 첨단자족도시 건설
	성남판교	• 친환경적인 자족형 및 선진형 저밀도 전원도시 건설
	김포양촌	• 수도권 균형발전을 위한 서북부지역의 거점개발을 위한 첨단생태 전원도시 건설
	파주운정	• 수도권 균형발전을 위한 서북부지역의 거점개발을 위한 도농통합형 환경 친화도시 건설
	수원이의	• 경기 광역 행정기능 집적화와 난개발 방지를 위한 자족형 행정도시 건설
	양주옥정	• 경기 북부 지식기반 산업중심의 자족형 도시 및 자연이 살아 숨 쉬는 생태도시 건설

자료: 건설교통부 복합도시기획단(2005).

〈표 4-30〉 수도권 2기 신도시별 현황

구 분	합 계	성남판교	화성동탄	김포양촌	파주운정	수원이의	양주옥정
위　치	-	성남시 분당구 판교동 일원	화성시 태안읍 동탄면 일원	김포시 장기동, 양촌면 일원	파주시 교하읍 일원	수원시 이의동, 용인시 상현동	양주시 옥정동 일원
면　적	50,069(천㎡)	9,307	9,037	5,141	9,408	11,071	6,105
인　구	540.8(천 명)	80.4	121	75	125	60	79.4
주　택 단독주택 공동주택	184.3(천호)	26.8 2.6 24.2	40 6 34	25 2 23	46 2 44	20 2 18	26.5 - -
인구밀도 (인 / ha)	-	86.4	134	146	133	54	130
사업기간	-	'03～'09	'01～'07	'05～'10	'03～'09	'05～'10	'06～'11
토지이용 계　획	50,069 (100%)	9,307 (100)	9,037 (100)	5,141 (100)	9,408 (100)	11,071 (100)	6,105 (100)
주　택	14,515 (29.0%)	2,364 (25.4)	2,676 (29.6)	1,670 (32.5)	3,248 (34.5)	2,530 (22.9)	2,027 (33.2)
상업업무	2,294 (4.6%)	907 (9.7)	360 (4.0)	200 (3.9)	412 (4.4)	250 (2.3)	165 (2.7)
도　로	8,444 (16.9%)	1,476 (15.9)	1,450 (16.0)	1,240 (24.1)	1,447 (15.4)	1,610 (14.6)	1,221 (20.0)

자료: 건설교통부 복합도시기획단(2005).

이를 토대로 수도권 전 지역을 대상으로 권역 간 균형개발, 교통여건, 토지이용계획 등 입지특성을 종합적으로 분석하고 개발압력을 흡수할 수 있고 광역교통 문제 해결이 가능한 지역을 우선적으로 선정하여 김포·파주 신도시 건설계획을 발표[69] 하였다.

이에 따라 수도권에 성남판교, 화성동탄, 김포양촌, 파주운정, 수원이의 및 양주옥정 등 총 6개 지구에 대하여 제2기 신도시 건설을 추진하게 되었다.

---

69) 건교부는 2002년 말 현재 수도권 주택보급률은 91.6%이고 특히 서울은 82.4%로 집값 및 전세가격 폭등요인이 잠재하고 있어, 서울을 비롯한 수도권지역의 만성적인 주택부족 현상을 근본적으로 해소하고 주택가격을 안정시켜 국민의 주거안정을 도모하기 위해서 신도시 건설을 추진하게 되었다고 밝히고 있다.

3. 수도권 2기 신도시 특징

수도권 제2기 신도시는 제1기 신도시와 비교하여 다음과 같은 특징을 가지고 있다 (건교부, 2005).

첫째, 충분한 기간을 가지고 사전 계획을 한다는 것이다. 즉 사전환경성 검토와 광역교통대책을 미리 수립하고 관계부처와 지자체와의 협의도 과거의 형식적 수준에서 실질적 협의로 최상의 결과를 도출할 수 있도록 계획을 하고 있다.

각각 1년 정도 소요되는 개발계획과 실시계획, 그리고 그 과정상의 환경 · 교통 · 재해 등 영향평가도 내실 있게 추진하며 전문가, 주민 등의 의견이 광범위하게 수렴되고 반영되는 등 실질적 협의체제로 발전하고 있어 과거와 같이 단기 내 계획수립은 더 이상 하지 않는다는 것이다.

신도시 입안단계에서부터 NGO 자문단, 신도시자문위원회, 신도시포럼 등 다양한 의견수렴 절차도 밟고 있지만, 실질적으로 과정과 결과는 차이가 있으므로, 그것이 문제인 것이다.

둘째, 분당, 일산 등 제1기 신도시의 녹지율이 18% 수준인 데 비해 제2기 신도시는 27% 이상으로 계획 중이고 인구밀도도 1기가 200~250명/ha인 데 비해 2기 신도시는 100~150명/ha로 녹지는 보다 많아지고 인구는 보다 여유 있게 배치되어 환경용량을 감안한 친환경도시를 지향한다는 것이다.

셋째, 자족기능과 광역교통대책을 위해 도시특성별로 자족기능을 부여하고 이에 맞게 용지를 배분함으로써 장기적으로는 특성화된 자족도시로 성장해 나갈 수 있도록 뒷받침한다는 것이다.

예를 들면 판교는 벤처와 교역, 화성은 첨단산업 및 연구, 김포는 정보통신 및 교역, 파주는 첨단생산 및 농생명 분야 등으로 구상하고 있다.

전철을 직결노선으로 건설하여 실질적인 대중교통 이용을 활성화하고 중앙버스 전용차선을 배정하고 있다.

지구 내에 궤도순환버스 등 첨단대중교통수단을 도입하여, 어느 단지에서나 대중교통을 이용하여 교통중심지로 접근이 가능하게 하고, 환승도 용이하게 할 수 있도록 계획하고 있다. 특히 자전거를 타고 대중교통중심에 접근하기 용이하도록 자전거도로체계를 구상하고 있다.

넷째, 전문가 3~5인인 해당 신도시의 기본구상에서부터 건축까지 전 과정의 계획에 일관되게 참여하도록 하는 MP(Master Planner)제도를 운영한다. 과거에는 사업시행자는 택지를 조성·공급, 주택건설사업자는 개발계획에서 정한 건폐율, 용적률, 세대수 범위 내에서 공동주택 등을 설계·시공하였다.

또한 건축계획을 감안하지 아니한 단지설계로 불필요한 절·성토 낭비를 초래한 후 단지 전체와 경관과의 부조화, 토지이용의 효율성 저하가 있었다.

MP제도를 운영하면 택지조성과 입체적 건축계획을 일관성 있게 추진할 수 있다는 것이다. 따라서 계획 및 설계프로세스의 체계적 관리 일관성 유지, 우수한 계획의 질을 확보할 수 있고, 사업계획 승인 기간을 단축하여 적기에 주택공급도 할 수 있을 것으로 전망하고 있다. 현실적인 도시기능체계와는 괴리감이 있음을 간과해서는 안 된다.

Ⅳ. 수도권 도시성장관리 측면에서의 신도시정책에 대한 평가

수도권 신도시 건설정책과 관련해서 앞으로 개선해야 할 점을 정책평가를 통해서 살펴보면 다음과 같다(건교부, 2003).

수도권 제1기 신도시의 평가를 종합하여 보면 긍정적인 평가로는,

첫째, 주택의 대량공급을 통해 주택가격의 안정을 도모하고 과잉유동자금의 흐름을 원활히 했다는 점이다. 정부정책 측면에서는 수도권지역의 주택난 해소 및 가격 안정을 기했다는 것과 재정, 기술적 측면에서 건립방식을 관 주도에서 탈피, 정부의 재정지원이나 투자 없이 순수한 민간자본과 기술로 건설되었다는 점이다.

〈표 4-31〉 수도권 제1기 신도시의 평가

	긍정적 평가		부정적 평가
주요정책	대량 주택공급 주택가격 안정	←→	경기과열에 의한 거시경제 불안정
부차적 정책	서울의 과밀해소	←→	수도권 인구집중

자료: 건설교통부 신도시기획단(2003).

둘째, 공간정책 차원에서 서울의 과밀한 인구를 도심 외곽으로 분산하였다는 점이다.

교통 측면에서는 여러 가지 부정적 요인도 있으나, 전철의 신설과 기존 도로망의 확충으로 운송수단 확충에 기여했다는 점이다.

셋째, 도시기능 개선을 위한 다양한 시설 개선[70]이 이루어졌다는 점이다. 시설설치 측면에서는 간선도로에 공동구를 설치하여 시설관리가 용이하고 보수를 위한 도로의 잦은 굴착을 예방했다는 점이다.

넷째, 도시개발적인 측면에서는 도로, 철도, 상하수도, 업무, 상가지역 등을 계획성 있게 설계, 기능별로 보완이 되도록 설계했다는 점이다. 녹지공간이 많고, 철도나 간선도로에는 차량소음에 대해 주거단지를 보호하기 위한 완충 녹지조성으로 쾌적한 환경을 조성했다.

이와 같은 긍정적 측면에 대한 사례를 살펴보면 다음과 같다.

분당 신도시에는 대규모유통, 판매, 레저시설과 환승주차장을 겸한 서현전철역을 순수한 민자유치사업으로 건립했다는 것이다.

---

70) 노약자, 지체장애자 보호를 위한 각종 시설에 별도 진입로, 주차장, 특수엘리베이터, 화장실을 설치했다. 집단에너지 공급방식을 도입 열 소비를 절감하고, 공해와 재해방지 및 주거환경을 개선하고 오수와 오수관의 분리로 환경오염을 예방하였다는 점이다. 생활편익시설 측면에서는 종합병원, 백화점, 농수산물도매센터, 운동장, 공원, 도서관 등 사회복지시설이 계획성 있게 설계되어 주민 자족기능에 어느 정도 기여했다.

일산 신도시는 지역의 특수성으로 향후 남북교류 및 외교를 위한 남북교류 및 평화통일을 위한 전초도시로 건설되었다는 점이다.

평촌 신도시는 다양한 교통망을 형성하고 있는데, 도로 8개 노선, 버스 27개 노선, 전철 1개 구간, 도로율이 23%로 신도시 중 도로율 중 최고를 보여주고 있다는 점이다.

산본 신도시는 국민주택규모 이하의 소형아파트 대량공급으로 주택보급률 향상에 기여했다는 것이다.

중동 신도시는 주공, 토개공, 부천시 합동으로 개발하여 지자체의 자주재원 확보방안의 일환으로 발전한다는 것이 그것이다. 다음은 부정적 평가로 나타난 사항들이다.

부정적 평가로는 첫째, 수도권의 거주공간을 확대함으로써 수도권으로의 인구집중 유발 및 수도권의 인구가 지속적으로 증가하고 있다는 점이다.

둘째, 일시에 대규모 신도시를 건설함으로써 인력, 건자재 수급불균형으로 인건비 및 물가상승과 경기과열이 문제점으로 제기되었다는 점이다. 단기간에 주택 200만 호를 건설한다는 목적하에서 추진되었기에 자재와 인력난으로 부실시공의 부정적 시각이 폭넓게 제기된 것이다.

셋째, 신도시가 주택기능 위주로 건설되어 자족성이 떨어진다는 점이다. 교육, 문화, 업무 등의 자족적인 도시기능을 갖추고는 있다 할 수 있으나 서울과의 근접성과 직장이 서울에 위치하고 있어 베드타운화 경향이 크다는 점이다.

넷째, 신도시의 기반시설과 편익시설을 무임승차하는 주변지역의 마구잡이 개발 등이 발생했다는 점이다.

더욱이 공동주택에 비하여 단독주택의 비율이 낮아 획일적인 아파트 숲을 형성하고 있다는 점과 도시기반시설을 설치한 후에 주택을 건립하여야 함에도 불구하고 동시에 건설되어 주민불편을 초래했다는 점이다.

도시기반시설이 확충되지 못하여 도시문제가 대두되는 지역도 있다는 점이다.

수도권 제1기 신도시는 대규모 주택공급으로 주택 및 부동산 가격의 안정화에 기여한 반면, 단기간에 대규모 사업을 시행함으로써 많은 부작용과 문제점이 나타날 수밖에 없었다.

수도권 신도시는 여러 가지 해결할 난제가 있고, 인구의 수도권 외 분산이 아닌 수도권 내 분산을 도모했기에 수도권 재집중화를 가져오고 있는 것이다. 수도권 가용토지의 활용 측면에서 문제가 제기되므로 보다 체계적인 측면에서 접근하여야 한다.

더 이상의 신도시 건설은 도시정부의 재정여력을 새로운 시설에만 투자하게 되어, 기존지역의 열악함도 초래될 소지가 있으므로 신중을 기해야 할 것이다.

따라서 기존도시를 보다 내실 있게 관리·지원하여, 시민의 삶의 질(QOL)을 높인다는 데에 역점을 두는 한편 도시성장관리정책 수단으로 기존의 신도시정책을 추진하여야 할 것이다.

새로운 문제가 더 이상 신도시에서 발생하지 않도록 중앙정부와 지방정부 간의 지속적인 상호협조로 신도시정책의 효과를 극대화하여야 한다. 제2기 수도권 신도시를 건설하는 데 신중을 기해야 하는 요인 중에 하나인 것이다.

제5절 도시성장관리와 비축토지 확보 정책

Ⅰ. 도시성장 관리를 위한 비축토지 확보의 필요성

가용국토 면적이 적은 국가에서는 정부가 공적 토지 즉 국·공유지를 비축하는 것이 필요하다.

대만은 국·공유지가 전 국토 면적의 69%, 싱가포르는 81%, 이스라엘은 86%, 스웨덴을 비롯한 북유럽 각국에서는 19세기 말부터 토지비축제도를 통해 국공유지를 크게 늘리고 있으며, 스톡홀름의 경우 공유지가 전체 도시면적의 74%에 달하고 있다(허재영, 1995: 45).

오늘날 주택 및 토지문제의 해결에 있어서 비교적 성공적인 국가로 여겨지는 이유도 이와 같은 비축토지를 통한 효율적인 토지관리에 기인한다고 볼 수 있다.

우리나라의 비축토지 확보실태는 다른 나라와는 달리 20%의 낮은 수준으로 급속한 경제성장에 따라 증가하는 토지수요에 대해 장기적인 관점에서 체계적으로 대처하지 못하고 있음을 알 수 있다.

토지의 비축확대는 물론 비효율적인 토지관리로 국·공유지가 지속적으로 감소하는 추세이다(허재완, 1995: 59). 토지비축제도는 일명 토지은행(land banking)이라고도 하며, 미래의 용도를 위해 정부가 미리 저렴한 가격으로 미개발 토지를 대량 매입하여 국·공유지의 형태로 비축하였다가 토지수요의 증가에 대응하여 이 비축된 토지를 수요자에게 팔거나 대여하는 제도를 말한다(이정전, 1990: 20). 우리의 국토환경 여건상 다음과 같은 측면에서 비축토지의 확보가 필요하다고 하겠다.

첫째, 효율적인 공공용지 공급

둘째, 토지공개념의 실천수단 확보

셋째, 권리사용 제한으로 인한 토지소유자의 불이익 구제[71]

넷째, 저소득층을 위한 주거용 토지의 확보

다섯째, 통일에 대비한 토지관리수단

여섯째, 체계적인 도시개발의 유도 및 토지시장의 수급조절 등이 그것이다.

따라서 비축토지 확보뿐만 아니라 유지·보전 측면에 많은 노력이 필요하다. 다만 이용·관리 측면에서 볼 때, 국·공유지의 생산성 및 부가가치 창출이 미흡하다는 점과 운영·매각 수입 등이 국공유지의 가치증대를 위한 재원이나 적정관리를 어렵게 한다는 점이 있다.

따라서 각종 제도적 측면의 개선과 재원조달방법의 연구 등을 통해 효율적인 비축토지의 관리 및 확보에 대한 사회적인 인식과 함께 정책적 개선도 필요하다.

---

71) 장기도시계획 미집행토지의 사유재산권 침해 문제가 그것이다.

Ⅱ. 비축토지 확보의 실태

비축토지 확보와 관련해서는 국·공유지 실태와 간척·매립 그리고 최근의 정부 및 각 지방자치단체의 토지취득과 연계해서 살펴보고자 한다.

1. 국·공유지 보유실태 분석(1995년, 2004년 비교)

1994년 기준으로 국가가 관리하고 있는 국유지의 현황은 14,752㎢로 국토 면적의 14.8%를 차지하고 있으며, 이것은 전년 대비해서 볼 때, 0.4%가 증가된 것이다. 전체국유지의 76%인 11,266㎢는 행정재산이고 나머지 3,486㎢는 보존재산과 잡종재산으로 되어 있으며, 국유지의 대부분은 임야임을 알 수 있다(건설교통부, 1995: 66).

〈표 4-32〉 국유지 현황(1994년)

(단위: ㎢)

구분 년도	합 계		행정재산		보존재산		잡종재산	
	총 계	임야	소 계	임야	소 계	임야	소 계	임 야
1982	13,797	12,989	10,316	9,857	867	849	2,614	2,283
1985	14,040	13,163	10,567	10,045	857	840	2,616	2,278
1990	14,359	13,443	10,736	10,144	703	688	2,920	2,611
1994	14,752	13,666	11,266	10,631	639	527	2,847	2,508

주: 도로·하천 등 공공용재산은 제외됨.
　※ 외국의 국유지 비율: 일본(23.7%, 93년), 미국(28.6%, 90년), 대만(69.4%, 87년)
자료: 재정경제원(1995), 필자 재작성.

국가가 관리하고 있는 국유지 현황은 2003년 말 현재 15,710㎢로 국토 면적의 15.7%를 차지하고 있으며, 이는 전년도와 동일한 것이다. 전체 국유지의 83%인

13,078㎢는 행정재산이고, 나머지 2,632㎢는 보존재산과 잡종재산으로 국유지의 대부분은 임야이다. 10년 전에 비해 다소 증가했음을 알 수 있다.

〈표 4-33〉 국유지 현황

(단위: ㎢, %)

구 분	1996	1997	1998	1999	2000	2001	2002	2003
합 계	15,105 (100)	15,242 (100)	15,285 (100)	15,397 (100)	15,499 (100)	15,559 (100)	15,616 (100)	15,710 (100)
행정재산	11,598(77)	11,803(77)	12,162(75)	12,328(80)	12,467(80)	12,627(81)	12,854(82)	13,078(83)
보존재산	637(4)	641(4)	728(5)	751(5)	781(5)	785(5)	796(5)	823(5)
잡종재산	2,870(19)	2,798(19)	2,395(20)	2,318(15)	2,284(15)	2,147(14)	1,966(13)	1,809(12)

주) 도로·하천 등 공공용재산은 제외됨.
자료: 재정경제부(2004).

1994년 말 기준으로 지방자치단체가 관리하고 있는 공유지 현황은 〈표 4-34〉에서 볼 수 있는 바와 같이, 1994년 말 기준으로 6,004㎢로 국토 면적의 6.0%를 차지하고 있음을 알 수 있다. 재산구분별 내역을 살펴보면 행정재산이 2,376㎢, 보존재산이 308㎢, 잡종재산이 3,320㎢를 차지하고 있음을 알 수 있다.

〈표 4-34〉 공유지 현황(1994년 기준)

(단위: ㎢)

구분 / 시도별	1993년 합 계	행정재산	보존재산	잡종재산	1994년 합 계	행정재산	보존재산	잡종재산
합 계	5,677	2,027	230	3,420	6,004	2,376	308	3,320
서 울	115	109	5	1	117	111	5	1
부 산	49	36	5	8	50	36	5	9
대 구	45	41	3	1	45	41	−	4
인 천	21	18	−	3	29	24	−	5
광 주	33.5	33	−	0.5	34	33	−	1
대 전	17.5	17	−	0.5	19	18	−	1

구분 시도별	1993년				1994년			
	합 계	행정 재산	보존재산	잡종재산	합 계	행정재산	보존 재산	잡종재산
경 기	466	368	8	90	487	385	8	94
강 원	1,133	431	22	680	1,082	598	51	433
충 북	861	257	−	604	891	264	31	596
충 남	310	168	11	131	310	166	12	132
전 북	361	148	1	212	365	155	1	209
전 남	458	102	49	307	608	230	68	310
경 북	1,130	87	120	923	1,255	98	121	1,036
경 남	549	206	1	342	584	210	1	373
제 주	128	6	5	117	128	7	5	116

자료: 내무부(1995,9).

　2004년 말 현재 지방자치단체가 관리하고 있는 공유지는 〈표 4-35〉에서 보는 바와 같이 6,845㎢로 국토 면적의 6.9%를 차지하고 있으며, 이는 전년도에 비하여 6.5%가 감소된 것이다. 10년 전보다는 다소 증가했음을 알 수 있다.

　재산구분별 내역을 보면 행정재산이 3,556㎢, 보존재산이 410㎢, 잡종재산이 2,879㎢이다.

〈표 4-35〉 공유지 현황(2004년 기준)

(단위: ㎢)

시도별	2003				2004			
	계	행정	보존	잡종	계	행정	보존	잡종
합 계	7,326	3,995	377	2,954	6,845	3,556	410	2,879
서 울	143	140	1	3	142	138	1	3
부 산	169	134	5	30	160	123	6	31
대 구	87	83	2	2	89	85	2	2
인 천	61	43	5	12	62	47	3	12
광 주	105	104	−	1	59	57	−	2

시도별	2003				2004			
	계	행정	보존	잡종	계	행정	보존	잡종
대 전	29	29	−	−	31	31	−	−
울 산	47	31	11	5	49	32	12	5
경 기	608	548	25	34	630	569	27	34
강 원	1,153	752	48	352	1,152	755	57	340
충 북	906	353	34	519	904	353	35	515
충 남	430	308	8	114	363	254	4	104
전 북	466	245	18	202	472	258	18	196
전 남	550	248	85	217	560	263	74	223
경 북	1,700	505	123	1,072	1,384	191	160	1,033
경 남	768	452	7	309	682	369	8	306
제 주	105	22	3	81	106	30	3	73

자료: 행정자치부(2005).

2. 국가 및 지방자치단체의 토지취득

공공사업의 시행을 위하여 각 기관에서 취득한 토지는 1994년 중에 133.8㎢였다. 그 내역은 중앙행정기관이 63.8%에 해당되는 85.4㎢, 지방자치단체가 36.2%에 해당되는 48.4㎢로 되어 있다.

지난 18년간 총 취득 면적은 2,420.0㎢로 연평균 토지취득은 134.4㎢이며, 국가기간산업시설·국민편익시설 등의 공익사업 시행에 따른 토지취득 및 보상금이 매년 증가추세를 보이고 있는 실정이다.

이를 사업종류별로 분류하여 보면 1994년에 취득한 133.8㎢ 중 주택단지가 13.0%인 48.2㎢, 공업단지가 7.2%인 9.7㎢, 댐 건설이 5.5%인 7.4㎢이고, 그 나머지 38.3%가 기타 용도로 51.1㎢이다(건설교통부, 1995: 67~69).

따라서 정부에서는 공공사업의 추진을 위해 사업비의 적지 않은 부문이 토지확보에 따른 비용에 소요되므로, 장기적인 안목에서 토지확보에 대한 노력을 보다 효율적인 방법으로 해야 할 것이다.

보상 문제의 미해결로 정책집행의 지연 및 과다보상비의 소요 등은 적극적인 검토가 있어야만 계획 측면에 있어서 미집행시설의 발생을 막을 수 있을 것이다.

최근 10년간('95~2004년) 사회간접자본시설·국민편의시설 등 공공사업의 시행을 위하여 국가·지방자치단체 및 정부투자기관 등이 취득한 토지는 총 1,564,567천㎡(75조 8,189억 원)이다.

경부고속철도건설사업과 인천국제공항건설사업 부지를 매수할 당시까지는 토지의 취득면적 및 보상액도 매년 증가하였다. 그러나 1997년을 기점으로 다소 감소하는 추세에 있다가 2002년도부터는 다시 증가하였다.

사업별로 비중이 가장 큰 도로사업의 토지면적은 43.8%이며, 최근 10년 중 전반기까지는 전체사업 대비 평균 40%를 차지하다가 후반기에는 평균 48%로 그 비중이 증가하였으나 2004년에는 33.0%로 비중이 낮아졌다.

최근 8년간의 토지와 물건의 전체 보상액 대비 토지의 보상액은 82.7%로 나타나 보상에서 토지가 차지하는 부분이 가장 큰 것으로 나타났다.

2004년도에 공공사업의 시행을 위하여 취득한 토지는 155,931천㎡(14조 583억 원)이며 중앙행정기관이 84,408천㎡(10조 1,632억 원)이고, 지방자치단체가 71,523천㎡(3조 8,951억 원)를 취득하였다. 2003년도에 비하여 토지면적은 0.6% 감소하였으나, 보상액은 68.4%로 대폭 증가[72]하였다.

---

72) 사업별로는 도로 51,493천㎡(2조9,015억 원), 주택·택지 36,562천㎡(8조2,968억 원), 공업·산업단지 3,126천㎡(1,321억 원), 댐건설 2,699천㎡(219억 원) 순이다.2003년도에 비하여 공업·산업단지는 6,705천㎡(68.2%), 도로 사업은 9,964천㎡(16.2%) 감소하였으나, 주택·택지사업은 17,491천㎡(91.7%) 증가하였다.

〈표 4-36〉 기관별 공공용지 취득 및 손실보상 현황

(단위: 천㎡, 백만 원)

구 분		계	중앙행정기관	지방자치단체
합 계	면 적	1,564,567	999,497	565,070
	금 액	75,818,886	43,514,095	32,304,791
1995	면 적	142,425	89,131	53,294
	금 액	7,525,580	3,637,230	3,888,350
1996	면 적	174,064	120,511	53,553
	금 액	7,594,810	3,607,977	3,986,833
1997	면 적	206,279	129,981	76,298
	금 액	8,571,537	4,151,057	4,420,480
1998	면 적	176,625	115,723	60,902
	금 액	6,076,642	2,919,387	3,157,255
1999	면 적	167,381	119,657	47,724
	금 액	5,036,742	2,944,429	2,092,313
2000	면 적	132,493	82,679	49,814
	금 액	6,227,795	3,518,948	2,708,847
2001	면 적	120,369	75,851	44,518
	금 액	5,722,393	3,406,757	2,315,636
2002	면 적	132,101	88,315	43,786
	금 액	6,658,945	4,136,852	2,522,093
2003	면 적	156,899	93,241	63,658
	금 액	8,346,117	5,028,212	3,317,905
2004	면 적	155,931	84,408	71,523
	금 액	14,058,325	10,163,246	3,895,079

주) 중앙행정기관에는 정부투자기관도 포함
자료: 건설교통부 토지국(2004).

　보상액을 보상대상 물건별로 분류하여 보면 토지보상 14조 583억 원(86.9%), 지장물보상 1조 4,976원(9.3%), 농업보상 1,766억 원(1.1%), 영업보상 1,842억 원(1.1%), 어업보상 255억 원(0.2%) 등이다.

Ⅲ. 기존 국토이용관리체계(국토이용관리법 체계)의 한계와 난개발

지난 30여 년간 경제성장정책에 따라 산업의 발전과 함께 도시의 인구집중과 급팽창으로 택지·공장용지 등 가용토지의 수요가 급증하여 왔으나 가용토지의 공급이 충분하지 못하여 만성적인 토지수급 불균형이 계속되어 온 것이 사실이다.

토지수급 불균형은 고지가 문제를 초래하는 한편, 투기적 가수요의 원인이 되어 수급불균형 문제는 악순환을 거듭하게 되었다. 다만 이와 같은 정책 추진과정에서 개발용지 확보의 어려움이 제기되어, 국토이용관리법상의 변화를 가져오게 되었다고 정부는 법 개정 취지를 밝히고 있다.

개정 전의 법률에는 전국을 10개의 용도지역으로 세분·지정하고, 56개 토지관련 법률에 의거하여 150여 개의 용도지구가 중첩되어 지정·관리되었다.

개발용도로의 전환이 어렵고 그 변경절차가 복잡하고, 처리기간이 복잡해서 국토를 보다 효율적으로 이용하겠다는 취지로 용도지역이 변하게 된 것이다.

이와 같은 국토이용관리법상의 개정내용을 살펴보면 기존의 10개 용도지역을 보전과 개발이라는 측면에서 개발용도와 보전용도로 나눈 것이다.

개발용도는 개발의 허용 정도의 완급에 따라 도시·준도시·준농림지역으로 구분, 지정하고 보전용도는 보전목적에 따라 농림지역, 자연환경보전지역으로 구분, 5개 용도지역으로 단순화시켰다는 점이다.

특히 준농림지역에서는 개발행위제한을 제한행위열거방식(Negative 방식)으로 변화시켜 특정유해물질 배출시설, 일정규모 이상의 폐수 및 대기오염물질 배출시설, 연건평 3만㎡ 이상의 대형시설물 이외에는 각종 개발을 폭넓게 허용하고 있다.

정보화 시대에 적극 부응하여 국가지리정보체계(NGIS) 조기구축 등 토지관련 정보체계 구축사업이 보다 가속화될 것이며, 이를 통해 토지의 수요공급이 보다 원활히 이루어지고, 토지이용의 효율성도 크게 향상시킬 수 있을 것으로 보인다. 국토이용관리의 목표에 '지속가능성'이 강조되면서 균형 잡힌 국토이용계획에 의한 '선계획-후개발' 원칙이 정착하도록 해야 한다. 다른 한편으로는 현재 개발이 산발적이고 기반시설이 제대로 갖추어지지 않은 상황에서 발생하다 보니 소위 난개발을 막아야 한다는 점이 대두된 것이다. 이를 추진하기 위해 새로운 규제를 가할 경우 그것은 토지공급을 저해할 수 있으므로 준농림지역의 원래 지정목적과는 상치될 수 있기 때문이다(김성배, 1995: 5~7).

앞서 살펴본 바와 같이 준농림지역은 1994년 현재 27,021㎢로 국토 면적의 27%, 지역적으로도 9개 도에 산재하고 있었다. 경기도에는 4,247㎢, 경상북도가 4,352㎢, 제주도 1,052㎢ 등 수도권에 상당량의 준농림지역이 분포됨을 알 수 있다. 준농림지역의 개발은 자연 친화적, 환경 친화적이 되어야 하는데, 개발논리 속에 이와 같은

<표 4-37> 국토이용관리법상의 용도지역의 개편(1995년 기준)

기존 용도지역	개정 용도지역[73]	행위제한 및 개발방향
① 도시지역 ② 공업지역	도시지역 (①+②: 13.7%)	• 도시계획법에 따라 계획적으로 개발 • 도시지역 내 개발가능지 최대한 활용
③ 취락지역 ④ 개발촉진지역 ⑤ 관광휴양지역	준도시지역 (③+④+⑤: 1.9%)	• 택지개발, 휴양시설, 농공단지 등의 계획적인 이용, 개발
⑥ 경지지역 ⓐ 농업진흥지역이 아닌 지역 ⓑ 농업진흥지역	준농림지역 (⑥ⓐ+⑦ⓒ: 26.1%)	• 토지효율성 제고를 위하여 환경오염의 우려가 있거나 일정규모의 시설물을 제외하고는 허용행위를 폭 넓게 인정 • 구체적인 행위제한이 필요할 경우 농지관련법 등 개별법에서 이를 규정
⑦ 산림보전지역 ⓒ 준보전임지 ⓓ 보전임지	농림지역 (⑥ⓑ+⑦ⓓ: 51.3%)	• 농업진흥지역은 농어촌발전조치법, 보전임지는 산림법이 정하는 바에 따라 행위를 규제
⑧ 자연환경보전지역 ⑨ 수산자원보전지역	자연환경보전지역 (⑧+⑨: 7.0%)	• 자연환경보전을 위해 개발행위는 원칙적으로 규제 각 구역 관계법규를 적용하여 행위를 규제
⑩ 유보지역	폐 지	

인식이 부족한 것이 문제인 것이다. 다만 개발신청 대부분이 소규모여서 앞서 밝힌 바와 같이 난개발의 전형을 보여주여 법 개정의 근본취지가 퇴색할 우려마저 있는 것이다. 따라서 제도적 보완을 통해 이 문제를 개선해야 한다.

국토이용관리법상 5대 지역 및 도시계획법상[74] 지역지구제(zoning)에 있어서 건축 가능시설을 종합화하여 비교해 보면 〈표 4-38〉과 같으므로, 도시성장관리 측면에서 지역지구제를 접근하는 데 종합적으로 비교·검토가 가능하다.

---

73) 이 용도지역은 2002년 국토기본법의 시행과 함께 변화되었다.
74) 도시계획법은 폐지되고 2005년 현재 국토기본법의 하위법으로 국토의 이용 및 관리에 관한 법률이 시행되고 있다.

<표 4-38> 관련 법규별 건축가능시설종합비교표

구 분 / 건축시설	주거지역			상업지역				업지역			녹지지역			준도시지역				농림지역	준농림지역	자연환경보전
	전용	일반	준	중심	일반	근린	유통	전용	일반	준	보전	생산	자연	취락	운동휴양	집단묘지	시설용지	농림지역	준농림지역	자연환경보전
건폐율(%)	50/100	60/100	60/100	80/100	70/100	70/100	80/100	60/100	60/100	60/100	20/100	20/100	20/100	60/100	60/100	60/100	60/100	60/100	60/100	60/100
용적률(%)	80	400	500	1200	1000	800	100	300	300	300	60	150	100	400	400	400	400	400	400	400
1. 단독주택	○	○	○	●	●	○			●	●	●	●	●	○			○	○	○	
2. 공동주택		○	○	●	●	●				●		●	●	○			○		○	
3. 기숙사		○	○	●	○	○		●	●	○			●	○			○		○	
4. 근린생활시설	○	◉	○	○	○	○	●	○	○	○	●	●	●	○			○		○	
5. 근린공공시설	○	○	○	○	○	○	○	○	○	○	○	○	○	○			○		○	
6. 의료시설	●	○	○	○	○	○			●	●	●	●	●	○			○		○	
7. 노유자시설	●	○	○	●	●	●	●	●	●	●	●	○	○	○			○		○	
8. 의료시설		●	●	●	○	○						○	○	○			○		○	
9. 교육연구시설	●	◉	●	●	●	●		●	●	●	●	●	●	○			○		○	
10. 운동시설		●	●	●	●	●				●		○	○	○			○		○	
11. 업무시설		●	●	○	○	●	●			●				○			○		○	
12. 숙박시설				○	○	●							●	●	○				○	
13. 판매시설		◉	●	○	○	◉	○			●		●	●	○	○				○	
14. 위락기설				○	○	●	●							○	○				○	
15. 관람집회시설		●	●	○	○	●	●			●			●	●	○				○	
16. 전시시설		●	●	○	○			○	●	●	●	●	●	○	○			○	○	
17. 공장		●	●	●	●	●		○	○	◉		●	●	◈			○		◈	

건축시설	주거지역 전용	주거지역 일반	주거지역 준	상업지역 중심	상업지역 일반	상업지역 근린	상업지역 유통	업지역 전용	업지역 일반	업지역 준	녹지지역 보전	녹지지역 생산	녹지지역 자연	준도시지역 취락	준도시지역 운동휴양	준도시지역 집단묘지	준도시지역 시설용지	농림지역	준농림지역	자연환경보전
18. 창고시설			●	●	○	●	○	○	○	○	○	●	●	○			○		○	
19. 위험물저장 및 처리시설		●	●	●	●	●	●	○	○	○		○	●				○			
20. 운수시설				●	●	●	○	●	●	●				◈			○		◈	
21. 자동차관련시설 (중기관련시설포함)		●	●	●	●	●	●	○	○	○		●	●	◈			○		◈	
22. 동물관련시설								●	○	○		○	○	◈	○		○		◈	
23. 분뇨 및 쓰레기 처리시설								○	○	○		●	○	○	○		○		○	
24. 식물 관련 시설			●								○	○	○	○	○		○		○	
25. 발전소		●	●		●	●	●	○	○	○			●	◈			○		◈	
26. 교정시설		●	●	●	●				●	●	○	○	○	○			○		○	
27. 군사시설		●	●	●	●	●		●	●	●	○	○	○	○			○		○	
28. 방송·통신시설		●	●	○	○	●	●	●	●	●		○	○	○			○		○	
29. 묘지 관련 시설										●	●	●	○	○			○		○	
30. 장례식장										●	●	●	○	○			○		○	
31. 관광 휴게 시설					●								○	○	○				○	
32. 청소년수련시설		●	●	●	●	●			●	●	●	○	○	○	○		○		○	
33. 농업용 시설														○			○	○	○	○
34. 어업용 시설														○			○		○	○

주: (1)도시지역: ① 건폐율, 용적률: 건축조례
    ② ○: 건축법 규정　● 건축조례 규정,
    ◈규모에 따라 허용　◉건축법 및 건축조례 동시규정(단, 면적차이)
(2) 도시 외: ① 건폐물, 용적률: 건축법
    ② ○ 관련법 규정　◈ 규모에 따라 허용
자료: 국토이용관리법, 도시계획법, 건축법 중 해당부문 발췌 작성.

Ⅳ. 국토난개발에 따른 선계획 – 후개발 체계 확립과 국토기본법 제정

1. 국토계획의 변화

2000년 수도권에서 크게 문제 된 난개발문제는 국토이용관리체계의 변화를 가져왔다. 기존의 국토계획체계는 국토건설종합계획법, 국토이용관리법, 도시계획법을 기본으로 하여 약 90여 개의 개별 법령에 의해 토지이용규제 및 개발행위 허가가 이루어졌다. 따라서 일관성 있고 효율적인 국토계획 및 국토관리에 문제가 있어서 국토의 난개발을 초래하였다.

국토이용의 효율화를 위해서는 무엇보다 보전과 개발이 분리되는 국토이용관리체계를 마련해야 한다. 개발가능지역에 대해서는 '선계획 – 후개발'의 원칙을 확립하고, 산지·하천·연안 등 보전대상지역에 대해서는 자연 친화적 이용을 강화해야 한다.

국토의 효율적 이용을 위해서는 질서 있는 국토이용체계의 구축이 필요하다. 이를 위해 국토이용관리의 계획 후 개발체계를 확립하고 토지이용제도를 체계화하는 한편 도시지역에 대해서는 도농통합 등 도시권의 광역화에 부응하기 위하여 종전 '도시계획법'과 '국토이용관리법'을 통합하여 '국토의 계획 및 이용에 관한 법률'을 제정하였다(2002. 2).

토지의 이용과 개발에 있어서는 토지의 적성평가 등에 입각한 합리적인 개발체계를 강화함으로써 무질서한 도시개발을 억제해야 할 것이다.

도시화의 지속에 따른 개발용지 소요는 도시 주변의 산지 및 구릉지 활용과 기존 도시지역의 토지이용도 제고를 통해 확보하도록 하고 우량한 농지와 같은 생산용지는 보전해야 할 것이다.

아울러 토지관련 세제 및 제도의 개편을 통해 토지이용의 공공성을 강화하고, 토지시장의 건전화를 유도하여 과도한 개발이익의 사유화에 따라 사회적 비용이 증가하지 않도록 하는 방안을 강구해야 할 것이다.

마지막으로 토지, 지적, 등기, 지리정보 등 다원화되어 있는 국토정보를 통합하여 효율적으로 관리 및 활용할 수 있는 방안을 마련해야 할 것이다.

이를 위해 토지·지적·등기 관련제도의 일원화 또는 연계 강화가 검토되어야 할 것이다. 더 나아가 국가지리정보체계를 구축하여 국토관리에 필요한 표준설정, 정보 구축 및 관리, 유통 및 활용 등을 통해 관련기술, 인력, 산업의 육성을 촉진해야 할 것이다.

이와 관련하여 국토 및 토지이용계획체계를 개편하여 국토의 난개발을 방지하고 국토의 지속 가능한 발전을 도모하고자 기존의 국토건설종합계획의 절차법 성격이 강한 국토건설종합계획법에 변화를 준 것이다. 이를 위해 국토관리의 기본이념과 국토의 균형 있는 발전, 경쟁력 있는 국토여건의 조성, 환경 친화적 국토관리에 관한 사항을 명기한 국토기본법으로 개편하여 국토의 나아갈 바를 설정하였다.

또한, 국토기본법에서는 국토계획체계를 명확히 하기 위하여 국토종합계획은 도종합계획 및 시군종합계획의 기본이 되며, 부문별계획과 지역계획은 국토종합계획과 조화를 이루어야 하고, 도종합계획은 당해 도의 관할 구역 내에서 수립되는 시군종합계획의 기본이 된다고 명시함으로써 국토계획체계를 명확히 하였다.

〈표 4-39〉 국토계획체계

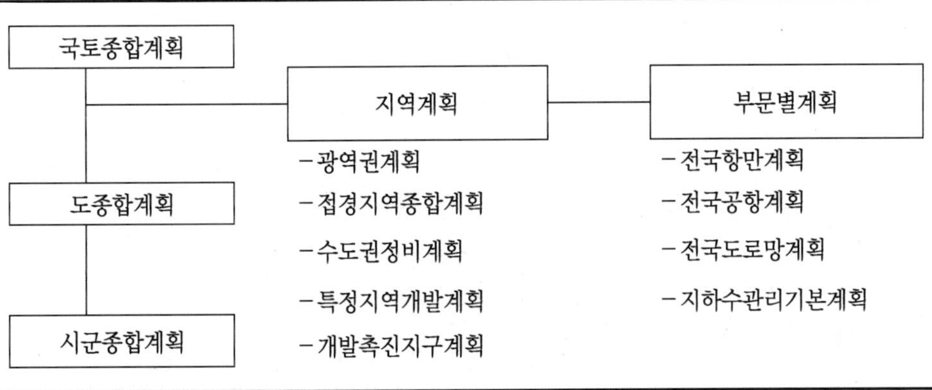

자료: 건설교통부 국토정책국(2004).

시·군 종합계획을 국토의 계획 및 이용에 관한 법률에 따라 수립되는 도시계획인 도시기본계획과 도시관리계획으로 가름함으로써 국토계획체계를 국토종합계획부터 도시관리계획까지 일원화하였다.

2. 국토기본법의 기본이념

국토기본법의 추진배경 및 주요특징을 살펴보면 다음과 같다(2002년 2월 4일 제정·공포).

추진배경을 살펴보면, 과거 세 차례에 걸친 국토계획의 수립과 실천과정에서 국토계획은 국토정책의 기본적인 방향성을 제시하는 데는 상당한 성과를 거두었으나, 국토정책의 각 분야별로 관련 기관이나 국민 간의 유기적인 협조하에 이를 세밀하게 실천해 나갈 수 있는 제도적 장치가 미흡했다.

〈표 4-40〉 국토기본법 제정이유 및 주요내용(법률 제6654호, 2002. 2. 4)

구 분	주요내용
◇ 제정이유	○ 국토에 관한 계획 및 정책을 수립·시행함에 있어서 지향하여야 할 이념과 기본방향을 명시하고, 국토계획의 수립과 이의 체계적인 실천을 위한 제도적 장치를 마련 → 국토의 지속 가능한 발전을 도모하고자 2003년 1월 1일부터는 국토건설종합계획법을 폐지하고 이를 보완·발전시킨 국토기본법을 시행
◇ 주요골자	• 국토관리의 기본이념인 국토의 지속 가능한 발전에 있음을 명시하고, 이를 실천하기 위하여 국토계획 및 정책을 수립·집행하는 때에는 국토의 균형발전, 경쟁력 있는 국토여건의 조성, 환경 친화적 국토관리를 지향하도록 함(법 제2조 내지 제5조) • 국토계획을 국토종합계획·도종합계획·시군종합계획·지역계획 및 부문별계획으로 구분하고, 상호간의 관계를 명확히 하는 등 계획 간의 조화와 일관성을 도모함(법 제6조 내지 제8조) • 국토전역을 대상으로 국토의 장기적인 발전방향을 제시하기 위하여 건설교통부장관은 국토공간구조의 정비, 지역별 기능분담, 국토기간시설의 확충, 지하공간의 합리적 이용 및 관리, 국토환경의 보전 및 개선 등에 관한 장기적인 정책방향이 포함된 국토종합계획을 수립하고, 국토정책위원회 및 국무회의의 심의를

<table>
<tr><td>◇ 주요골자</td><td>

거친 후 대통령의 승인을 얻어 이를 확정하도록 함(법 제9조 내지 제12조)
- 도의 장기적인 발전목표, 전략을 제시하기 위하여 도지사는 지역공간구조의 정비, 지역 내 기능분담, 토지의 용도별 이용 및 계획적 관리에 관한 사항 등을 포함한 도종합계획을 수립하도록 함(법 제13조 내지 제15조)
- 중앙행정기관의 장 또는 지방자치단체의 장은 지역특성에 맞는 정비나 개발을 위하여 수도권발전계획·광역권 개발계획·특정지역개발계획·개발촉진지구개발계획 등 지역계획을 수립할 수 있도록 함(법 제16조)
- 중앙행정기관의 장은 국토전역을 대상으로 하여 소관업무에 관한 부문별계획을 수립할 수 있도록 하고, 부문별 계획을 수립한 때에는 지체 없이 건설교통부장관에게 통보하도록 함(법 제47조)
- 국토종합계획의 실천성과와 사회경제적 여건변화를 고려하여 5년마다 이를 재검토·정비하도록 하고, 도종합계획·시군종합계획·지역계획 및 부문별계획이 서로 상충되거나 국토종합계획에 부합되지 아니하는 경우에는 국토정책위원회의 심의를 거쳐 이를 조정할 수 있도록 하는 등 국토계획의 효율적인 추진을 도모함(법 제18조 내지 제22조)

</td></tr>
</table>

따라서 국토계획이 가진 지침적인 성격을 살리면서도 실제 구체적인 정책 추진과정에서 체계적으로 국토계획에 제시된 목표를 실현해 나가는 제도적 장치를 마련할 필요성이 대두되게 되었다. 이와 함께 최근 국토환경의 훼손과 난개발이 사회문제화하면서 국토관리체계 자체를 재정비하여 '선계획-후개발' 원칙을 정립함으로써 개발과 보전이 조화되는 지속 가능한 국토발전을 도모해야 한다는 사회적 공감대가 형성되었기 때문이다.

과거 국토계획의 근거법률인 국토건설종합계획법은 지난 1963년에 제정된 법률로서 개발시대의 국토철학을 바탕으로 하고 있어 환경과의 조화 등 새로이 요구되는 국토정책과제에 적절히 대응하는 데 한계를 지니고 있다고 할 수 있다.

국토기본법의 주요내용은 향후 국토관련 정책과 계획의 지침으로서 21세기에 지향해야 할 국토의 발전이념과 원칙에 관한 사항과, 국토의 체계적인 관리를 위한 국토계획체계의 재정비에 관한 사항, 국토종합계획을 효율적으로 추진할 수 있는 제도적 장치를 보완하여 계획의 실천력을 높이는 사항으로 구분될 수 있다. 세부적으로 살펴보면 다음과 같다.

첫째, 국토발전의 기본이념은 개발과 환경의 조화를 바탕으로 국토를 균형 있게 발전시키면서 국토의 경쟁력을 높이고 국민의 삶의 질을 개선함으로써 국토의 지속가능한 발전을 도모함에 있음을 명시하였다.

이를 위하여 각 지역이 특성에 맞게 발전할 수 있도록 하고 수도권과 비수도권, 도시와 농산어촌, 대도시와 중소도시 간의 균형 있는 발전을 도모하는 한편 낙후지역에 대한 발전기반 구축, 지역 간의 협력과 연계도모를 주요한 정책과제로 제시하였다. 아울러 도로, 철도, 항만, 공항 등 국토기간시설을 지속적으로 확충함으로써 국토의 경쟁력을 강화시키고 대외적으로 한반도가 대륙과 해양을 잇는 지리적 잠재력을 극대화할 수 있도록 하는 한편, 생활기반시설을 확충하고 재해에 강한 국토공간구조를 구축함으로써 국민생활여건의 질적인 개선을 도모하도록 하였다.

또한 향후 국토정책의 기본전제로서 개발과 환경이 조화되는 환경 친화적 국토관리를 제시하고 특히, 최근 남북관계의 진전에 대응하여 각종 계획과 사업에 있어 남북교류를 증진시키고 한반도 전체의 관점에서 유기적인 발전에 기여할 수 있도록 하여야 함을 명확히 하였다.

둘째, 국토기본법은 국토이용체계 개편안의 내용을 반영하고 있다.

즉 국토공간계획과 토지이용계획을 통합함으로써 '선계획-후개발' 원칙에 입각한 체계적인 국토관리를 도모하고, 국토에 관한 각종 계획 간의 위계와 상호관계를 명확히 함으로써 계획 간의 조화와 일관성을 확보하는 데 중점을 두었다.

이에 따라 국토에 관한 계획은 수직적으로는 '국토종합계획-도종합계획-시·군종합계획'으로 일원화하게 된다.

시·군 종합계획은 '국토의 계획 및 이용에 관한 법률'에 의해 시·군별로 수립되는 '도시계획'을 지칭하는 것으로 도시지역과 비도시지역을 망라하여 시·군이 행정구역 전체를 대상으로 수립하는 동 계획을 국토종합계획-도종합계획의 틀 내에 통합함으로써 체계적인 국토관리가 가능하도록 하였다.

따라서 전 국토에 도시계획적 관리가 가능해짐으로써 '선계획-후개발'이라는 토지이용원칙을 정립해 나갈 수 있도록 하였다. 아울러 횡적으로는 개별법에 의한 지역계획 및 부문별 계획을 국토종합계획체계 내로 수용하여 체계적으로 조정·연계될 수 있도록 하였다.

종래 개별법에 의해 수립되어 국토종합계획과의 연계성이 미흡했던 각종 계획들이 국토종합계획의 기본방향과 조화되어 조정·추진됨으로써 일관된 국토관리에 기여할 수 있을 것으로 기대된다.

셋째, 국토계획의 효율적 추진을 위한 제도적 장치가 대폭 강화됐다. 먼저 국토계획의 실천체계를 강화하는 한편 정기적인 평가·환류체계를 구축하였다.

이를 위해서 중앙행정기관의 장과 시도지사는 국토종합계획의 소관업무와 관련된 정책 및 계획에 이를 반영하여야 하며 소관별 실천계획을 수립하여 건설교통부장관에게 제출하도록 하였다. 실천계획의 추진실적을 제출하고 건설교통부장관은 이를 종합하여 국토종합계획의 추진성과를 정기적으로 평가하고 그 결과를 국토정책의 수립과 집행에 반영하는 한편 이를 토대로 하여 5년마다 국토종합계획을 전반적으로 재검토하고 필요한 경우 이를 정비토록 하였다.

계획 간의 조정기능을 강화하기 위하여 국토와 관련된 각종 부문별 계획, 지역계획, 도종합계획, 시군종합계획이 상호 상충되거나 국토종합계획에 부합하지 않는다고 판단될 경우 중앙행정기관의 장에게 이를 조정토록 요청할 수 있도록 하고 조정되지 않을 경우 국토정책위원회의 심의를 거쳐 건설교통부장관이 이를 조정할 수 있도록 하였다. 국토계획에 따른 처분이나 사업이 서로 상충되거나 국토계획의 원활한 실시에 지장을 초래할 우려가 있다고 인정될 경우 국토정책위원회의 심의를 거쳐 이를 조정토록 하는 등 국토관련 계획이나 정책의 일관성을 확보하고 상호 연계·조정될 수 있는 제도적 장치를 강화하였다.

넷째, 지식정보화로 대변되는 새로운 국토정책 환경에 대응하여 국토계획 또는 정책이 보다 합리적으로 수립되고 집행될 수 있도록 국토에 관련된 다양한 인문사회정보를 포함한 지리정보를 구축하여 이를 활용할 수 있는 국토정보체계를 확충해 나간다는 것이다.

이와 함께 기존의 국토이용에 관한 연차보고서를 확대 보강하여 국토계획 및 국토이용에 관한 연차보고서를 매년 작성토록 할 계획75)이다.

---

75) 이 보고서에는 기존의 국토이용관련 정보 외에도 사회간접자본, 국토환경현황, 지역개발현황 등을 종합적으로 망라함으로써, 국토에 관한 중요한 연차보고서로 보완해 나갈 계획이다.

국토정보체계의 구축, 국토계획 및 정책의 수립과 연차보고서 작성 등을 뒷받침하기 위하여 국토조사의 효율적 시행에 관한 사항도 국토기본법에 근거를 두도록 하였다. 또한 기존의 국토건설종합계획심의회를 '국토정책위원회'로 확대 개편하여 국토계획에 관한 사항 등 국토에 관련된 각종 정책의 심의·조정기능을 가지도록 하여 일관성 있고 체계적인 국토관리가 될 수 있게 한 것이다.

3. 국토의 계획 및 이용에 관한 법률의 제정 및 주요변화

한편 '국토의 계획 및 이용에 관한 법률'의 제정배경(2002.2 제정)과 주요내용을 살펴보면, 국토의 효율적인 이용과 친환경적이고 경쟁력 있는 도시공간을 조성하여 지속 가능한 도시를 창조해 나가고, '선계획－후개발'의 국토이용체계를 구축하기 위하여 종전 '도시계획법'과 '국토이용관리법'을 통합하여 '국토의 계획 및 이용에 관한 법률'을 제정한 것이다.

새로 제정된 법은 국토기본법에 의하여 전 국토를 대상으로 국토종합계획을 수립하고, 도에는 도종합계획을 수립토록 하고 있으며, 국토이용계획과 도시계획을 통합하여 각 시·군이 행정구역 전역에 대하여 도시계획(군지역은 군계획)을 수립토록 하였다. 변화된 주요내용을 살펴보면 다음과 같다.

첫째, 용도지역 간 완충공간의 설정이다.

도시지역에서는 상업·주거·공업지역 간의 경계에 완충공간을 설정하여 용도지역의 지정목적이 보호되도록 도시계획을 수립하고 있다.

주거지역과 상업지역의 연접부분은 폭 10미터 이상의 공공공지를 설치하여 수림대를 조성하고 폭 15미터 이상의 도로에 의하여 기능을 구분하거나 준주거기능을 설정하여야 한다. 또 주거지역과 공업지역의 연접부분은 공업지역 안에 폭 10미터 이상의 완충녹지를 설치하여 수림대를 조성하고 폭 20미터 이상의 도로에 의하여 기능을 구분하거나 준공업지역을 설정하여 쾌적한 주거환경을 조성하도록 하고 있다.

<표 4-41> 시·도별 용도지역지정현황(2004.12.31. 현재)

(단위: ㎢)

행정구역명	행정구역면적	고시면적	육지								해면						
			계	도시지역	관리지역				농림지역	자연환경보전지역	계	도시지역	관리지역				자연환경보전지역
					계	계획	생산	보전					계	계획	생산	보전	
전국	99,913.114	106,275.254 (933.756)	100,098.229 (933.756)	15,721.399 (1.180)	26,537.161 (364.468)	–	–	–	50,717.928 (568.108)	7,121.741 (933.756)	6,177.025	1,079.692	1.2000				5,096.133
서울	605.520	605.958	605.958	605.958	–	–	–	–	–	–	–	–	–	–	–	–	–
부산	763.396	1,003.773	763.396	763.396	–	–	–	–	–	–	240.377	187.640	–	–	–	–	52.737
대구	885.580	885.580	885.580	804.460	1.170				36.360	43.590	–	–	–	–	–	–	–
인천	992.971	1,298.195	992.971	415.662	312.695	–	–	–	264.562	0.052	305.224	305.224	–	–	–	–	–
광주	501.340	501.340	501.340	478.350	19.440	–	–	–	3.550	–	–	–	–	–	–	–	–
대전	539.585	539.702	539.702	494.959	12.110	–	–	–	26.083	6.550	–	–	–	–	–	–	–
울산	1,056.700	1,145.731	1,062.500	667.984	65.869	–	–	–	285.771	42.876	83.231	83.231	–	–	–	–	–
경기도	10,183.830	10,338.670 (12.420)	10,138.090 (12.420)	2,901.790 (1.180)	3,285.640 (4.170)			–	3,722.690 (7.070)	272.970 (12.420)	155.580	34.030	–	–	–	–	121.550
강원도	16,873.246	16,897.321	16,873.246	958.055	2,892.288				11,132.146	1,890.757	24.075	24.075	–	–	–	–	–
충청북도	7,431.768	7,431.750 (48.264)	7,431.750 (48.264)	686.936	2,185.741 (11.429)	–		–	3,769.318 (36.835)	789.755 (48.264)	–	–	–	–	–	–	–
충청남도	8,588.324	9,125.683	8,595.123	809.116	3,133.992				4,329.803	322.212	530.560	109.459	–	–	–	–	421.101
전라북도	8,049.900	8,126.500	8,126.500	872.300	· 2,442.1	–	–	–	4,080.600	731.500	–	–	–	–	–	–	–

행정 구역명	행정 구역 면적	고시 면적	육 지							농림 지역	자연 환경 보전 지역	해 면						자연 환경 보전 지역
			계	도시지역	관리지역							계	도시 지역	관리지역				
					계	계획	생산	보전						계	계획	생산	보전	
전라 남도	12,051.860	15,105.586 (769.697)	12,047.204 (769.697)	1,411.195	3,623.166 (245.494)	–	–	–	6,256.807 (524.203)	756.036 (769.697)	3,058.382	173.082	1.171	–	–	–	2,884.129
경상 북도	19,022.090	19,124.213	19,022.193	1,661.654	4,627.761	–	–	–	11,592.860	1,139.918	102.020	102.020	–	–	–	–	–
경상 남도	10,518.809	12,073.963 (103.375)	10,619.481 (103.375)	1,800.137	2,818.383 (103.375)	–	–	–	5,067.481	933.480 (103.375)	1,454.482	43.055	–	–	–	–	1,411.427
제주도	1,848.195	2,071.289	1,848.195	389.447	1,116.806	–	–	–	149.897	192.045	223.094	17.876	0.029	–	–	–	205.189

주) ( ) : 중복지정.
자료: 건설교통부 도시국(2005), 재작성.

둘째, 입체적 도시계획의 수립이다. 그동안 도시계획의 수립이 주로 용도지역과 시설의 배치 등 평면적 계획이 중심이 되어 왔으나 고층화·고밀화로 복잡한 도시가 형성됨으로써 도시경관이 침해되고 기반시설이 부족하게 되는 등 많은 문제를 낳고 있다.

따라서 도시 내의 토지이용을 합리화·구체화하고, 도시의 기능·미관을 증진시키며 양호한 환경을 확보하기 위하여 종전 '건축법'의 도시설계와 '도시계획법'의 상세계획을 통합하여 지구단위계획으로 발전시키고, 주요 도시개발이 이를 통하여 이루어지도록 함으로써 도시의 경관·미관을 관리하도록 하였다.

이후 '국토의 계획 및 이용에 관한 법률'에서는 종전 '도시계획법'에 의한 지구단위계획제도는 제1종 지구단위계획제도로 개편하였고 비도시지역의 체계적 개발을 위하여 준도시지역의 개발계획제도를 폐지하고 제2종 지구단위계획제도를 새로 도입하였다.

셋째, 용도지역제의 합리적 조정이다.

도시관리계획상 용도지역·지구·구역을 다양한 지역실정에 탄력적으로 적용할 수 있도록 합리적으로 조정하였다.

용도지역은 주거지역을 중심으로 전용주거지역을 제1종·제2종 전용주거지역으로, 일반주거지역을 제1종·제2종·제3종 일반주거지역으로 세분하여 13개 용도지역을 16개로 세분함으로써 보다 쾌적한 주거환경을 조성하도록 하였다.

용도지구는 도시의 특성에 따라 조례로 지구를 세분 또는 신설할 수 있도록 하여 도시마다 다양하고 특색 있는 현실에 맞게 지구지정이 되도록 하였다.

4. 정부의 부동산정책과 도시성장관리정책

1) 부동산 활성화 정책

우리나라는 인구증가와 경제발전에 따른 토지수요를 충족시키기에는 국토 면적이 협소하고, 전 국토의 70% 이상이 산지로 이루어져 있는 등 가용토지가 적어 원천적으로 토지문제가 발생할 소지를 안고 있다. 이러한 가용토지의 부족과 함께 인구의 대도시집중에 따른 토지수급 불균형은 1980년대 말까지 지가상승을 초래하였다.

지가의 지속적인 상승은 토지가수요까지 유발하여 만성적인 부동산시장의 불안정을 초래하여 왔으며 토지개발 등에 따른 지가상승 이득이 사유화되어 부동산투기가 주기적으로 발생하였다.

1997년 말 극심한 외환위기를 겪으며 IMF관리체제에 편입된 이래 국내 경기의 침체와 함께 부동산 시장의 침체는 심각했다.

부동산 가격의 폭락은 기업 및 가계의 자산 가치를 급격히 감소시킴으로써 투자수요, 소비수요 등 경제의 수요기반을 약화시키면서 소득 감소, 수요 감소의 악순환을 형성하는 복합불황을 가져왔다.

이에 정부에서는 적극적인 부동산시장 활성화 대책을 추진하였다. 부동산 거래의 활성화를 위해 전 국토의 70% 이상이던 토지거래·신고구역을 해제하고, 외국인에 대한 국내 부동산 시장을 전면 개방하였다.

〈표 4-42〉 정부의 부동산시장 활성화 대책

대 책	구체적 방안	시행방법	시행시기
토지거래허가 · 신고구역 전면해제	신고구역 전면해제(37%)	해제고시	'97.12.20
	허가구역 대폭해제(33% → 3.3%)	〃	'98.1.31
	허가구역 완전해제	〃	'98.4.20
토지거래 규제완화	토지거래 신고제도 폐지	국토이용관리법 개정	'99.2.8
	유휴지제도 폐지	〃	'99.2.8
	허가구역 내 사후신고제도 폐지	〃	'99.2.8
토지공개념제도 대폭완화	택지소유상한제 폐지	택지소유상한에관한법률 폐지	'98.9.19
	개발부담금 부과중지	개발이익환수에관한법률 개정	'98.9.19
	토지초과이득세제 폐지	토지초과이득세법 폐지	'98.12.28
토지공사의 기업보유토지 매입	1조원 (채권이율: 5%)	매입추진(실적: 268억원)	'97.12.12 ~ '98.4.13
	3조5천억원 (채권이율: prime rate)	채권발행으로 금융기관 부채상환용 기업토지 매입추진	'98.4.30 ~ '99.3.10
부동산시장 대외개방	외국인의 토지취득제한 전면폐지	외국인의토지취득및관리에관한법률 개정	'98.5.26
	건물분양공급업 · 임대업 개방	외국인투자에관한규정 개정	'98.4.1
	토지개발공급업 · 임대업 개방	〃	'98.5.8
세제 · 금융 지원	특별부가세 면제	조세감면규제법시행령 개정	'97.12.31
	법인세 · 취득세 감면	법인세법시행규칙 · 지방세법시행규칙 개정	'97.12.31
	취득세 · 등록세 면제	조세감면규제법 개정	'98.2.24
	양도소득세율 인하 (30~35% → 20~40%)	소득세법 개정	'98.12.28
	금융제한 폐지	금융기관여신운용규정 개정	'98.1.26
	부동산의 증권화	신탁업법시행령 개정 자산유동화에관한법률 제정 주택저당채권유동화 회사법 제정	'98.4.1 '98.9.16 '99.1.29

자료: 건설교통부 토지국(2005).

또한 그간 부동산 시장 안정화에 크게 기여하였던 토지공개념 3법을 폐지하거나 대폭 완화하는 등의 조치를 취하였다. 뿐만 아니라 토지공사를 통한 기업의 구조조정 지원용 토지매입추진, 각종 조세 및 금융지원 등 다양한 부동산시장 활성화 시책을 추진해 왔다.

또한 토지소유의 편중현상으로 지가상승이익이 소수의 토지소유계층에 집중되어 소득분배를 왜곡시키고 계층 간 갈등을 조장하였다. 향후 도시성장관리와 부동산정책은 밀접한 관계에 있으므로 대증요법적인 부동산정책을 지양해야 한다.

2) 부동산시장 억제정책

참여정부에 와서는 부동산정책이 강한 드라이브로 변화하게 된다.

노무현 정부에서 발표한 부동산정책은 과열된 부동산시장을 억제하는 정책으로 변화되고 있음을 알 수 있다. 노무현 정부의 부동산정책으로 대별될 수 있는 것이 다음과 같은 8.31 부동산정책[76]이라 할 수 있다. 결과적으로는 많은 개발정책으로 부동산시장이 과열되게 한 점은 정책투자의 한계가 있음을 반영한 것이라 할 수 있다.

부동산정책은 지역개발 및 자금흐름과 중요한 연계를 형성하므로 도시성장관리 차원에서 종합적으로 접근해야 그 실효성이 배가될 수 있다.

---

76) ① 단기적으로 부동산시장 불안을 조기에 진화하고 장기적으로 부동산시장의 안정과 선진화를 위한 근본적 제도개혁 추진 ② 서민주거 안정, 투기수요 억제라는 목표를 확실하게 달성하고 국민이 납득할 수 있는 정책을 마련 ③ 핵심정책은 확고하게 추진하되 서민의 불편과 부담을 최소화하고 경제 활성화에 큰 차질이 없도록 세심하게 배려 ④ 투기수요의 확실한 억제와 함께 즉시 활용 가능한 택지를 최대한 이용하는 등 실천적이고 가시적인 공급정책도 마련 ⑤ 부동산 가격의 안정기조가 확고히 정착되도록 견고한 제도적 장치를 마련 등이 그것이다.

<표 4-43> 시·도별 토지거래 현황(2004. 1. 1~2004. 12. 31)

| 행정구역 | 합계 | | 도시지역 | | | | | | | | | | | | | | 관리지역 | | 농림지역 | | 자연환경
보전지역 | |
| | | | 주거지역 | | 상업지역 | | 공업지역 | | 녹지지역 | | 개발제한구역 | | 용도미지정 | | | | | | | | | |
	필지수	면적	필지수	면적	필지수	면적	필지수	면적	필지수	면적	필지수	면적	필지수	면적	필지수	면적	필지수	면적	필지수	면적	필지수	면적
전국	2,961,179	2,857,011	1,705,158	250,362	152,828	20,563	59,307	30,942	168,816	309,090	69,216	120,149	43,628	19,333	544,816	1,051,084	194,598	968,589	22,812	86,900
7대도시	1,122,820	254,974	891,577	83,078	87,470	7,530	45,423	10,620	35,968	56,483	25,235	49,751	18,091	2,552	15,787	26,402	3,066	17,445	203	1,114
시지역	1,354,954	1,283,353	757,046	138,411	59,343	10,616	12,648	17,622	101,354	188,808	38,933	60,352	23,676	12,545	267,058	440,122	86,391	380,492	8,505	34,385
군지역	462,113	1,289,101	53,734	28,192	5,846	2,390	1,150	2,604	30,601	62,818	4,589	9,265	1,836	4,205	247,659	567,569	102,615	560,728	14,083	51,331
서울	479,192	36,984	395,028	27,407	36,607	2,196	26,081	2,103	1,419	1,169	2,932	2,674	17,101	1,405	20	29	3		1	
부산	176,431	46,975	133,529	12,457	23,579	1,874	5,479	1,728	6,005	14,133	6,973	15,976	863	806	2	1	1			
대구	120,069	27,826	101,091	11,719	9,078	979	1,325	1,183	4,910	7,155	3,526	6,208	2	19	30	83	79	202	28	278
인천	160,169	51,033	115,336	8,923	10,757	728	10,344	2,375	6,344	9,258	1,457	2,278	53	252	13,902	21,509	1,971	5,689	5	21
광주	56,868	16,900	47,250	5,868	2,252	635	791	1,087	3,402	4,227	2,897	4,552	55	6	200	467	21	57		
대전	67,014	20,527	57,724	9,141	3,357	474	927	1,180	2,255	2,392	2,300	4,892	13	15	392	2,174	34	249	12	10
울산	63,077	54,730	41,619	7,563	1,840	644	476	964	11,633	18,150	5,150	13,170	4	49	1,241	2,140	957	11,247	157	804
경기도	757,988	526,482	431,662	61,821	34,095	3,440	4,282	5,725	33,670	49,976	30,422	38,186	11,263	3,030	179,070	251,646	32,831	111,206	693	1,452
강원도	124,052	312,801	40,058	10,164	3,429	1,025	594	959	11,785	25,861	2	10	248	407	51,143	125,514	14,605	134,023	2,188	14,838
충청북도	94,130	165,731	35,091	7,229	1,804	615	1,069	1,236	10,594	18,834	373	744	524	1,617	32,607	65,525	10,710	62,486	1,358	7,446
충청남도	209,312	385,908	65,473	23,072	1,784	764	453	4,162	18,798	38,096	772	2,980	807	1,301	82,862	191,259	36,439	118,084	1,924	6,190
전라북도	105,905	172,252	42,038	9,928	2,491	925	644	1,209	8,273	11,905	2,330	4,288	327	503	31,284	54,418	17,217	81,946	1,301	7,129
전라남도	123,045	268,049	29,222	10,629	2,863	1,102	1,329	1,392	10,566	19,541	2,588	4,598	774	2,462	36,090	75,397	33,432	134,959	6,181	17,967
경상북도	158,711	390,860	58,668	22,715	3,839	1,440	1,593	2,684	14,501	44,603	754	1,291	1,942	1,268	49,342	126,803	26,658	177,873	1,414	12,184
경상남도	220,321	291,001	99,588	17,685	13,034	3,462	3,818	2,910	14,474	27,678	6,740	18,301	9,557	6,124	46,319	67,279	19,282	129,542	7,509	18,021
제주도	44,895	88,952	11,781	4,039	2,019	260	102	45	10,187	16,114			95	69	20,312	66,842	358	1,024	41	559

자료: 건설교통부 토지국 (2005).

수도권의 성장기여도 분석과 도시행정

제1절 성장기여도 분석의 의의

수도권 집중의 문제는 다른 지역과는 달리 인구집중과 산업집중으로 국토의 불균형 발전 문제는 물론 각종 도시문제가 발생되고 있어서, 수도권정책은 이에 대한 문제 해결에 초점을 맞춰서 지속적으로 추진되었다고 할 수 있다.

수도권정책의 집행과정을 살펴보면, 처음에는 인구 측면에서 분산을 시도했음을 알 수 있다. 그러나 점차 경제적 측면을 감안하여 토지정책적인 측면에서 추진되었음을 알 수 있고, 여기에는 수도권 분산논리가 정책적 기조를 형성하고 있었던 것이다. 이와 같은 수도권정책을 지속적으로 추진했음에도 불구하고 수도권의 집중과 집중에 따른 문제점은 계속되고 있기에 정책집행의 효과에 한계가 있음을 알 수 있다.

정책의 다변화 속에서도 수도권 집중이 완화되지 않았다고 할 때, 지역성장에 영향을 준 산업의 파악 및 성장에의 기여도 파악을 통한 도시성장관리정책의 수립은 수도권의 계획적인 관리를 도모한다는 측면에서 중요하다.

서울을 제외한 인천광역시나 경기도에서는 상위법(수도권정비계획법)이, 지역의 성장관리정책을 추진함에 있어서 지역성을 개입시키는 데 한계가 있으므로 계획법의 실효성 차원에서 융통성을 부여하는 것도 필요하다[77].

무분별한 개발논리와 단순한 규제일변도는 지양하고 지역특성을 감안한 보다 더 효율적인 도시성장관리 측면에서의 접근이 필요하다.

도시성장관리정책에 있어 두드러진 수단은 토지정책이다. 지역의 성장이나 쇠퇴

---

77) 특히 인천광역시의 경우, 1995년 강화, 옹진, 검단지역(도서지역과 농촌지역의 편입)이 인천광역시로 편입되어 수도권 도시공간구조의 재편(수도권정비계획법상 권역재조정)이 필요하다.

에 중요한 영향을 미치게 되고, 여러 가지 측면에서 그 결과가 나타나지만 경제적 측면에서 나타난 결과는 정책집행에 있어서 중요한 부문을 차지한다고 할 수 있다.

도시성장관리에 대한 인식이나 비축토지 확보의 목적도 궁극적으로는 도시민에게 양질의 도시행정 서비스를 공급하는 데 있다.

지역경제구조를 정확히 분석하고, 지역성장에 있어서 기여도가 큰 산업을 파악하는 것은 가용토지의 활용 측면이나 도시성장에 있어 중요한 요소가 되며, 도시성장 관리에 있어서 정책의 효율성을 증진시킬 수 있는 데 필수적인 접근이라 할 수 있다. 재정이 취약한 지방자치단체는 양질의 도시행정 서비스를 공급하는 데 한계가 있기 때문이다.

앞서 살펴본 바와 같이 지역성장동인의 파악 및 성장의 기여도를 파악한다는 것은 장래의 도시성장관리 시각의 정립 및 비축토지의 확보 측면에서 상당히 중요한 요소이다. 따라서 이 문제를 경제적인 시각에서 분석하여 각 산업별 성장기여도를 살펴보고자 한다. 각 산업의 지역별 중요도를 수도권 광역자치단체를 사례로 하여 지역성장에 기여한 산업의 기여도(%)를 분석하였다.

그 분석의 결과는 앞으로 개발가능지의 활용도 및 유용성을 높이는 데 활용하고 토지수급정책의 실질적인 효용가치의 척도가 될 수 있다.

다만 비축토지의 확보는 실질적으로 각 지방자치단체가 앞으로의 토지수요에 대비한 것으로 공급 측면의 접근이다. 실질적으로 지역성장에 도움을 준 산업의 파악 및 그 산업의 성장요소를 통해 분석하였다.

지역산업의 성장이 국가산업의 성장효과로 성장했는지, 아니면 산업의 입지효과로 성장했는지, 그리고 단지 지역산업구조의 효과로 성장하게 되었는지를 분석하고자 했다.

이와 같은 분석을 시도한 목적은 산업에 기반이 되는 토지는 경제활동의 기본이 되고 생산 활동의 중요요소이므로, 토지정책 측면에서 보다 더 지속 가능한 도시성장관리정책을 추진하도록 시도한 것이다.

실질적으로 수도권 각 지역의 지역특성파악에는 한계가 드러났기에 여기에서 각 지역별 도시성장효과를 살펴보고 지금까지의 성장관리효과가 어느 정도 있었는지 실증적으로 분석한 것이다.

수도권의 각종 정책은 수도권 집중완화를 목적으로, 그리고 규제 및 분산을 목적으로 다양한 정책이 지속적으로 추진되어 왔음을 알 수 있다.

문제는 수도권이 차지하는 국가 전체적인 의미와 수도권의 과밀현상으로 비축토지 및 개발가능지의 고갈에 따른 토지수요에 대한 공급의 부족으로 여러 가지 문제를 야기하였다는 점이다.

입지상(L.Q) 분석을 통해, 지역산업의 집중현상을 구체적으로 살펴보았다.

〈표 5-1〉 수도권 산업별 집중도 및 특화계수(1984년, 1991년 비교)

L.Q 지역별	1984년			1991년		
	1 < L.Q < 2	2 < L.Q < 3	3 < L.Q < 7	1 < L.Q < 2	2 < L.Q < 3	3. < L.Q < 7
서울특별시	의복(1.681), 기타제조업(1,1621) 종합건설(1.0561), 전문건설(1.4792), 소매(1.8549) 금융(1.5198) 보험(1.8549) 사업서비스(1.7840) 위생(1.5063) 사회(1.1133) 오락문화(1.3061) 개인가사(1.4699) 52개 산업 중 12개 산업	인쇄출판(2.2485) 도매(2.0843) 항공운수(2.6569) 부동산(2.4917) 52개 산업 중 4개 산업	—	의복(1.7716), 종합건설(1.0351), 전문건설(1.6624), 소매(1.6396) 금융(1.8251) 보험(1.6763) 사업서비스(1.8189) 서비스업(1.1176) 위생(1.4002) 사회(1.0603) 오락문화(1.3061) 개인가사(1.5161) 52개 산업 중 12산업	인쇄출판(2.3417) 도매(2.3139) 항공운수(2.8892) 부동산(2.2487) 4개 산업	—
인천광역시	금속광업(1.4935) 기타광업(1,0136) 음료품(1.6161), 의복(1.0907) 기타화학(1.1840) 플라스틱(1.2200) 도기·자기(1.2376) 조립금속(1.7393) 보험(1.8549) 전기기계(1.5621) 운수장비(1.2179) 위생(1.2485) 52개 산업 중 12개 산업	석유정제(2.1814) 철강(2.9833) 비철금속(2.6569) 기계(2.0198) 기타제조업(2.4527) 52개 산업 중 5개 산업	유리 (3.0722) 정밀기계 (3.1291) 나무 (6.1188) 가구 (6.9589) 4개 산업	산업화학(1.5485) 석유정제(1.3744), 플라스틱(1.0945), 비철금속(1.7437) 기계(1.9516) 전기기계(1.4004) 정밀기계(1.9065) 수상운수(1.4470) 52개 산업 중 8개 산업	유리(2.5270) 조립금속(2.4195) 2개 산업	나무 (6.7831) 가구 (6.8687) 2개 산업

L.Q 지역별	1984년			1991년		
	1<L.Q<2	2<L.Q<3	3<L.Q<7	1<L.Q<2	2<L.Q<3	3.<L.Q<7
경기도	임업(1,8609) 기타광업(1.2767) 식료품(1.3101) 음료품(1.1168) 가구(1.9803) 플라스틱(1.8728) 도기·자기(1.6038) 비금속(1.9229) 비철금속(1.5468) 조립금속(1.5026) 기계(1.1351) 정밀기계(1.6924) 기타제조(1.9384) 오락문화(1.2324) 52개 산업 중 13개 산업	농업(2.7009) 가죽(2.3560) 종이(2.4406) 산업화학(2.0629) 기타화학(2.0679) 전기기계(2.1637)	유리 (3.0611) 운수관련 (3.5495)	기타광업(1.1253), 식료품(1.3309) 음료품(1.1196) 가구(1.9803) 도기·자기(1.4155) 비금속(1.4697) 비철금속(1.6616) 조립금속(1.8741) 기계(1.2948) 정밀기계(1.4563) 기타제조(1.4571) 오락문화(1.0531) 52개 산업 중 12개 산업	농업(2.4309) 가죽(2.6834) 종이(2.3994) 플라스틱(2.4667) 유리(2.7028) 기타화학(2.1632) 전기기계(2.1708)	—

〈표 5-2〉 경기도 지역특화산업(L.Q) 비교(1993, 1998)

구 분	1<LQ<2		2<LQ<3		3<LQ	
	1993	1998	1993	1998	1993	1998
경기도	농업(1.32), 기타광업(1.10), 음식료품(1.33) 목재나무(1.09), 화학제품(1.57), 고무(1.71), 비금속(1.40), 조립금속(1.70), 기타기계(1.85), 사무기계(1.34), 전기기계(1.96), 의료정밀(1.58), 자동차(1.58), 가구(1.88), 재생재료(1.50), 수도사업(1.09), 위생(1.20), 오락· 문화(1.20)	농업(1.22), 음식료품(1.39), 섬유제품(1.12), 가죽가방(1.47), 목재나무(1.07), 펄프종이(1.93), 화학제품(1.58), 고무(1.66), 비금속(1.26), 조립금속(1.59), 기타기계(1.33), 의료정밀(1.60), 자동차(1.14), 가구(1.64), 부동산(1.22), 위생(1.28), 오락· 문화(1.22), 기타서비스(1.04)	펄프종이(2.05) 통신장비(2.20)	전기기계(2.15), 통신장비(2.38), 재생재료(2.07), 연구개발(2.12)		사무기계(3.26)

서울특별시에 있어서는 2차 산업인 제조업의 취약성과 함께 3차 산업 위주로 지역경제구조가 형성되어 있음을 알 수 있었다.

인천광역시에 있어서는 2차 산업인 제조업이 특히 강세를 보이는 점과 오히려 3차 산업이 취약함을 알 수 있다. 경기도에 있어서도 인천광역시와 비슷한 양상을 보여주고 있는데, 2차 산업인 제조업이 특화되어 있다는 점과 3차 산업이 거의 특화되어 있지 못하다는 점이다.

이 분석을 통해 살펴볼 수 있었던 것이 서울특별시에 있어서는 그동안 지속적인 분산정책의 실시 및 도심부적격 시설의 이전을 지속적으로 추진한 결과로 이와 같은 현상이 나타나고 있는 것이다.

더욱이 이런 산업구조의 다변화 속에서도 지식산업 및 정보산업의 발전으로 3차 산업은 지속적으로 성장하고 있으며 인구집중의 양태는 큰 폭으로 줄어들지 않았다는 점이다.[78]

인천광역시는 수도권정비계획법의 각종 규제와 환경문제의 대두와 함께 2차 산업의 입지상이 하락하고 있는데, 이것은 앞서 살펴본 제조업중심의 공장들이 인천에서 떠난 결과인 것이다. 이것은 지역성장의 핵이 되었던 산업이 점차 사라지고 있음을 나타내는 것이라 할 수 있다. 수도권 토지정책과 연계시켜 기반산업의 재선정 및 산업구조의 다변화를 모색하고, 도시공간구조를 재편해야 하는 문제에 접하게 된 것임을 시사한다.[79]

경기도에 있어서는 31개 시·군(18개 시 13개 군)이 다른 지역적 특성을 보이고 있다. 특히 수도권 주민의 상수원인 북한강 수계보전을 위해 자연보전권역까지 지정하였으나 수계중심이 아니라 행정구역중심으로 규제지역을 설정하여 수도권 총량

---

78) 2005년 기준으로 볼 때 서울특별시는 인구증가가 크게 둔화되고 있으나, 경기도 지역은 큰 폭으로 인구증가가 이루어지고 있는 실정이다. 그 요인은 신도시 건설과 택지개발에 따른 인구 증가가 그 요인이며, 주거비용이 서울특별시보다 상대적으로 저렴한 것도 그 이유가 될 것이다.
79) 첨단도시로 건설되는 인천광역시의 송도신도시는 인천의 산업구조의 고도화는 물론 수도권 공간구조 개편에도 크게 영향을 미칠 것으로 보인다. 주거단지는 물론 대학의 입지, 첨단산업지원 기반이 동시에 이루어지고 있고 공항과 연계한 물류의 거점도 확보가 가능하기 때문이다.

규제의 한계와 함께 이중규제문제가 제기되어 지역성장 및 관리에 지역적 한계를 드러내고 있는 실정이다. 산업구조 측면에서 중요한 역할을 하는 경기도의 지역특화산업(1993, 1998년)을 입지상(L,Q) 분석을 통해 구체적으로 살펴보면 다음과 같다.

1993년에 있어서 $1<LQ<2$ 산업은 농업(1.32), 기타광업(1.10), 음식료품(1.33) 목재나무(1.09), 화학제품(1.57), 고무(1.71), 비금속(1.40), 조립금속(1.70), 기타기계(1.85), 사무기계(1.34), 전기기계(1.96), 의료정밀(1.58), 자동차(1.58), 가구(1.88), 재생재료(1.50), 수도사업(1.09), 위생(1.20), 오락·문화(1.20) 등 18개 산업이며, $2<LQ<3$ 산업으로는 펄프종이(2.05), 통신장비(2.20) 등 2개 산업이다.

1998년에 있어서 $1<LQ<2$ 산업은 농업(1.22), 음식료품(1.39), 섬유제품(1.12), 가죽가방(1.47), 목재나무(1.07), 펄프종이(1.93), 화학제품(1.58), 고무(1.66), 비금속(1.26), 조립금속(1.59), 기타기계(1.33), 의료정밀(1.60), 자동차(1.14), 가구(1.64), 부동산(1.22), 위생(1.28), 오락·문화(1.22), 기타서비스(1.04) 등 18개 산업이며, $2<LQ<3$ 산업으로는 전기기계(2.15), 통신장비(2.38), 재생재료(2.07), 연구개발(2.12) 등 4개 산업이고 $3<LQ$ 산업은 사무기계(3.26) 등 1개 사업이다.

입지상 변화에 있어서는 2차 산업인 제조업 부문이 계속해서 증가하는 것이 두드러진 특징이다. 이것은 기업이 수도권정책의 추진 목적인 수도권 이외의 다른 지역의 분산을 도모하는 것과는 달리 수도권 내에서 다른 지역으로의 분산이 아닌, 즉 '수도권 밖이 아닌 수도권 내 외곽지역으로 분산하는 데 기인한 결과'인 것이다.

이와 같은 변화과정을 살펴보기 위한 지역경제분석기법으로 성장변화할당분석(Growth Shift and Share Analysis)을 실시했고, 이 분석의 한계를 보정하기 위해 지역성장률시차분석(Regional Growth Rate Differential Analysis)을 실시하였다. 이 분석이 갖는 특징을 통해 각 지역의 경제적 성장을 국가산업효과, 지역산업구조효과, 입지효과 등으로 접근하여 살펴볼 수 있었다. 수도권 각 지역별 성장변화할당분석(Growth Shift and Share Analysis)에 있어서는, 1984~1988년을 분석시점의 1단계로 삼았으며, 1988~1991년을 분석시점의 2단계로 그리고 1992~1994년을 분석시점의 3단계로 삼아 분석을 시도하였다. 같은 시점에서 지역성장률시차분석(Regional Growth Rate Differential Analysis)을 시행하였다.

　분석시점을 10년간으로 정한 이유는 수도권정비계획법이 제정 시행된 시점을 기준시점으로 삼았기 때문이며, 기초통계의 신뢰성 확보 및 통계기준의 일관성을 유지하기 위함이었다.

　분석시점을 다른 시점으로 3단계로 나눈 이유는 분석기준 기초통계가 되는 한국표준산업분류(KSIC)체계가 1992년부터 수정이 되었기에, 분석대상의 일관성을 유지하기 위함이다. 다만 2단계 분석시점을 1988년을 기준으로 삼은 이유는 제2차 국토종합개발계획이 이 시점을 기준으로 본격적으로 시행되었기에 기준시점[80]의 다양화 및 세분화를 모색한 것이다.

제2절 도시의 생산기반으로서 토지의 유용성 분석

　지역 내 총생산(GRDP) 통계를 활용하여, 전국 시·군·구를 대상으로 총체적 의미의 토지 활용도 양상을 분석해 보았다. 분석결과에 의하면 도시집중, 산업집중이 이루어진 자치구 및 시·군 순으로 나타나 부산 중구, 대구 중구, 인천 동구, 부산 동구, 부산 부산진구, 부천시가 토지를 상대적인 측면에서 집약적으로 이용하고 있음을 알 수 있으며, 강원도 인제군이 가장 조방적으로 이용되고 있음을 알 수 있다.

　다만 이 분석에는 서울특별시를 제외했는데, 분석시점상에 구별통계작성이 서울시에서는 작성되지 않았기에 서울시를 제외했다. 이미 가용토지의 한계로 토지공급의 어려움을 겪는 서울특별시에 있어서 생산기반으로서의 토지는 토지이용의 고도화로 그 문제 해결을 한다고 할 때, 토지이용 유용성을 직접적으로 유추해 볼 수 있다. 이것은 조작적 측면의 면적구분 대비 때문에 발생할 수 있는 것으로, 많은 임

---

80) 이 분석은 시계열로 지속적인 산업분석을 할 수 있다. 이 연구의 작성시점을 기준으로 분석한 것이다.

야를 가진 지역과 평지의 공장용지를 포함한 지역, 특히 산업집중이 이루어진 지역 그리고 서비스업 부문을 포함하는 지역의 토지생산성은 동일 면적에서도 커다란 차이를 보일 수 있기 때문에 나타난 결과로 볼 수 있다. 다만 제한된 자료를 가지고 시·도, 시·군의 지역적 특성을 분석한다는 것에는 한계가 있다. 수도권 집중문제는 토지 이용의 중요성과 함께 집중에 따른 여러 가지 문제를 야기하였다. 지역성장의 불균형 발전에 따른 사회간접자본(S.O.C)의 지역 간 불균등투자 및 여건의 차이로 정보의 획득이 용이한 수도권에 집중하게 된 것이라 할 수 있다.

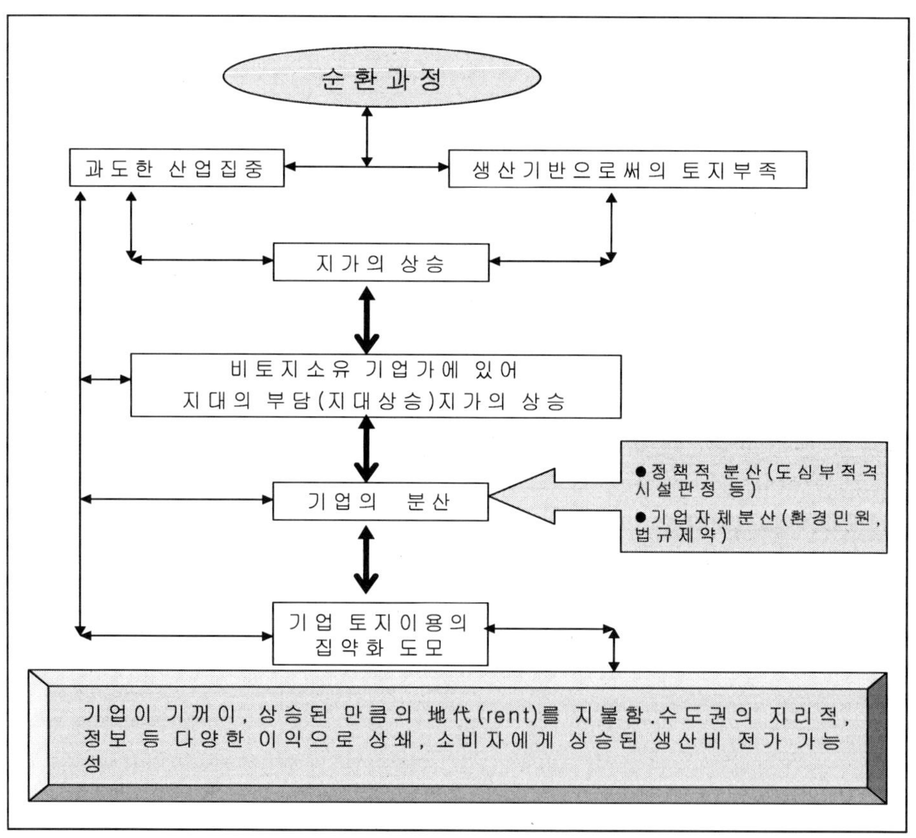

〈그림 5-1〉 기업의 토지소유 흐름

수도권지역에 상대적으로 사회간접자본(S.O.C) 투자가 집중됨으로써 국토이용 비효율성 및 과밀, 과소지역이 발생하였으며, 그에 따른 결과로 서울시뿐만 아니라 수도권지역의 집중으로까지 이어진 것이다.

지역발전의 구도 속에는 이런 일련의 요인이 작용하여 부분적으로 대도시에 가려진 중소도시 그리고 농촌의 불균형적 측면에서는 또 다른 의미의 '유퍼스나무 효과'가 작용되고 있는 것이 문제라 할 수 있다. 이런 일련의 결과로 기업의 생산 활동에도 많은 영향을 미쳐 기업은 업무용 토지를 확보하기 위해 재정 염출에 부담을 느끼게 되는 것이다.

생산비의 증가는 물가에까지 영향을 미치게 되고, 기업은 물류비용의 급증 등의 불이익을 소비자에게 부담을 주는 결과를 초래할 수 있는 것이다. 따라서 정확한 지역자료를 바탕으로 한 지역분석이 선행되어야 한다.

산업구조의 다변화 속에서 지역경쟁력을 제고시키는 한편 토지이용의 합리성이 부여될 때, 지역균형발전에 효율성을 높일 수 있을 것이다. 앞서 밝힌 바와 같이 토지가 갖는 제반 특징 중에서 개발가능지 분석 및 도시용량 평가를 지속적으로 추진할 필요가 있다. 도시성장관리정책 측면에서 비축토지 확보를 통한 토지이용의 합리성 제고는 향후 시민의 생활의 질(QOL) 향상을 위한 도시행정 서비스 공급에도 큰 영향을 미치므로 정책 추진에 신중을 기해야 하기 때문이다.

2000년의 용인 난개발 등 국토의 난개발문제는 국토관련 법제의 개편과 함께 계획시스템에도 큰 변화를 가져왔다.[81]

수도권의 난개발문제는 정책의 부재 및 정책의 한계가 가져온 결과인 것이다. 단순한 개발논리를 지양하고, 지역규모 및 지역특성 등 지역용량평가에 근거한 적정한 개발지표가 마련되어야 한다.

더욱이 최근에 와서는 토지공급의 원활화 및 토지이용의 합리성을 부여하기 위해, 국토이용의 변화를 가져온 국토이용관리법의 개정으로 준농림지역의 활용가치가 수도권 특정지역이 크게 부각됨은 간과할 수 없는 사실이다.

---

81) 그 결과 난개발을 막고 친환경인 국토관리를 위해 2002년 국토기본법이 마련되게 된 것이다.

이와 함께 수도권지역의 각 부문의 인적, 사회적, 경제적, 정치적 자원을 이용하여 수도권정책의 합리성을 유지해 나가야 할 것이다.

이 분석에서는 수도권정책의 궁극적인 목표가 인구 및 고용의 분산이나 억제에 있으므로, 경제력의 총량지표가 될 수 있는 고용의 변화를 통해 수도권정책의 효과를 살펴본 것이다. 각 산업부문별 고용성장변화가 어떤 요인으로 성장 변화되었는지를 분석해 보면, 실질적인 수도권정책의 효과 및 수도권 도시성장관리정책의 중요성에 접근할 수 있기 때문이다.

제3절 수도권 성장변화할당분석 및 성장기여도분석

I. 성장변화할당분석(Growth Shift and Share Analysis)

1. 고용성장률의 변화

분석대상인 수도권의 고용구조 및 고용성장률을 분석시점별로 살펴보면 다음과 같다. 1984~1988년에 있어서 전국고용성장률은 27.48%를 보였고, 서울특별시는 26.61%, 인천광역시는 24.10% 그리고 경기도가 49.98%를 나타냈다.

동 기간 중 서울과 인천은 전국고용성장률을 약간 하회하는 것으로 나타났고, 경기도에 있어서는 크게 상회하고 있는 것으로 나타났다. 특히 경기도에 있어서 고집중을 보여 수도권 내의 재집중화가 계속 이루어졌음을 알 수 있다.

1988~1991년에 있어서 전국고용성장률은 6.49%였고, 서울특별시는 7.05%, 인천광역시는 8.57% 그리고 경기도가 4.46%를 현시하였다. 이 기간에 있어 서울특별시

는 제조업부문에 취약성을 드러내고 있으며, 인천광역시와 경기도는 상대적으로 제조업부문에 지속적인 성장을 보였으며, 가용토지의 활용이나 용지확보가 적극적으로 이루어진 시점이다.

1992~1994년에 있어서 전국고용성장률은 3.44%를 보였고, 서울특별시는 −0.28%, 인천광역시는 3.88% 그리고 경기도가 12.59%를 나타냈다. 이 기간 중 서울특별시는 중분류 중 52개 산업 대부분이 부(負)의 성장률을 보여 2차 산업 중심의 산업구조가 취약함을 알 수 있다. 인천광역시는 전국고용성장률을 약간 상회하였고, 경기도는 절대적인 성장을 보였음을 알 수 있다. 따라서 그동안의 수도권정책집행 목적이 수도권 외곽지역으로의 분산을 추진했지만, 결과적으로는 수도권지역이 갖는 지역적 특성으로 수도권 내의 분산이 이루어졌다고 할 수 있다. 실질적인 고용증가율보다는 그 고용규모를 통해 살펴볼 때 그 의미가 중요하다고 할 수 있다.[82]

성장변화할당분석(Growth Shift and Share Analysis)을 통해 수도권 각 지역별 성장변화효과를 산업구조 측면에서 살펴보면 다음과 같다.

2. 서울특별시의 성장변화할당분석(Growth Shift and Share Analysis)

서울특별시의 도시성장관리정책에 있어 가용토지의 활용 및 산업의 변화를 고찰하기 위해 제조업 부문과 부동산 부문을 살펴보면 〈표 5−3〉~〈표 5−5〉과 같다.

〈표 5−3〉을 통해 1982~1988년에 있어 토지정책과 연계가 높은 산업을 살펴보면, 동 기간 중 제조업 27개 산업 중 10개 산업(가죽, 신발, 고무, 유리, 비철금속, 기계, 전기기계, 운수장비, 정밀기계, 기타제조업)이 산업구조효과를 보였으며, 7개 산업(의복, 인쇄출판, 도기·자기, 비금속, 기계, 운수장비, 정밀기계)이 입지효과를 통해 고용성장을 보였다. 금융업 중 부동산업은 산업구조효과로 고용성장을 보인 것으로 나타났다.

---

82) 수도권지역의 고용규모의 상당부문을 차지하고 있다.

<표 5-3> 서울특별시 성장변화할당분석 I (Growth Shift and Share Analysis: 1984~1988年 기준)

구 분 (KSIC분류)		총 변화 (2)+(3)	전국성장 효과 (2)	소 계 【(3), (4)+(5)】	산업구조 효과(4)	입지효과 (5)
제조업 중	식 료 품	1,156	9,559	−8,403	−2,349	−6,053
	음 료 품	−1,913	1,379	−3,292	−622	−2,670
	섬 유	1,419	18,007	−16,588	−8,773	−7,816
	의 복	36,258	31,741	4,517	−15,311	19,827
	가 죽	6,035	2,788	3,247	3,400	−153
	신 발	712	1,203	−491	235	−727
	나 무	−1,522	1,298	−2,820	−1,359	−1,461
	가 구	−1,000	1,112	−2,112	−807	−1,306
	종 이	233	2,792	−2,559	−96	−2,464
	인쇄출판	13,357	11,220	2,137	−1,684	3,821
	산업화학	−360	2,015	−2,375	−665	−1,710
	기타화학	−1,084	9,302	−10,386	−4,260	−6,126
	석유정제	147	380	−233	−128	−105
	석유석탄	−188	806	−994	−942	−52
	고 무	−218	1,308	−1,526	365	−1,891
	플라스틱	3,558	5,509	−1,951	4,913	−6,864
	도기 · 자기	317	405	−88	−486	398
	유 리	−781	955	−1,736	10	−1,746
	비 금 속	1,960	2,464	−504	−537	33
	철 강	2,721	1,060	1,661	−865	2,526
	비철금속	367	410	−43	700	−743
	조립금속	−13,182	11,989	−25,171	−910	−24,261
	기 계	16,280	6,860	9,420	9,133	286
	전기기계	39,929	23,572	16,357	40,487	−24,130
	운수장비	12,331	2,769	9,562	1,544	8,018
	정밀기계	3,957	1,819	2,138	739	1,400
	기 타	8,531	8,702	−171	4,981	−5,152
소 계		129,020	161,425	−32,405	26,693	−59,099

구 분 (KSIC분류)		총 변화 (2)+(3)	전국성장 효과 (2)	소 계 【(3), (4)+(5)】	산업구조 효과(4)	입지효과 (5)
금융업 중	부동산업	11,537	4,875	6,662	9,411	−2,749
	소　계	61,285	41,141	20,144	4,755	15,389

　제조업 부문의 고용성장변화는 앞서 설명한 바와 같이 기업의 경제 활용에 있어 가용토지의 활용 측면에서 중요한 부문을 차지한다고 할 수 있다. 특히 기계 관련 산업은 산업구조효과 및 입지효과가 복합적으로 작용한 것으로 나타나 규모의 경제에 따른 집적이익이 폭넓게 작용한 것으로 판단된다.

　의복 및 인쇄출판은 실질적으로 높은 집중도를 보이는데, 2차 산업의 중추적인 역할을 한다고 할 수 있다. 이 산업들은 산업구조효과라기보다는 지역요소인 입지 측면에서 성장효과를 현시한 것이다. 특히 비합리적 토지이용 및 도심 접근성을 개선하지 않으면 이 산업의 활성화는 기대하기 어려울 것이다.

　이 분석을 통해 살펴보면, 도시성장관리 측면에서 서울특별시의 각종 공장들은 분산정책으로 인해 가용토지의 한계는 많이 개선했고, 그 결과로 기업 활동을 위한 비축토지의 확보문제는 크게 제기되지 않는 것이 사실이다.

　이와 같은 산업변화로 2차 산업이 취약성을 보이고 있고, 3차 산업의 강세는 지속적으로 나타나고 있다. 따라서 토지이용을 고밀도로 활용하는 측면으로 정책을 지속적으로 추진할 필요가 있다.

〈표 5-4〉 서울특별시 성장변화할당분석Ⅱ(Growth Shift and Share Analysis: 1988~
1991年 기준)

구분 (KSIC분류)		총 변화 (2)+(3)	전국성장 효과(2)	소 계 【(3), (4)+(5)】	산업구조 효과(4)	입지효과 (5)
제조업 중	식 료 품	3,226	2,333	893	539	354
	음 료 품	1,164	202	962	−640	1,603
	섬 유	−10,451	4,346	−14,797	−17,273	2,476
	의 복	−28,474	9,851	−38,325	−31,892	−6,433
	가 죽	−6,952	1,050	−8,002	−5,545	−2,457
	신 발	3,336	330	3,006	30	2,976
	나 무	−1,119	208	−1,327	−567	−760
	가 구	−405	198	−603	889	−1,492
	종 이	−1,657	675	−2,332	−816	−1,516
	인쇄출판	14,546	3,517	11,029	13,409	−2,380
	산업화학	488	453	35	−620	656
	기타화학	−2,394	2,127	−4,521	2,226	−6,747
	석유정제	1,492	99	1,393	1,342	50
	석유석탄	−756	178	−994	−413	521
	고 무	−1,008	295	−934	−2,430	1,127
	플라스틱	−7,458	1,532	−1,303	−1,385	−7,605
	도기 · 자기	−1,216	116	−8,990	−495	837
	유 리	756	175	−1,332	−30	611
	비 금 속	−2,374	709	581	1,558	−4,641
	철 강	−1,289	427	−3,083	321	−2,037
	비철금속	745	121	−1,716	127	498
	조립금속	1,095	1,976	624	194	−1,076
	기 계	13,705	2,677	−881	13,092	−2,064
	전기기계	−18,483	8,160	11,028	−21,557	−5,085
	운수장비	−9,989	1,454	−26,643	280	−11,723
	정밀기계	−3,099	686	−11,443	−1,514	−2,272
	기 타	−14,578	2,609	−3,785	−13,494	−3,693
	소 계	−71,149	46,505	−117,654	26,693	−53,783
금융업 중	부동산업	15,934	1,900	14,034	14,690	−656
	소 계	89,242	13,696	75,551	79,502	−3,950

<표 5-4>를 통해 1988~1991년에 있어 토지정책과 연계가 높은 산업을 살펴보면, 동 기간 중 제조업 27개 산업 중 12개 산업(식료품, 신발, 가구, 인쇄출판, 기타화학, 석유정제, 비금속, 철강, 비철금속, 조립금속, 기계, 운수장비)이 산업구조효과를 보였으며, 11개 산업(식료품, 음료품, 섬유, 신발, 산업화학, 석유정제, 석유석탄, 고무, 도기·자기, 유리, 비철금속)이 입지효과를 보였다.

금융업 중 부동산업은 산업구조효과로 고용성장을 보인 것으로 나타났다. 이 중 3개 산업은 산업구조효과 및 입지효과가 복합적으로 작용한 것으로 나타났다. 이와 같은 분석을 종합해 동일 산업분류체계를 보인 1984~1991년까지의 산업 대분류 및 중분류를 병행해서 살펴보면 다음과 같다.

농업 부문은 전국산업성장효과로만 그동안 어느 정도 고용수준을 유지한 것으로 평가되며, 산업구조효과나 입지효과 측면에서는 그 효과가 없었던 것으로 나타났다. 중분류상 농업만이 산업구조효과가 미미하게 나타난 것으로 분석되었다.

광업 부문에 있어서는 입지효과가 있었는데, 중분류별로 살펴보았을 때, 4개 산업 모두 입지효과가 있었던 것으로 분석되었다.

제조업 부문에 있어서는 전국성장효과, 산업구조효과, 입지효과가 고루 나타나는데, 27개 산업 중 9개 산업이 산업구조효과에 의해서 그리고 5개 산업이 입지효과에 의해서 성장을 보인 것으로 나타났는데 그중 신발산업은 산업구조효과와 입지효과가 동시에 나타난 것으로 분석되었다.

전기업 부문은 전국산업성장효과로만 그동안 어느 정도 고용수준을 유지한 것으로 분석되었다. 건설업 부문에서는 1개 산업, 전문건설만이 산업구조효과와 입지효과가 동시에 나타난 것으로 분석되었다.

도·소매, 음식·숙박업 부문에서는 3개 산업 중 도매부문이 산업구조효과와 입지효과가 동시에 나타난 것으로 분석되었는데, 산업구조효과가 후자를 상회한 것으로 분석되었다.

운수, 창고, 통신업 부문에서는 5개 산업 중 2개 산업이 산업구조효과로 그리고 5개 산업 중 4개 산업이 입지효과로 성장했음을 알 수 있는데, 중분류상 육상운수, 운수관련업은 입지효과로 성장했고, 항공운수 및 통신업은 두 부문의 효과가 동시에 작용했음을 알 수 있다.

　금융업 부문에 있어서는 4개 산업 중 3개 산업이 산업구조효과로 그리고 2개 산업이 입지효과로 성장했음을 알 수 있는데, 이 중 사업서비스업은 두 효과가 동시에 나타난 것으로 분석되었다. 서비스업 부문에서는 4개 산업 중 3개 산업이 산업구조효과로 그리고 1개 산업만이 입지효과로 성장했음을 알 수 있는데, 중분류상 오락문화는 두 효과가 동시에 나타나는 것으로 분석되었다.

　이와 같은 분석을 종합해 볼 때 중분류상 52개 산업 중 18개 산업이 산업구조효과가 있었으며, 16개 산업이 입지효과가 있었던 것으로 분석되었고, 8개 산업만이 두 가지 효과가 동시에 나타나는 것으로 분석되었다.

　〈표 5-5〉을 통해 1992~1994년에 있어서 토지정책과 연계가 높은 산업인 제조업을 살펴보면, 23개 산업 중 9개 산업(인쇄출판, 석유정제, 화학제품, 기타기계, 사무기계, 전기기계, 의료·정밀, 자동차, 재생재료)이 산업구조효과를 보였으며, 5개 산업(의복·모피, 가죽·가방, 인쇄출판, 석유정제, 화학제품)이 입지효과를 보였다. 부동산업은 산업구조효과 측면에서 고용성장을 보인 것으로 나타났다. 이 시점부터는 앞서 밝힌 바와 같이 한국표준산업분류(KSIC)가 개정되었기에 분석시점의 다변화를 시도한 것이다.

<표 5-5> 서울특별시 성장변화할당분석Ⅲ(Growth Shift and Share Analysis: 1992~ 1994年 기준)

구 분 (KSIC분류)		총 변화 (2)+(3)	전국성장 효과(2)	소계 【(3), (4)+(5)】	산업구조 효과 (4)	입지효과 (5)
제조업 중	음·식료품	−4,484	1,514	−5,998	−2,373	−3,625
	담 배	0	0	0	0	0
	섬유제품	−11,767	1,787	−13,554	−6,532	−7,023
	의복·모피	−5,918	3,814	−9,732	−12,654	2,922
	가죽·가방	−3,148	552	−3,700	−7,788	4,088
	목재·나무	−529	79	−608	−304	−304
	펄프·종이	−2,042	448	−2,490	−398	−2,092
	출판·인쇄	6,795	2,219	4,576	2,770	1,806
	석유정제	488	120	368	42	326
	화학제품	2,428	1,399	1,029	154	875
	고 무	−4,055	786	−4,841	1,531	−6,373
	비 금 속	−3,724	535	−4,259	−1,227	−3,032
	1차금속	−3,780	400	−4,180	−283	−3,897
	조립금속	361	858	−497	827	−1,323
	기타기계	−6,682	1,854	−8,536	12,013	−20,550
	사무기계	−1,540	319	−1,859	4,689	−6,548
	전기기계	3,344	763	2,581	4,025	−1,444
	통신장비	−15,769	2,042	−17,811	−12,169	−5,642
	의료·정밀	−1,744	434	−2,178	1,089	−3,267
	자 동 차	−6,971	581	−7,552	180	−7,732
	기타운송	−1,170	102	−1,272	−113	−1,158
	가 구	−3,717	853	−4,570	−3,511	−1,059
	재생재료	4	11	−7	823	−830
	소 계	−63,613	21,469	−85,082	−24,709	−60,373
부동산 중	부 동 산	17,359	1,996	15,363	26,358	−10,995
	임 대	−5,144	285	−5,429	−4,614	−815
	소 계	43,398	7,659	35,739	48,980	−13,241

3. 인천광역시의 성장변화할당분석(Growth Shift and Share Analysis)

인천광역시의 분석은 서울특별시와 마찬가지로 도시성장관리정책에 있어 가용토지의 활용 및 토지정책과 관련이 높은 산업의 변화를 고찰하기 위해 제조업 부문과 부동산 부문을 살펴보면 〈표 5-6〉~〈표 5-7〉과 같다.

〈표 5-6〉를 통해 1984~1988년에 있어 토지정책과 연계가 높은 산업을 살펴보면, 동 기간 중 제조업 27개 산업 중 11개 산업(가죽, 신발, 고무, 플라스틱, 유리, 비철금속, 기계, 전기기계, 운수장비, 정밀기계, 기타제조업)이 산업구조효과를 보였으며, 8개 산업(나무, 산업화학, 석유석탄, 고무, 조립금속, 기계, 운수장비, 기타제조업)이 입지효과를 통해 고용성장을 보였다.

금융업 중 부동산업은 산업구조효과로 고용성장을 보인 것으로 나타났다.

〈표 5-7〉를 통해 1988~1991년에 있어서 토지정책과 연계가 높은 제조업과 부동산업을 살펴보았을 때, 제조업은 27개 산업 중 11개 산업(식료품, 신발, 인쇄출판, 기타화학, 석유석탄, 비금속, 철강, 비철금속, 조립금속, 기계, 운수장비)이 산업구조효과를 보였으며, 15개 산업(식료품, 음료품, 의복, 가죽, 인쇄출판, 산업화학, 석유석탄, 고무, 플라스틱, 유리, 비금속, 철강, 비철금속, 전기기계, 기타제조업)이 입지효과를 통해 고용성장을 보였다.

〈표 5-6〉 인천광역시 성장변화할당분석 I (Growth Shift and Share Analysis: 1984~
1988年 기준)

구 분 (KSIC분류)		총 변화 (2)+(3)	전국성장 효과(2)	소 계 【(3), (4)+(5)】	산업구조 효과(4)	입지효과(5)
제조업 중	식 료 품	-723	532	-1,255	-131	-1,124
	음 료 품	96	2,938	-2,842	-1,325	-1,516
	섬 유	1,853	3,701	-1,848	-1,803	-45
	의 복	-6,059	270	-6,329	-130	-6,199
	가 죽	1,055	850	205	1,037	-831
	신 발	3,080	3,714	-635	726	-1,360
	나 무	2,588	2,647	-59	-2,772	2,713
	가 구	-1,429	340	-1,769	-246	-1,522
	종 이	-143	190	-339	-6	-326
	인쇄출판	167	561	-394	-84	-310
	산업화학	2,321	1,329	994	-439	1,431
	기타화학	-859	231	-1,090	-106	-984
	석유정제	-130	118	-248	-40	-208
	석유석탄	53	250	-196	-292	96
	고 무	-218	1,163	846	324	522
	플라스틱	2,010	340	-461	303	-764
	도기·자기	-121	759	-1,484	-911	-573
	유 리	-725	651	-760	7	-766
	비 금 속	-139	2,346	-927	-511	-416
	철 강	1,420	381	-4,518	-311	-4,207
	비철금속조	10,059	4,310	5,749	7,362	-1,613
	립금속	10,834	3,590	7,243	-273	7,516
	기 계	16,053	6,723	9,330	8,951	379
	전기기계	-4,736	2,664	-7,400	4,575	-11,976
	운수장비	10,130	1,286	8,844	717	8,127
	정밀기계	2,291	3,177	-886	1,291	-2,176
	기 타	4,894	233	4,661	134	4,527
	소 계	-8,484	1,659	-10,143	274	-10,417
금융업 중	부동산업	1,151	581	970	1,121	-2,749
	소 계	1,713	930	783	108	15,389

금융업 중 부동산업은 산업구조효과와 입지효과가 복합적으로 작용해 고용성장을 보인 것으로 나타났다. 따라서 이 분석시점에 있어 제조업 부문의 강세로 인천광역시의 지속적인 경제성장이 이루어졌음을 알 수 있는 데, 인천광역시 역시 제조업 부문의 고용성장변화는 기업의 경제 활용에 있어 가용토지의 활용 측면에서 중요한 부문을 차지한다고 할 수 있다.

분석결과에 의하면, 인천광역시에서는 제조업 부문에서 산업구조효과 및 입지효과가 복합적으로 작용한 것으로 나타나 규모의 경제에 따른 집적이익이 폭넓게 작용한 것으로 판단된다.

인천광역시의 경우 기존 제조업 및 공단의 입지가 인천광역시 전역에 폭넓게 산재해 있어서 도시성장관리 측면의 효율적인 토지이용에 제약요인으로 작용하고 있음을 알 수 있다.

가용토지의 한계 및 기업 활동을 위한 비축토지의 확보 문제는 행정구역의 통합 및 매립지 활용으로 큰 문제가 되지 않으나, 토지이용의 비효율성이 있다. 중앙정부에 의한 공단관리, 수도권정비계획법의 권역조정문제, 30대기업의 투자제한 등이 도시성장관리 측면에서 개선되어야 할 요인이다.

서울특별시와는 달리 2차 산업의 절대적인 강세를 보이고 있고, 3차 산업의 성장은 점진적으로 이루어지고 있는 것이 특징이라 할 수 있다. 그러므로 산업재배치계획과 연계하여 토지를 효율적으로 관리, 합리적으로 이용하여야 할 것이다.

구분 (KSIC분류)		총 변화 (2)+(3)	전국성장 효과(2)	소 계 【(3), (4)+(5)】	산업구조 효과(4)	입지효과(5)
제조업 중	식 료 품	932	46	886	11	875
	음 료 품	-1,490	789	-2,279	-2,506	227
	섬 유	-3,132	596	-3,728	-2,370	-1,358
	의 복	712	49	663	-158	821
	가 죽	-647	178	-826	-942	117
	신 발	881	1,042	-161	94	-256
	나 무	-2,222	574	-2,785	-1,565	-1,220
	가 구	2,222	80	2,142	361	1,780
	종 이	-108	35	-143	-42	-100
	인쇄출판	1,681	250	1,431	952	479
	산업화학	606	297	309	-407	716
	기타화학	-876	51	927	53	-980
	석유정제	156	33	124	442	-319
	석유석탄	-122	114	-236	-264	28
	고 무	-1,917	368	846	-3,034	748
	플라스틱	63	39	-461	-35	60
	도기·자기	-816	179	-1,484	-764	-231
	유 리	252	151	-760	-26	126
	비 금 속	1,199	309	-927	679	211
	철 강	2,105	52	-4,518	39	2,013
	비철금속	4,823	1,764	5,749	1,852	1,207
	조립금속	1,527	1,426	7,243	139	-28
	기 계	10,024	1,997	9,330	9,765	-1,737
	전기기계	4,153	1,426	-7,400	-3,767	6,495
	운수장비	11,786	280	8,844	54	-12,120
	정밀기계	-2,007	1,369	-886	-3,018	-358
	기 타	97	184	4,661	-954	866
	소 계	5,529	400	5,129	-550	5,679
금융업 중	부동산업	3,496	237	3,260	1,832	1,428
	소 계	5,565	222	5,343	1,288	4,055

동일 산업분류체계를 보인 1984~1991년까지의 산업 대분류 및 중분류를 병행해서 살펴보면 다음과 같다.

농업부문은 서울시와 마찬가지로 전국산업성장효과로만 그동안 어느 정도 고용수준을 유지한 것으로 평가된다. 산업구조효과나 입지효과 측면에서는 그 효과가 없었던 것으로 분석되며 중분류상 농업만이 산업구조효과가 미미하게 나타난 것으로 분석되었다.

광업 부문에 있어서는 입지효과가 있었는데 중분류별로 살펴보았을 때, 4개 산업 중 1개 산업만이 입지효과가 있었던 것으로 분석되었으며, 산업구조효과는 없었던 것으로 분석되었다.

제조업 부문에 있어서는 전국산업효과, 산업구조효과, 입지효과가 고루 나타나는데, 27개 산업 중 10개 산업이 산업구조효과에 의해서 그리고 7개 산업이 입지효과에 의해서 성장을 보인 것으로 나타났다. 그중 인쇄출판업만이 산업구조효과와 입지효과가 동시에 나타난 것으로 분석되었으며, 기계업은 산업구조효과 측면에서 높은 효과를 보이는 것이 특징이라 할 수 있다.

전기업 부문은 전국산업성장효과와 입지효과로만 그 성장효과를 가져왔으며, 산업구조효과는 거의 미미한 수준을 유지한 것으로 분석되었다.

건설업 부문에서는 1개 산업 즉 전문건설만이 산업구조효과와 입지효과가 동시에 나타난 것으로 분석되었다.

도·소매, 음식·숙박업 부문에서는 3개 산업 중 1개 산업 즉 도매부문이 산업구조효과가 나타난 것으로 분석되었는데 입지효과는 미미한 것으로 분석되었다.

운수·창고·통신업 부문에서는 5개 산업 중 2개 산업이 산업구조효과로 그리고 5개 산업 중 3개 산업이 입지효과로 성장했음을 알 수 있는데 중분류상 육상운수, 수상운수, 운수관련업은 항공운수, 통신업이 입지효과로 성장했음을 알 수 있다.

금융업 부문에 있어서는 4개 산업 중 3개 산업이 산업구조효과로 그리고 그중 4개 산업이 입지효과로 성장했음을 알 수 있는데 이 중 보험·부동산·사업서비스업은 두 효과가 동시에 나타난 것으로 분석되었다.

서비스업 부문에서는 4개 산업 중 3개 산업이 산업구조효과로, 그리고 1개 산업만이 입지효과로 성장했음을 알 수 있는데, 중분류상 오락문화는 두 효과가 동시에 나타나는 것으로 분석되었다.

이와 같은 분석을 종합해 볼 때, 중분류상 52개 산업 중 20개 산업이 산업구조효과가 있었으며, 19개 산업이 입지효과가 있었던 것으로 분석되었고, 6개 산업만이 두 효과가 동시에 나타났음을 알 수 있다.

1992~1994년에 있어 토지정책과 연계가 높은 산업을 살펴보면, 동 기간 중 제조업 23개 산업 가운데 11개 산업(인쇄출판, 석유정제, 화학제품, 고무, 조립금속, 기타기계, 사무기계, 전기기계, 의료·정밀, 자동차, 재생재료)이 산업구조효과를 보였으며, 9개 산업(의복·모피, 가죽·가방, 펄프·종이, 석유정제, 화학제품, 비금속, 의료정밀, 자동차, 기타운송)이 입지효과를 보였다.

부동산업은 산업구조효과로 고용성장을 보인 것으로 나타났는데, 앞으로 산업재배치 및 산업구조의 흐름에 있어 첨단산업 등 지식기반산업이 차지하는 비중이 높아질 것이므로 합리적인 도시성장관리체계에 대한 폭넓은 인식 및 이를 전제로 한 계획수립이 이루어져야 할 것이다.

〈표 5-8〉 인천광역시 성장변화할당분석 Ⅲ(Growth Shift and Share Analysis: 1992~1994년 기준)

구분 (KSIC분류)		총 변화 (2)+(3)	전국성장 효과(2)	소 계 【(3), (4)+(5)】	산업구조 효과(4)	입지효과 (5)
제조업 중	음·식료품	-431	304	-735	-477	-258
	담 배	-106	4	-110	-33	-77
	섬유제품	-1,068	282	-1,350	-1,029	-320
	의복·모피	-31	249	-280	-827	547
	가죽·가방	-610	98	-708	-1,379	671
	목재·나무	-2,932	504	-3,426	-1,949	-1,477
	펄프·종이	212	58	154	-51	206
	출판·인쇄	-69	35	-104	43	-147
	석유정제	306	29	277	10	267
	화학제품	882	308	574	34	540
	고 무	642	295	347	574	-227
	비 금 속	-99	226	-325	-518	193

구분 (KSIC분류)		총 변화 (2)+(3)	전국성장 효과(2)	소 계 【(3), (4)+(5)】	산업구조 효과(4)	입지효과 (5)
제조업 중	1차금속	−3,130	359	−3,489	−254	−3,235
	조립금속	347	985	−368	949	−1,587
	기타기계	5,181	1,206	3,975	7,812	−3,836
	사무기계	−1,559	92	−1,651	1,348	−2,999
	전기기계	3,735	266	3,469	1,403	−2,066
	통신장비	−3,537	540	−4,077	−3,218	−859
	의료・정밀	1,585	98	1,487	245	1,242
	자 동 차	3,214	605	2,609	188	2,422
	기타운송	762	97	665	−108	773
	가 구	−4,269	1,050	−5,319	−4,323	−993
	재생재료	195	5	190	353	−163
	소 계	−770	7,692	−8,462	−8,853	391
부동산 중	부 동 산	1,935	155	1,780	2,052	−272
	임 대	−1,182	51	−1,233	−827	−406
	소 계	2,807	419	2,388	2,678	−290

4. 경기도의 성장변화할당분석(Growth Shift and Share Analysis)

경기도에 있어서는 가용토지의 활용 및 토지정책에 실질적으로 밀접한 관련이 있는 산업의 변화를 고찰하기 위해 제조업 부문과 부동산 부문을 살펴보면 〈표 5−9〉~〈표 5−10〉와 같다.

〈표 5−9〉를 통해 1984~1988년에 있어 토지정책과 연계가 높은 산업을 살펴보면, 동 기간 중 제조업 27개 산업 중 11개 산업(가죽, 신발, 고무, 플라스틱, 유리, 비철금속, 기계, 전기기계, 운수장비, 정밀기계, 기타제조업)이 산업구조효과를 보였다. 17개 산업(식료품, 음료품, 섬유, 가죽, 나무, 가구, 종이, 기타화학, 고무, 플라스틱, 도기・자기, 철강, 비철금속, 조립금속, 기계, 전기기계, 운수장비)이 입지효과를 통해 고용성장을 보였다. 금융업 중 부동산업은 산업구조효과 및 입지효과로 고용성장을 보인 것으로 나타났다.

<표 5-9> 경기도 성장변화할당분석 I (Growth Shift and Share Analysis: 1984~ 1988년 기준)

구분 (KSIC분류)		총 변화 (2)+(3)	전국성장 효과(2)	소 계 【(3), (4)+(5)】	산업구조 효과(4)	입지효과(5)
제조업 중	식 료 품	10,319	6,340	3,979	−1,558	5,537
	음 료 품	4,219	889	3,330	−401	3,731
	섬 유	18,484	12,321	6,163	−6,003	12,165
	의 복	−1,543	7,272	−8,815	−3,508	−5,307
	가 죽	8,308	2,762	5,546	3,368	2,177
	신 발	1,219	1,504	−285	294	−579
	나 무	557	1,084	−527	−1,135	608
	가 구	4,272	1,820	2,452	−1,320	3,772
	종 이	5,842	4,121	1,721	−141	1,862
	인쇄출판	1,055	1,270	−215	−191	−24
	산업화학	−1,663	3,448	−5,111	−1,138	−3,973
	기타화학	6,803	5,608	1,195	−2,568	3,764
	석유정제	−59	53	−112	−18	−94
	석유석탄	45	272	−317	−318	1
	고 무	2,171	1,091	1,080	304	777
	플라스틱	12,597	4,315	8,282	3,848	4,433
	도기·자기	234	1,063	−829	−1,276	447
	유 리	206	1,828	−1,622	20	−1,642
	비 금 속	3,284	4,327	−1,043	−943	−101
	철 강	231	769	−538	−628	89
	비철금속	3,736	637	3,099	1,088	2,011
	조립금속	18,223	8,997	9,226	−683	9,909
	기 계	23,350	4,875	18,475	6,490	11,985
	전기기계	96,117	22,503	73,614	38,651	34,963
	운수장비	8,499	4,188	4,311	2,336	1,975
	정밀기계	2,340	1,680	660	683	−23
	기 타	5,500	6,067	−567	3,473	−4,039
	소 계	234,256	111,105	123,151	18,372	104,779
금융업 중	부동산업	2,168	315	1,853	608	1,245
	소 계	9,036	4,058	4,979	469	4,509

〈표 5-10〉을 통해 1988~1991년에 있어 토지정책과 연계가 높은 제조업과 부동산업을 살펴보았을 때, 제조업은 27개 산업 중 12개 산업(식료품, 신발, 가구, 인쇄출판, 기타화학, 석유정제, 비금속, 철강, 비철금속, 조립금속, 기계, 운수장비)이 산업구조효과를 보였다. 그리고 12개 산업(가죽, 나무, 가구, 인쇄출판, 기타화학, 석유정제, 석유석탄, 고무, 플라스틱, 유리, 조립금속, 운수장비)이 입지효과를 통해 고용성장을 보였다. 금융업 중 부동산업은 산업구조효과로 고용성장을 보인 것으로 나타났다.

이와 같은 분석을 종합해 동일 산업분류체계를 보인 1984~1991년까지의 산업 대분류 및 중분류를 병행해서 살펴보면 다음과 같다.

농업 부문은 전국산업성장효과와 1개 산업 즉 중분류 중 농업이 산업구조효과와 입지효과 측면을 동시에 보였고, 어업이 입지효과 측면에서 그 효과가 있었던 것으로 분석되었다.

광업 부문에 있어서는 입지효과가 있었으며, 중분류별로 살펴보았을 때 4개 산업 중 2개 산업이 입지효과가 있었던 것으로 분석되었다.

제조업 부문에 있어서는 전국산업효과, 산업구조효과, 입지효과가 고루 나타나는데, 27개 산업 중 10개 산업이 산업구조효과에 의해서 그리고 18개 산업이 입지효과에 의해서 성장을 보인 것으로 나타나 입지효과가 큰 것으로 나타났다. 그중에서 5개 산업이 산업구조효과와 입지효과 측면을 동시에 보이고 있는 것으로 분석되었다.

<표 5-10> 경기도 성장변화할당분석Ⅱ(Growth Shift and Share Analysis: 1988~1991년 기준)

구분 (KSIC분류)		총 변화 (2)+(3)	전국성장 효과(2)	소 계 【(3), (4)+(5)】	산업구조 효과(4)	입지효과(5)
제조업 중	식 료 품	1,636	2,167	−531	501	−1,032
	음 료 품	−3,028	484	−3,512	−1,537	−1,975
	섬 유	−12,930	4,110	−17,040	−16,337	−704
	의 복	−6,041	1,618	−7,659	−5,237	−2,422
	가 죽	−2,997	1,192	−4,189	−6,292	2,103
	신 발	−2,159	434	−2,593	39	−2,633
	나 무	223	292	−69	−797	728
	가 구	4,807	707	4,100	3,179	920
	종 이	401	1,353	−952	−1,635	683
	인쇄출판	1,658	368	1,290	1,404	−115
	산업화학	−2,557	707	−3,264	−968	−2,295
	기타화학	4,856	1,766	3,090	1,848	1.242
	석유정제	414	9	405	118	288
	석유석탄	109	61	48	−142	190
	고 무	−398	399	−797	−3,284	2,488
	플라스틱	8,204	1,837	6,367	−1,135	8,028
	도기·자기	−1,167	266	−1,433	−75	−299
	유 리	2,270	445	1,825	−26	1,900
	비 금 속	1,345	1,235	110	2,713	−2,604
	철 강	−1,033	197	−1,230	148	−1,378
	비철금속	−374	393	767	412	−1,179
	조립금속	12,345	3,308	9,037	325	8,712
	기 계	11,878	2,667	9,211	13,042	−3,831
	전기기계	−30,033	11,554	−41,587	−30,525	−11,062
	운수장비	14,538	1,541	12,997	296	12,701
	정밀기계	−694	549	−1,243	−1,210	−33
	기 타	−7,577	1,790	−9,367	−9,258	−109
	소 계	−6,304	41,449	−47,753	−56,927	9,174
금융업 중	부동산업	1,829	215	1,614	1,663	−49
	소 계	11,423	1,545	9,878	8,969	909

전기업 부문은 전국산업성장효과, 입지효과로만 성장효과가 나타나 산업구조효과 측면에서 미미한 효과를 나타낸 것으로 보인다.

건설업 부문에서는 중분류 중 전문건설만이 산업구조효과를 그리고 종합건설이 입지효과를 나타낸 것으로 분석되었다.

도·소매, 음식·숙박업 부문에서는 중분류 3개 산업 중 도매부문이 산업구조효과를 그리고 소매와 음식숙박업은 입지효과가 나타난 것으로 분석되었다.

운수·창고·통신업 부문에서는 5개 산업 중 1개 산업이 산업구조효과로 그리고 5개 산업 중 3개 산업이 입지효과로 성장했음을 알 수 있는데, 통신업은 두 부문의 효과가 동시에 작용했음을 알 수 있다.

금융업 부문에 있어서는 4개 산업 중 3개 산업이 산업구조효과로, 그리고 4개 산업이 입지효과로 성장했음을 알 수 있는데, 금융을 제외한 보험, 부동산, 사업서비스업 등 3개 산업에서 두 효과가 동시에 나타난 것으로 분석되었다.

서비스업 부문에서는 4개 산업 중 3개 산업이 산업구조효과로, 그리고 3개 산업만이 입지효과로 성장했음을 알 수 있는데, 중분류상 오락문화는 산업구조 측면에서만, 그리고 개인가사는 입지효과만이 효과가 나타난 것으로 분석되며, 위생, 사회는 양 효과가 동시에 나타난 것으로 분석되었다.

이와 같은 분석을 종합해 볼 때, 중분류상 52개 산업 중 18개 산업이 산업구조효과가 있었고, 36개 산업이 입지효과가 있었던 것으로 분석되었다. 또한 10개 산업이 두 가지 효과가 동시에 나타나는 것으로 분석되었는데, 입지효과가 선행분석지역보다 많으며, 두 효과가 동시에 나타난 부문 역시 그와 같은 결과를 보여 산업구조의 다양성과 함께 지역성장의 효과도 다른 지역보다 크게 나타남을 알 수 있다.

<표 5-11> 경기도 성장변화할당분석 Ⅲ(Growth Shift and Share Analysis: 1992~ 1994년 기준)

구분 (KSIC분류)		총 변화 (2)+(3)	전국성장 효과(2)	소 계 【(3), (4)+(5)】	산업구조 효과(4)	입지효과(5)
제조업 중	음·식료품	280	1,444	−1,164	−2,264	−1,100
	담 배	−441	20	−461	−176	−284
	섬유제품	−4,596	1,707	−6,303	−6,237	−66
	의복·모피	−1,484	676	−2,160	−2,243	83
	가죽·가방	−2,766	621	−3,387	−8,763	5,376
	목재·나무	539	224	315	−866	1,181
	펄프·종이	617	752	−135	−668	533
	출판·인쇄	−357	287	−644	358	−1,002
	석유정제	276	2	274	1	273
	화학제품	2,079	1,497	582	165	417
	고 무	6,416	1,253	5,163	2,440	2,723
	비 금 속	−1,731	1,177	−2,908	−2,697	−210
	1차금속	−876	543	−1,419	−385	−1,035
	조립금속	6,196	1,712	4,484	1,650	2,834
	기타기계	52,712	2,263	50,449	14,662	35,787
	사무기계	19,421	183	19,238	2,690	16,548
	전기기계	9,823	1,558	8,265	8,219	46
	통신장비	−32,650	3,649	−36,299	−21,749	−14,556
	의료·정밀	4,590	298	4,292	748	3,544
	자 동 차	9,432	1,619	7,813	502	7,312
	기타운송	391	81	−472	−90	−382
	가 구	−4,180	1,247	−5,427	−5,132	−295
	재생재료	175	20	155	1,494	−1,339
	소 계	63,084	22,833	40,251	−26,279	66,530
부동산 중	부 동 산	13,804	348	13,456	4,600	2,815
	임 대	−1,238	75	−1,313	−1,219	−815
	소 계	21,073	1,117	19,956	7,141	12,815

〈표 5-11〉를 통해 살펴보면, 1992~1994년의 제조업 23개 산업 중 11개 산업(인쇄출판, 석유정제, 화학제품, 고무, 조립금속, 기타기계, 사무기계, 전기기계, 의료·정밀, 자동차, 재생재료)이 산업구조효과를 보였으며, 12개 산업(의복·모피, 가죽·가방, 펄프·종이, 석유정제, 화학제품, 고무, 조립금속, 기타기계, 사무기계, 전기기계, 의료정밀, 자동차)이 입지효과를 보였다.

부동산업은 산업구조효과와 입지효과를 통해 고용성장을 보인 것으로 나타났다. 전국성장효과도 지역경제성장에 영향을 주었음을 알 수 있다.

Ⅱ. 지역성장률시차분석
(Regional Growth Rate Differential Analysis)

1. 지역성장률시차분석
(Regional Growth Rate Differential Analysis)의 의의

앞서 살펴본 바와 같이 성장변화할당분석은 고용구조 측면에서 성장변화효과만을 분석하는데 활용도는 높으나, 각 산업이 그 지역성장에 미친 기여도는 평가할 수 없다는 한계가 있다. 같은 기초통계를 가지고 지역성장률시차분석(Regional Growth Rate Differential Analysis)을 실시하여 각 산업별 성장기여도를 보았는데 구체적으로 살펴보면 다음과 같다.

여기에서 가중요인(HCE)은 성장변화할당분석의 산업구조효과에 상응하며, 한 지역의 산업구조가 전국적으로 빠른 성장을 보이는 산업의 구성비가 크며, 반대로 저성장을 보이는 산업은 구성비가 작기 때문에 나타나는 성장요인이다(최재선, 1990: 464-465).

따라서 지역의 산업이 전국적으로 빠른 성장을 나타내는 산업으로 높은 구성비를 가질 때 전국성장에 부응하여 성장하는 성장률을 보여주는 것으로 가중요인은 지역 산업의 산업구조의 유리함을 나타내 준다고 할 수 있다.

경쟁력요인(JGN)은 입지효과 또는 지역할당 측면에서 수행효과(performance effect)에 상응하는 효과가 다른 지역에 비하여 높은 경쟁력을 갖기 때문에 보여주는 성장효과이다.

이와 같이 지역성장률시차분석(Regional Growth Rate Differential Analysis)은 성장률의 가중치와 경쟁치로써 표현된 산업별 기여율을 퍼센트로 나타내 주고 있어서 각 산업의 상대적 중요성을 보여주고 있는 것이다. 이 점이 성장변화할당분석(Growth Shift and Share Analysis)보다 장점을 가지는 점이다. 성장변화할당분석이 성장시차의 절대치를 보여주고 있으나 지역의 총 성장에 각 산업들이 어느 정도 기여하는지를 보여주지 못하기 때문이다.

2. 서울특별시의 지역성장률시차분석 (Regional Growth Rate Differential Analysis)

도시성장관리 측면에서 가용토지의 활용 및 토지관련 산업의 변화를 고찰하기 위해 제조업 부문과 부동산 부문을 살펴보면 〈표 5-12〉~〈표 5-14〉와 같다.

서울특별시의 지역성장률시차분석(Regional Growth Rate Differential Analysis)을 통해서 변화할당분석의 한계를 보완하였다.

〈표 5-12〉을 통해 1984~1988년에 있어서 실질적으로 지역성장에 커다란 기여를 한 산업을 살펴볼 수 있다.

특히 앞으로의 토지정책에 따라 가용토지를 합리적으로 활용해야 한다. 같은 기간 중 제조업 23개 산업 중 성장기여도가 큰 산업을 가중요인(HCE)과 경쟁력요인(JGN)으로 나누어서 살펴보면 다음과 같다.

가중요인(HCE) 측면에서는 제조업 측면에서 3개 산업의 기여도가 큰 것으로 나타났는데, 기여도가 큰 순서대로 기여율을 살펴보면, 의복(0.9440), 인쇄출판(0.4851),

기타제조업(0.0945) 순이고 부동산업(0.2273)도 가중요인(HCE) 측면에서 기여도를 살펴볼 수 있다. 경쟁력요인(JGN) 측면에서는 4개 산업의 기여도가 있었음을 알 수 있는데, 기여도를 살펴보면, 의복(0.0159), 운수장비(0.0064), 고무(0.0015), 기계(0.0002) 순으로 나타났다. 의복부문은 가중요인(HCE)과 경쟁요인(JGN)이 복합적으로 작용해 도시 고용성장에 기여한 것으로 분석되었으며, 실질적으로는 가중요인(HCE)의 성장기여가 크고 경쟁력요인(JGN) 측면에서는 미미한 기여가 있었음을 알 수 있었다. 부동산 거래활동은 상대적으로 활성화되어 동 기간 중 고용성장기여가 높았던 것으로 분석되었다.

이 시기에 있었던 건설경기의 활성화 및 국가 이벤트 행사에 따른 지원 산업의 성장도 그 원인이라 할 수 있다. 다만, 수도권 분산정책과 맞물려 서울특별시의 2차 산업의 취약성 그리고 3차 산업의 지속적 성장은 도시경제의 취약성을 드러내고 있다. 다만 산업구조의 변화를 모색하기 위해 고부가가치 산업으로 산업구조를 고도화하는 정책은 긍정적으로 볼 수 있다. 향후 산업구조의 고도화 및 내실화를 통한 효과적인 도시성장관리정책을 모색해야 할 것이다.

<표 5-12> 서울특별시 지역성장률시차분석 I (Regional Growth Rate Differential Analysis: 1984~1988년 기준)

구분(KSIC분류)		TER	RER	LYE	HCE	JGN
제조업 중	식 료 품	0.2072	0.0332	−0.1560	−0.1512	−0.0049
	음 료 품	0.1058	−0.3812	−0.0431	−0.0409	−0.0021
	섬 유	0.1409	0.0217	−1.1482	−1.1405	−0.0063
	의 복	0.1422	0.3139	0.9600	0.9440	0.0159
	가 죽	0.6098	0.5947	−0.0015	−0.0013	−0.0001
	신 발	0.3284	0.1326	−0.6193	−0.6187	−0.0006
	나 무	−0.0130	−0.3222	−0.1733	−0.1772	−0.0012
	가 구	0.0755	−0.2470	−0.0857	−0.0846	−0.0010
	종 이	0.2654	0.0229	−0.0991	−0.0972	−0.0020
	인쇄출판	0.2335	0.3271	0.4881	0.4851	0.0031
	산업화학	0.1841	−0.0491	−0.1559	−0.1545	−0.0014
	기타화학	0.1489	−0.0320	0.2142	0.2191	−0.0049
	석유정제	0.1820	0.1063	−0.0181	−0.0180	−0.0001
	석유석탄	−0.0465	−0.0641	−0.0161	−0.0160	−0.0001
	고 무	0.3513	−0.0458	−0.3260	−0.3245	0.0015
	플라스틱	0.5198	0.1775	−0.0058	−0.0003	−0.0055
	도기 · 자기	−0.0550	0.2151	−0.0917	−0.0920	−0.0003
	유 리	0.2777	−0.2247	−0.0383	−0.0369	−0.0014
	비 금 속	0.2149	0.2186	−0.2274	−0.2274	0.0000
	철 강	0.0506	−0.7055	−0.2695	−0.2715	−0.0020
	비철금속	0.7441	0.2460	0.0454	−0.0448	−0.0006
	조립금속	0.2539	−0.3021	−0.2015	−0.1820	−0.0195
	기 계	0.6405	0.6520	−0.2657	−0.2659	0.0002
	전기기계	0.7467	0.4654	−0.1215	−0.1021	−0.0194
	운수장비	0.4280	1.2237	−0.7624	−0.7689	0.0064
	정밀기계	0.3864	0.5978	−0.0422	−0.0434	−0.0011
	기 타	0.4320	0.2694	0.0903	0.0945	−0.0041
	소 계	0.3202	0.2196	−3.1596	−3.1121	−0.0475
금융업 중	부동산업	0.8051	0.6502	0.2250	0.2273	−0.0022
	소 계	0.3065	0.4093	1.3341	1.3318	0.0124

※ 주: 1) TER: 전국고용성장률, RER: 지역고용성장률, LYE: 총 시차, HCE: 가중요인, JGN: 경쟁력요인.

〈표 5-13〉를 통해 1988~1991년에 있어 실질적으로 지역성장에 커다란 기여를 한 산업을 가중요인(HCE)과 경쟁력요인(JGN)으로 나누어서 살펴보면 다음과 같다. 가중요인(HCE) 측면에서는 제조업 측면에서 4개 산업의 기여도가 큰 것으로 나타났다.

기여도가 큰 순서대로 기여율을 살펴보면, 의복(0.3171), 인쇄출판(0.1431), 기타화학(0.0261), 기타제조업(0.0064), 정밀기계(0.0060) 순이고, 부동산업(0.0740)도 가중요인(HCE) 측면에서 기여도를 살펴볼 수 있다.

경쟁요인(JGN) 측면에서는 10개 산업의 기여도가 있었음을 알 수 있다.

기여도 순서대로 기여율을 살펴보면, 운수장비(0.0074), 신발(0.0019), 섬유(0.0016), 철강(0.0013), 기계(0.0013), 고무(0.0007), 산업화학(0.0004), 석유정제(0.0001) 순으로 나타났다.

실질적으로 가중요인(HCE)의 성장기여도는 점차 하락하고 있는 것으로 보이며, 경쟁력요인(JGN) 측면에서는 각 산업별로 미미한 성장효과를 보이는 것으로 분석되었다.

〈표 5-13〉 서울특별시 지역성장률시차분석Ⅱ(Regional Growth Rate Differential Analysis: 1988~1991년 기준)

구분(KSIC분류)		TER	RER	LYE	HCE	JGN
제조업 중	식 료 품	0.0799	0.0887	−0.0636	−0.0638	0.0002
	음 료 품	−0.1413	−0.3748	−0.0206	−0.0216	0.0010
	섬 유	−0.1931	−0.1561	−0.3018	−0.3033	0.0016
	의 복	−0.1452	−0.1876	0.3130	0.3171	−0.0041
	가 죽	−0.2777	−0.4296	−0.0022	−0.0006	−0.0016
	신 발	0.0708	0.6551	−0.1721	−0.1740	0.0019
	나 무	−0.1122	−0.3495	−0.0422	−0.0417	−0.0005
	가 구	0.3567	−0.1329	−0.0256	−0.0246	−0.0009
	종 이	−0.0135	−0.1594	−0.0372	−0.0362	−0.0010
	인쇄출판	0.3123	0.2684	0.1416	0.1431	−0.0015
	산업화학	−0.0240	0.0700	−0.0450	−0.0454	0.0004

구분(KSIC분류)		TER	RER	LYE	HCE	JGN
제조업 중	기타화학	0.1328	−0.0731	0.0218	0.0261	−0.0043
	석유정제	0.9423	0.9752	−0.0048	−0.0049	0.0001
	석유석탄	−0.0856	−0.2754	−0.0037	−0.0033	−0.0003
	고 무	−0.4700	−0.2219	−0.0987	−0.0994	0.0007
	플라스틱	0.0062	−0.3159	−0.0347	−0.0299	−0.0048
	도기·자기	−0.2116	−0.6790	−0.0168	−0.0163	−0.0005
	유 리	0.0539	0.2806	−0.0171	−0.0175	−0.0004
	비 금 속	0.2075	−0.2172	−0.0599	−0.0570	−0.0029
	철 강	0.1137	−0.1960	−0.0492	−0.0479	0.0013
	비철금속	0.1330	0.4008	0.0192	−0.0195	−0.0003
	조립금속	0.0713	0.0360	−0.1551	−0.1545	0.0007
	기 계	0.3823	0.3323	−0.0895	−0.0882	0.0013
	전기기계	−0.1066	−0.1470	−0.1438	−0.1406	−0.0032
	운수장비	0.0774	−0.4458	−0.1994	−0.1920	0.0074
	정밀기계	−0.0782	−0.2930	−0.0074	0.0060	−0.0014
	기 타	−0.2708	−0.3626	0.0041	0.0064	−0.0023
	소 계	−0.0242	−0.0993	−1.1297	−1.0955	−0.0341
금융업 중	부동산업	0.5666	0.5442	0.0736	0.0740	−0.0004
	소 계	0.4417	0.4229	0.4342	0.4367	−0.0025

※ 주: 1) TER: 전국고용성장률, RER: 지역고용성장률, LYE: 총 시차, HCE: 가중요인, JGN: 경쟁력요인.

이와 같은 분석을 종합해 동일 산업분류체계를 보인 1984~1991년까지의 분석결과를 산업의 대분류 및 중분류와 병행해서 살펴보면 다음과 같다.

농업 부문을 보면 가중요인(HCE) 측면에서는 농업 및 임업이 나타났으며, 경쟁력요인(JGN)에선 농업만이 기여도가 있는 것으로 나타나 농업은 가중요인(HCE) 및 경쟁력요인(JGN)이 나타났으나 전체산업의 성장기여도는 미미한 것으로 분석되었다. 광업 부문에 있어서는 기타 광업 부문에서 가중요인(HCE) 및 경쟁력요인(JGN)이 나타났으나 전체산업의 성장기여도는 미미한 것으로 분석되었다.

제조업 부문을 살펴보면, 가중요인(HCE) 측면에서는 27개 산업 중 17개 산업이 가중요인이 큰 것으로 분석되었으며, 그중 기타화학(1.1487)의 기여도가 높은 것으로 나타났다. 경쟁력요인(JGN)에선 19개 산업으로 분석되었는데, 그 기여도는 미미한 것으로 분석되었다.

전기업 부문은 가중요언(HCE)보다는 경쟁력요인(JGN) 측면에서 기여된 것으로 나타났다.

건설업 부문에 있어서도 가중요인(HCE)보다는 경쟁력요인(JGN) 측면에서 기여된 것으로 나타났다. 도·소매, 음식·숙박업 부문에서는 가중요인(HCE)보다는 경쟁력요인(JGN) 측면에서 기여된 것으로 나타났다. 소매와 음식숙박업이 경쟁력요인(JGN) 측면에서 기여한 것으로 분석되었다.

운수, 창고, 통신업 부문을 살펴보면, 가중요인(HCE) 측면에서는 운수관련업의 기여도가 높으며 경쟁력요인(JGN) 측면에서는 육상 및 수상 부문에서 기여된 것으로 분석되었다.

금융업 부문에 있어서는 전반적으로 금융, 보험, 부동산, 사업서비스업이 가중요인(HCE)에서 기여도가 큰 것으로 분석되었고, 경쟁력요인(JGN) 측면에서 금융 및 사업서비스업이 기여된 것으로 나타났다.

서비스업 부문을 살펴보면, 가중요인(HCE) 측면에서는 오락문화가 나타났으며, 경쟁력요인(JGN) 측면에서는 육상 및 사회부문의 기여도가 높은 것으로 나타났다.

〈표 5-14〉를 통해 1992~1994년까지 실질적으로 지역성장에 커다란 기여를 한 산업을 가중요인(HCE)과 경쟁력요인(JGN)으로 나누어서 살펴보면 다음과 같다.

<표 5-14> 서울특별시 지역성장률시차분석Ⅲ(Regional Growth Rate Differential Analysis: 1992~1994년 기준)

구분(KSIC분류)		TER	RER	LYE	HCE	JGN
제조업 중	음·식료품	−0.0196	−0.1020	−1.6559	−1.6540	−0.0019
	담 배	−0.2736	0.7000	−0.1560	−0.1560	0.0000
	섬유제품	−0.0914	−0.2267	−4.3395	−4.3358	−0.0036
	의복·모피	−0.0798	−0.0534	3.6646	3.6631	−0.0015
	가죽·가방	−0.4515	−0.1964	−2.7627	−2.7648	−0.0021
	목재·나무	0.0987	0.2316	−0.8454	−0.8453	−0.0002
	펄프·종이	−0.0038	−0.1571	−0.6841	−0.6831	−0.0011
	출판·인쇄	0.0774	0.1055	2.6897	2.6888	0.0009
	석유정제	−0.0466	0.1399	−0.0642	−0.0643	0.0002
	화학제품	0.0382	0.0598	−1.1020	−1.1025	0.0005
	고 무	0.1015	−0.1775	−1.7484	−1.7451	−0.0033
	비 금 속	−0.0445	−0.2396	−2.5999	−2.5983	−0.0016
	1차금속	0.0100	−0.3256	−1.8106	−1.8086	−0.0020
	조립금속	−0.0676	0.0145	−3.0108	−3.0102	−0.0007
	기타기계	−0.2575	−0.1241	−3.5120	−3.5013	−0.0106
	사무기계	0.5407	−0.1663	0.0919	0.0953	−0.0034
	전기기계	−0.2161	0.1510	−1.2964	−1.2956	−0.0007
	통신장비	−0.1707	−0.2659	−2.4402	2.4373	−0.0029
	의료·정밀	0.1208	−0.1383	−0.0403	−0.0386	−0.0017
	자 동 차	0.0451	−0.4133	−3.4672	−3.4632	−0.0040
	기타운송	−0.0039	−0.3966	−1.6102	−1.6096	−0.0006
	가 구	−0.1073	−0.1501	−1.0779	−1.0774	−0.0005
	재생재료	2.5581	0.0123	−0.0232	−0.0228	−0.0004
	소 계	−0,0052	−0.1020	−27.7980	−27.7667	−0.0312
부동산 중	부 동 산	0.4892	0.2995	2.0569	2.0626	−0.0057
	임 대	−0.5230	−0.6214	−0.0683	−0.0679	−0.0004
	소 계	0.2547	0.1951	7.7067	7.7135	−0.0068

※ 주: 1) TER: 전국고용성장률, RER: 지역고용성장률, LYE: 총 시차, HCE: 가중요인, JGN: 경쟁력요인.

가중요인(HCE) 측면에서는 제조업 측면에서 3개 산업의 기여도가 큰 것으로 나타났는데, 기여도가 큰 순서대로 기여율을 살펴보면, 의복·모피(3.6631), 인쇄출판(2.6888), 통신장비(2.4373) 나타났으며, 가중요인(HCE) 측면에서는 부동산업(2.4373)이 현시하고 있다. 경쟁력요인(JGN) 측면에서는 3개 산업의 기여도가 있었음을 알 수 있다.

기여도 순서대로 기여율을 살펴보면, 인쇄출판(0.0009), 화학제품(0.0005), 석유정제(0.0002) 순으로 나타났다.

실질적으로는 가중요인(HCE)의 성장기여도가 크게 나타나고 있어서, 다양한 산업을 통해 지역성장이 이루어진 것이 아니라 기존의 특화산업에 고부가치산업 및 정보관련산업이 성장에 기여를 하고, 경쟁력요인(JGN) 측면에서는 각 산업별로 미미한 성장효과를 보이는 것으로 분석되었다.

따라서 그동안 수도권 도시성장관리정책에 있어서 서울특별시의 분산은 정체점에 이른 것으로 볼 수 있으며, 3차 산업 위주의 단순 인구유발산업은 지양하고 고부가가치 창출산업 육성에 지속적인 정책을 추진할 필요가 있다.

이것은 산업 측면의 각종 분산정책에도 불구하고 인구의 고집중으로 인해 가용토지의 부족 등으로 비축토지 확보의 한계를 극복할 수 있는 대안이 될 수도 있기 때문이다.

3. 인천광역시의 지역성장률시차분석
(Regional Growth Rate Differential Analysis)

인천광역시의 도시성장관리정책에 있어서 토지의 활용 및 토지관련 산업의 변화를 고찰하기 위해 제조업 부문과 부동산 부문을 살펴보면 〈표 5-15〉~〈표 5-17〉와 같다. 〈표 5-15〉을 통해 1984~1988년에 있어 실질적으로 지역성장에 커다란 기여를 한 산업을 살펴볼 수 있다. 이것은 수도권정책에 있어서 도시성장관리 수단으로 추진되는 토지정책에 따른 공장 총량관리 측면에서 중요한 분석이라 할 수 있다. 같은 기간 중 제조업 23개 산업 중에서 성장기여도가 큰 산업을 가중요인(HCE)과 경쟁력요인(JGN)으로 나누어서 살펴보면 다음과 같다.

가중요인(HCE) 측면에서는 제조업 측면에서 17개 산업에서 기여도가 큰 것으로 나타났는데, 제조업 부문별 기여율을 살펴보면, 음료품(0.0828), 의복(0.1255), 나무(1.2668), 가구(0.9242), 기타화학(0.0842), 석유정제(0.0510), 플라스틱(0.0855), 도기·자기(0.0266), 유리(0.2088), 철강(0.6360), 비철금속(0.0860), 조립금속(0.0860), 기계(0.7391), 전기기계(0.9863), 운수장비(0.1943), 정밀기계(0.3567), 기타제조업(0.7672) 등 제조업 부문에서 가중요인 측면에서 고용성장에 크게 기여한 것으로 나타났다.

〈표 5-15〉 인천광역시 지역성장률시차분석 I (Regional Growth Rate Differential Analysis: 1984~1988년 기준)

구분(KSIC분류)		TER	RER	LYE	HCE	JGN
	식 료 품	0.2072	0.0210	−0.1398	−0.1345	−0.0052
	음 료 품	0.1508	−0.6316	−0.0757	0.0828	−0.0070
	섬 유	0.1409	0.1367	−1.1055	−1.1053	−0.0002
	의 복	0.1422	−0.3180	0.0967	0.1255	−0.0288
	가 죽	0.6098	−0.2360	−0.0916	−0.0877	−0.0039
	신 발	0.3284	−0.1112	−0.3050	−0.2987	−0.0063
	나 무	−0.0130	0.1877	1.2794	1.2668	0.0026
	가 구	0.0755	−0.0825	0.9171	0.9242	−0.0010
제조업 중	종 이	0.2654	0.0016	−0.1479	−0.1464	−0.0071
	인쇄출판	0.2335	−0.2159	−0.2761	−0.2746	−0.0015
	산업화학	0.1841	0.8848	−0.0466	−0.0533	−0.0014
	기타화학	0.1489	−0.0546	0.0796	0.0842	0.0067
	석유정제	0.1820	0.0655	0.0500	0.0510	−0.0046
	석유석탄	−0.0465	0.1776	−0.0230	−0.0234	−0.0010
	고 무	0.3513	0.9253	−0.2818	−0.2842	0.0004
	플라스틱	0.5198	0.3394	0.0820	0.0855	0.0024
	도기·자기	−0.0550	−0.5186	0.0239	0.0266	−0.0036

구분(KSIC분류)		TER	RER	LYE	HCE	JGN
제조업 중	유 리	0.2777	0.0004	−0.2052	0.2088	−0.0027
	비 금 속	0.2149	0.0310	−0.1285	−0.1266	−0.0036
	철 강	0.0506	−0.4420	0.6164	0.6360	−0.0019
	비철금속	0.7441	−0.4179	0.0785	0.0860	−0.0196
	조립금속	0.2539	0.7330	0.7819	0.7469	−0.0075
	기 계	0.6405	0.6695	0.7408	0.7391	0.0349
	전기기계	0.7467	0.2573	0.9307	0.9863	0.0018
	운수장비	0.4280	1.2662	0.2321	0.1943	−0.0557
	정밀기계	0.3864	−0.0786	0.3466	0.3567	0.0378
	기 타	0.4320	0.8236	0.7882	0.7672	−0.0101
	소 계	0.3202	0.2196	−3.1596	−3.1121	−0.0475
금융업 중	부동산업	0.8051	0.6502	0.2250	0.2273	−0.0022
	소 계	0.3065	0.4093	1.3341	1.3318	0.0124

※ 주: 1) TER: 전국고용성장률, RER: 지역고용성장률, LYE: 총 시차, HCE: 가중요인, JGN: 경쟁력요인.

경쟁력요인(JGN) 측면에서는 6개 산업의 기여도가 있었음을 알 수 있는데, 기여율을 살펴보면, 나무(0.0026), 고무(0.0004), 플라스틱(0.0024), 기계(0.0349), 전기기계(0.0018), 정밀기계(0.0378) 순으로 나타났다. 경쟁력요인(JGN) 측면에서는 기여의 폭은 작으나 입지 측면에서 지역특성상 그 성장기여 부문이 시사하는 바가 크다.

다만 수도권 분산정책과 맞물린 서울특별시와는 달리 인천광역시는 제조업의 산업성장이 견실함을 보이고 있다. 앞서 언급한 바와 같이 기존 공단지역의 산업고도화 문제 및 도심지공장입지의 공해문제 그리고 신규 행정통합지역들은 공장들이 여기저기 산재하고 있는 등 산업구조의 고도화 문제와 적지 않은 공해 유발업체로 인해 지속적인 민원이 제기되고 있는 실정이다.

한편 시정부에서 이런 문제들을 해결하고자 산재한 공장들의 산업재배치를 통해 실효성 있는 토지정책을 추진 중에 있으나, 상위 관계법규의 제약요인으로 인해 지역정책을 집행하는 데 어려움을 겪고 있다.

따라서 인천광역시 역시 고부가가치 산업의 적극적 유치 및 산업재배치로 도시의 쾌적성을 확보하는 한편 정책의 집행력 제고를 통해 바람직한 도시성장관리정책을 모색해야 한다. 공장 총량관리 문제도 제도적 개선이 필요하다.

〈표 5-16〉를 통해 1988~1991년에 있어 실질적으로 지역성장에 커다란 기여를 한 산업을 가중요인(HCE)과 경쟁력요인(JGN)으로 나누어서 살펴보면 다음과 같다. 가중요인(HCE) 측면에서는 제조업 측면에서 14개 산업에서 기여도가 큰 것으로 나타났는데, 제조업 부문별 기여율을 살펴보면, 나무(0.4474), 가구(0.2373), 산업화학 (0.0304), 기타화학(0.0001), 석유정제(0.0110), 플라스틱(0.0172), 유리(0.0528), 철강 (0.0590), 조립금속(0.5194), 기계(0.3687), 전기기계(0.1325), 운수장비(0.3501), 정밀기 계(0.0736), 기타제조업(0.0.4660) 등이 고용성장에 크게 기여한 것으로 나타났다.

〈표 5-16〉 인천광역시 지역성장률시차분석 II (Regional Growth Rate Differential Analysis: 1988~1991년 기준)

구분(KSIC분류)		TER	RER	LYE	HCE	JGN
제조업 중	식 료 품	0.0799	0.2219	−0.0720	−0.0752	0.0033
	음 료 품	−0.0799	0.1765	−0.0194	−0.0202	0.0008
	섬 유	−0.1413	−0.3048	−0.3018	−0.3430	−0.0051
	의 복	−0.1931	−0.0558	−0.3480	−0.1460	0.0031
	가 죽	−0.2777	−0.1225	−0.1429	−0.0648	0.0004
	신 발	0.0708	−0.0222	−0.0643	−0.1509	−0.0010
	나 무	−0.1122	−0.1882	−0.1519	0.4474	−0.0046
	가 구	0.3567	0.5580	0.4428	0.2373	0.0067
	종 이	−0.0135	−0.0944	0.2440	−0.0608	−0.0004
	인쇄출판	0.3123	1.1978	−0.0612	−0.1038	0.0018
	산업화학	−0.0240	0.1619	−0.1020	0.0304	0.0027
	기타화학	0.1328	−0.0816	0.0331	0.0001	−0.0037
	석유정제	0.9423	0.5363	−0.0036	0.0110	−0.0012
	석유석탄	−0.0856	−0.0298	0.0098	−0.0028	0.0001
	고 무	−0.4700	−0.0428	−0.0027	−0.0994	0.0028

구분(KSIC분류)		TER	RER	LYE	HCE	JGN
제조업 중	플라스틱	0.0062	0.0168	−0.0865	0.0172	0.0002
	도기 · 자기	−0.2116	−0.6000	0.0174	−0.0104	−0.0009
	유 리	0.0539	0.0995	−0.0113	0.0528	0.0005
	비 금 속	0.2075	0.2979	0.0533	−0.0539	0.0008
	철 강	0.1137	0.5362	−0.0531	0.0590	0.0075
	비철금속	0.1330	1.6262	0.0665	−0.0079	0.0045
	조립금속	0.0713	0.0703	−0.0034	0.5194	−0.0001
	기 계	0.3823	0.3027	0.5193	0.3687	−0.0065
	전기기계	−0.1066	0.1045	0.3622	0.1325	0.0243
	운수장비	0.0774	−0.4743	0.1569	0.3501	−0.0454
	정밀기계	−0.0782	−0.1612	0.3047	0 .0736	−0.0013
	기 타	−0.2708	−0.2297	0.4692	0.4660	0.0032
	소 계	−0.0242	0.0023	1.6578	1.6365	0.0213
금융업 중	부동산업	0.5666	2.5833	−0.0414	−0.0468	0.0053
	소 계	0.4417	0.8733	−0.3011	0.4367	0.0053

※ 주: 1) TER: 전국고용성장률, RER: 지역고용성장률, LYE: 총 시차, HCE: 가중요인, JGN: 경쟁력요인.

가중요인(HCE) 측면에서는 제조업 측면에서 16개 산업의 기여도가 큰 것으로 나타났는데, 기여율을 살펴보면 식료품(0.0033), 음료품(0.0008), 의복(0.0031), 가죽(0.0004), 가구(0.0067), 인쇄출판(0.0018), 산업화학(0.0027), 석유석탄(0.0001), 고무(0.0028), 플라스틱(0.0002), 유리(0.0005), 비금속(0.0008), 철강(0.0075), 비철금속(0.0045), 전기기계(0.0243), 기타제조업(0.0032) 등이 나타났으며, 부동산업(0.0053)역시 경쟁력요인으로 성장한 것으로 나타났다.

따라서 이 기간의 성장패턴은 기존 성장의 관성에 지역적 경쟁력이 크게 강화된 것으로 분석되었다. 지역경제구조 여건의 강화로 체계적인 토지정책을 바탕으로 한 도시성장관리정책을 수립할 수 있는 토대를 마련했다고 할 수 있다.

이와 같은 분석을 종합해 동일 산업분류체계를 보인 1984~1991년까지의 분석결과를 산업의 대분류 및 중분류와 병행해서 살펴보면 다음과 같다.

농업 부문은 경쟁력요인(JGN)에서만 미미한 기여도가 있는 것으로 분석되었다.

광업 부문에 있어서는 금속부문이 가중요인(HCE)이 있는 것으로 분석되었고, 경쟁력요인(JGN)은 석탄부문에서 미미한 성장기여도를 보이는 것으로는 분석되었다.

제조업 부문에 있어서는 가중요인(HCE) 측면에서 나무와 가구, 조립금속, 기계, 기타제조업 등이 크게 기여한 것으로 나타났으며, 경쟁력요인(JGN)에선 그 기여도가 미미한 것으로 분석되었다.

전기업 부문은 가중요인(HCE)보다는 경쟁력요인(JGN) 측면에서 기여된 것으로 나타났다.

건설업 부문에 있어서도 가중요인(HCE)보다는 경쟁력요인(JGN) 측면에서 기여된 것으로 나타났다.

도·소매, 음식·숙박업 부문에서는 가중요인(HCE)과 경쟁력요인(JGN) 측면이 거의 작용하지 않은 것으로 분석되었다.

운수, 창고, 통신업 부문에서는 경쟁력요인(JGN) 측면에서 미미한 기여도를 보이고 있다.

금융업 부문에 있어서는 가중요인(HCE)보다는 경쟁력요인(JGN) 측면에서 기여된 것으로 나타났다.

서비스업 부문을 살펴보면, 가중요인(HCE) 측면에서는 위생부문이, 경쟁력요인(JGN) 측면에서는 오락문화가 미미한 기여도를 보이고 있다.

〈표 5-17〉를 통해 1992~1994년에 있어 실질적으로 지역성장에 커다란 기여를 한 산업을 가중요인(HCE)과 경쟁력요인(JGN)으로 나누어서 살펴보면 다음과 같다.

가중요인(HCE) 측면에서는 제조업 측면에서 11개 산업에서 기여도가 큰 것으로 나타났다. 제조업 부문별 기여율을 살펴보면, 목재·나무(0.1504), 1차금속(0.0563), 조립금속(0.2181), 기타기계(0.2249), 사무기계(0.0160), 전기기계(0.0156),통신장비(0.0079), 의료·정밀(0.0079), 자동차(0.0896), 가구(0.2908), 재생재료(0.0005) 등이고, 가중요인(HCE) 측면에서는 제조업 측면에서 10개 산업의 기여도가 큰 것으로 나타났다.

<표 5-17> 인천광역시 지역성장률시차분석Ⅲ(Regional Growth Rate Differential Analysis: 1992~1994년 기준)

구분(KSIC분류)		TER	RER	LYE	HCE	JGN
제조업 중	음·식료품	−0.0196	−0.0488	−0.0248	−0.0240	−0.0008
	담 배	−0.2736	−1.0000	−0.0029	−0.0027	−0.0002
	섬유제품	−0.0914	−0.1305	−0.1173	−0.1163	−0.0010
	의복·모피	−0.0798	−0.0043	−0.0396	−0.0413	0.0017
	가죽·가방	−0.4515	−0.2149	−0.0665	−0.0686	0.0021
	목재·나무	0.0987	0.1996	0.1458	0.1504	−0.0046
	펄프·종이	−0.0038	−0.1267	−0.0227	−0.0234	0.0006
	출판·인쇄	0.0774	0.0688	−0.0489	−0.0485	−0.0005
	석유정제	−0.0466	0.3665	0.0023	0.0014	0.0008
	화학제품	0.0382	0.0987	−0.0002	−0.0019	0.0017
	고 무	0.1015	−0.0750	0.0122	0.0129	−0.0007
	비 금 속	−0.0445	−0.0151	−0.0178	−0.0184	0.0006
	1차금속	0.0100	−0.3001	0.0463	0.0563	−0.0101
	조립금속	−0.0676	0.0121	0.2132	0.2181	−0.0049
	기타기계	−0.2575	0.1480	0.2130	0.2249	−0.0119
	사무기계	0.5407	−0.5854	0.0067	0.0160	−0.0093
	전기기계	−0.2161	0.4837	0.0220	0.0156	0.0064
	통신장비	−0.1707	−0.2255	0.0053	0.0079	−0.0027
	의료·정밀	0.1208	0.5589	0.0118	0.0079	0.0039
	자 동 차	0.0451	0.1830	0.0971	0.0896	0.0075
	기타운송	−0.0039	0.2703	−0.0106	−0.0130	0.0024
	가 구	−0.1073	−0.1400	0.2877	0.2908	−0.0031
	재생재료	2.5581	1.3929	−0.0001	0.0005	−0.0005
	소 계	−0,0052	−0.0034	0.7356	0.7343	0.0012
부동산 중	부 동 산	0.4892	0.4289	−0.0100	−0.0092	−0.0008
	임 대	−0.5230	−0.7970	−0.0017	−0.0005	−0.0013
	소 계	0.2547	0.2308	−0.1033	−0.1024	−0.0009

※ 주: 1) TER: 전국고용성장률, RER: 지역고용성장률, LYE: 총 시차, HCE: 가중요인, JGN: 경쟁력요인.

기여율을 살펴보면, 의복·모피(0.0017), 가죽·가방(0.0021), 펄프·종이(0.0006), 석유정제(0.0008), 화학제품(0.0017), 비금속(0.0006), 전기기계(0.0064), 의료·정밀(0.039), 자동차(0.0075), 기타운송(0.0024) 등으로 분석되었다. 부동산업은 가중요인(−0.0092), 경쟁력요인(−0.0008)에는 부(負)의 성장효과를 나타냈고, 전국성장효과에 따라 부문 성장을 보이는 것으로 알 수 있다.

실질적인 각 산업부문별 기여도 파악을 전제로 토지정책 수립 및 그에 따른 도시 성장관리정책이 수립되어야 할 것이다.

4. 경기도의 지역성장률시차분석
(Regional Growth Rate Differential Analysis)

경기도의 도시성장관리정책에 있어서 전제가 되는 가용토지의 활용 및 토지관련 산업의 변화를 고찰하기 위해 제조업 부문과 부동산 부문을 살펴보면 〈표 5−18〉~ 〈표 5−20〉과 같다.

〈표 5−18〉을 통해 1984~1988년에 있어서 실질적으로 지역성장에 커다란 기여 를 한 산업에 대한 분석은 토지정책에 따른 공장 총량관리 및 토지이용의 효율성 제고를 위해 중요한 접근이라 할 수 있다. 제조업 27개 산업 중에서 성장기여도가 큰 산업을 살펴보면 가중요인(HCE)과 경쟁력요인(JGN)으로 나누어서 살펴보면 다 음과 같다.

가중요인(HCE) 측면에서는 제조업 측면에서 16개 산업에서 기여도가 큰 것으로 나타났다. 제조업 부문별 기여율을 살펴보면, 식료품(0.5366), 음료품(0.0325), 가죽 (0.5563), 가구(0.3153), 종이(0.8512), 산업화학(0.6212), 기타화학(1.0132), 플라스틱 (0.1401), 도기·자기(0.1401), 유리(0.4306), 비철금속(0.0788), 조립금속(1.0530), 기계 (0.2030), 전기기계(0.0673), 정밀기계(0.2405), 기타제조업(1.0276) 등이 고용성장에 크게 기여한 것으로 나타났다.

<표 5-18> 경기도 지역성장률시차분석 I (Regional Growth Rate Differential Analysis: 1984~1988년 기준)

구분(KSIC분류)		TER	RER	LYE	HCE	JGN
	식 료 품	0.2072	0.4472	0.5472	0.5366	0.0107
	음 료 품	0.1508	1.3038	0.0397	0.0325	0.0072
	섬 유	0.1409	0.4122	−0.4412	−0.4646	0.0234
	의 복	0.1422	−0.0583	−0.3347	−0.3245	−0.0102
	가 죽	0.6098	0.8263	0.5605	0.5563	0.0042
	신 발	0.3284	0.2227	−0.8131	−0.8120	−0.0011
	나 무	−0.0130	0.1412	−0.1328	−0.1339	0.0012
	가 구	0.0755	0.6448	0.3225	0.3153	0.0073
	종 이	0.2654	0.3895	0.8548	0.8512	0.0036
	인쇄출판	0.2335	0.2283	−0.2855	−0.2855	0.0000
	산업화학	0.1841	−0.1325	0.6140	0.6217	−0.0076
	기타화학	0.1489	0.3333	1.0205	1.0132	0.0072
	석유정제	0.1820	−0.3057	−0.0711	−0.0709	−0.0002
	석유석탄	−0.0465	−0.0455	−0.0529	−0.0529	0.0000
제조업 중	고 무	0.3513	0.5470	−0.4176	−0.4191	0.0015
	플라스틱	0.5198	0.8021	0.7122	0.7036	0.0085
	도기·자기	−0.0550	0.0605	0.1409	0.1401	0.0009
	유 리	0.2777	0.0310	0.4274	0.4306	−0.0032
	비 금 속	0.2149	0.2085	0.7265	0.7267	−0.0002
	철 강	0.0506	0.0825	−0.3956	−0.3958	−0.0002
	비철금속	0.7441	1.6110	0.0827	0.0788	0.0039
	조립금속	0.2539	0.5565	1.0721	1.0530	0.0191
	기 계	0.6405	1.3160	0.2260	0.2030	0.0231
	전기기계	0.7467	1.1736	4.3019	4.2346	0.0673
	운수장비	0.4280	0.5575	−0.3798	−0.3836	0.0038
	정밀기계	0.3864	0.3826	0.2405	0.2405	0.0000
	기 타	0.4320	0.2491	1.0198	1.0276	−0.0078
	소 계	0.3202	0.5793	9.6243	9.4227	0.2015
금융업 중	부동산업	0.8051	1.8901	−0.1735	−0.1759	0.0024
	소 계	0.3065	0.6118	−2.0865	−2.0951	0.0087

※ 주: 1) TER: 전국고용성장률, RER: 지역고용성장률, LYE: 총 시차, HCE: 가중요인, JGN: 경쟁력요인.

경쟁력요인(JGN) 측면에서는 16개 산업의 기여도가 있었음을 알 수 있다. 기여율을 살펴보면, 식료품(0.0107), 음료품(0.0072), 섬유(0.0234), 가죽(0.0042), 가구(0.0073), 종이(0.0036), 기타화학(0.0072), 고무(0.0015), 플라스틱(0.0085), 플라스틱(0.0085), 도기 · 자기(0.0009), 비철금속(0.0788), 조립금속(0.0191), 기계(0.0231), 전기기계(0.0673), 운수장비(0.0038) 등으로 나타났다. 부동산업(0.2015)은 경쟁력요인으로 기여한 것으로 분석되었다.

이와 같이 주요 산업별 요인을 고려할 때, 가중요인과 경쟁력요인이 복합적 요인으로 지역특성상 성장에 기여한 부문이 크다.

경기도의 경우 제조업의 견실함을 보이고 있으나 앞서 언급한 바와 같이 수도권 정비계획법상 3대권역이 분포되어 있어 이 분석은 18개 시 · 13개 군의 기초자치단체의 분석력보다는 광역자치단체로서의 분석기준이라 할 수 있다.

따라서 지역별, 지방자치단체별 여건을 고려한 고부가가치 산업의 적극적 유치 및 산업재배치로 도시의 쾌적성을 보장하고 실질적인 정책의 내실화를 통해 체계적인 도시성장관리정책을 수립하여 추진해야 한다. 수도권 도시성장관리 수단으로 추진되고 있는 공장 총량관리제도는 제도적 개선이 필요하다.

〈표 5-19〉를 통해 1988~1991년에 있어 실질적으로 지역성장에 커다란 기여를 한 산업을 가중요인(HCE)과 경쟁력요인(JGN)으로 나누어서 살펴보면 다음과 같다. 가중요인(HCE) 측면에서는 제조업 측면에서 16개 산업에서 기여도가 큰 것으로 나타났다.

제조업 부문별 기여율을 살펴보면, 식료품(0.0488), 음료품(0.0202), 가죽(0.0587), 가구(0.0381), 종이(0.0668), 산업화학(0.0138), 기타화학(0.0793), 플라스틱(0.0761), 도기 · 자기(0.0081), 유리(0.0205), 비금속(0.0419), 비철금속(0.0170), 기계(0.0624), 전기기계(0.5728), 정밀기계(0.0146), 기타제조업(0.0479) 등 제조업 부문에서 가중 측면에서 고용성장에 크게 기여한 것으로 나타났다. 가중요인(HCE) 측면에서는 제조업 측면에서 11개 산업의 기여도가 큰 것으로 나타났다. 기여율을 살펴보면, 나무(0.0009), 가구(0.0012), 종이(0.0009), 기타화학(0.0016), 석유정제(0.0004), 석유석탄(0.0002), 고무(0.0032), 플라스틱(0.0103), 유리(0.0024), 조립금속(0.0012), 운수장비(0.0063) 등이다. 부동산업은 가중요인(0.9303), 경쟁력요인(0.0118)이 복합적으로 작용해서 성장한 것으로 분석되었다.

경기도 지역의 부동산관련 산업의 지속적 성장이 있음을 알 수 있다. 따라서 동 기간의 성장패턴은 기존 성장의 관성에 지역적 경쟁력이 크게 강화된 것으로 분석되었으며, 수도권 집중완화정책 기조는 경기도의 산업 재집중화로 정책의 한계를 드러내 새로운 정책방향을 모색해야 하는 문제에 직면하고 있는 것이다.

특히 효율적인 토지이용을 도모하기 위해서는 준농림지의 무분별한 활용은 막아야 할 것이며,[83] 지역특성을 고려한 토지정책을 바탕으로 각 자치단체별 도시성장관리정책을 수립하여야 할 것이다.

〈표 5-19〉 경기도 성장률시차분석 II (Regional Growth Rate Differential Analysis: 1988~1991년 기준)

구분(KSIC분류)		TER	RER	LYE	HCE	JGN
	식 료 품	0.0799	0.0490	0.0475	0.0488	−0.0013
	음 료 품	−0.1413	−0.4062	0.0177	0.0202	−0.0025
	섬 유	−0.1931	−0.2042	−0.0201	−0.0192	−0.0009
	의 복	−0.1452	−0.2424	−0.0899	−0.0868	−0.0031
	가 죽	−0.2777	−0.1632	0.0614	0.0587	0.0027
	신 발	0.0708	−0.3226	−0.0895	−0.0861	−0.0034
제조업 중	나 무	−0.1122	0.0495	−0.0088	−0.0097	0.0009
	가 구	0.3567	0.4411	0.0393	0.0381	0.0012
	종 이	−0.0135	0.0192	0.0677	0.0668	0.0009
	인쇄출판	0.3123	0.2921	−0.0307	−0.0305	−0.0001
	산업화학	−0.0240	−0.2349	0.0108	0.0138	−0.0029
	기타화학	0.1328	0.1785	0.0809	0.0793	0.0016
	석유정제	0.9423	3.0896	−0.0063	−0.0066	0.0004

---

83) 2000년에는 실제로 용인시 등 전국의 준농림지역을 중심으로 난개발이 진행되어 2005년 현재 준농림지역은 국토기본법에 의해 변화를 가져왔다.

구분(KSIC분류)		TER	RER	LYE	HCE	JGN
제조업 중	석유석탄	−0.0856	0.1155	−0.0042	−0.0045	0.0002
	고　무	−0.4700	−0.0648	−0.0374	−0.0406	0.0032
	플라스틱	0.0062	0.2899	0.0863	0.0761	0.0103
	도기·자기	−0.2116	−0.2844	0.0077	0.0081	−0.0004
	유　리	0.0539	0.3310	0.0230	0.0205	0.0024
	비 금 속	0.2075	0.0707	0.0385	0.0419	−0.0033
	철　강	0.1137	−0.3408	−0.0333	−0.0315	−0.0018
	비철금속	0.1330	−0.0618	0.0155	0.0170	−0.0015
	조립금속	0.0713	0.2422	0.1187	−0.1076	0.0012
	기　계	0.3823	0.2891	0.0575	0.0624	−0.0049
	전기기계	−0.1066	−0.1687	0.5586	0.5728	−0.0042
	운수장비	0.0774	0.6123	−0.0327	−0.0490	0.0063
	정밀기계	−0.0782	−0.0821	0.0146	0.0146	−0.0001
	기　타	−0.2708	−0.2747	0.0478	0.0479	−0.0001
	소　계	−0.0242	−0.0099	0.9420	0.9303	0.0118
금융업 중	부동산업	0.5666	0.5517	−0.0172	−0.0172	−0.0001
	소　계	0.4417	0.4798	−0.1840	−0.1852	0.0012

※ 주: 1) TER: 전국고용성장률, RER: 지역고용성장률, LYE: 총 시차, HCE: 가중요인, JGN: 경쟁력요인.

　이와 같은 분석을 종합해 동일 산업분류체계를 보인 1984~1991년까지의 분석결과를 산업의 대분류 및 중분류와 병행해서 살펴보면 다음과 같다.

　농업 부문은 기타 광업 측면에서 미미하나마 가중요인(HCE) 측면에서는 기여도가 있는 것으로 분석되었다.

　광업 부문에 있어서는 기타광업 부문에서 가중요인(HCE) 및 경쟁력요인(JAN)에서 기여한 것으로 분석되었으나, 전체산업의 성장기여도는 미미한 것으로 분석되었다. 제조업 부문에 있어서는 가중요인(HCE) 측면에서 크게 기여한 것으로 나타났는데 기타화학 및 전기기계 부문에서 크게 기여한 것으로 분석되었으며 경쟁력요인(JGN)에선 그 기여도가 미미한 것으로 분석되었다. 세부적인 기여도는 표를 통해 설명을 대치하고자 한다.

전기업 부문은 가중요인(HCE)보다는 경쟁력요인(JGN) 측면에서 기여된 것으로 나타났다. 건설업 부문에 있어서도 가중요인(HCE)보다는 경쟁력요인(JGN) 측면에서 종합건설이 기여된 것으로 나타났다.

도ㆍ소매, 음식ㆍ숙박업 부문에서는 가중요인(HCE)보다는 경쟁력요인(JGN) 측면에서 기여된 것으로 나타났다. 소매와 음식숙박업이 경쟁력요인(JGN) 측면에서 기여한 것으로 분석되었다.

운수ㆍ창고ㆍ통신업 부문에서 가중요인(HCE) 측면은 운수관련업의 기여도가 높으며 경쟁력요인(JGN) 측면에서는 미미하게 각 산업별(운수관련 제외)로 기여된 것으로 분석되었다.

서비스업 부문에서는 가중요인(HCE) 측면은 오락문화가, 경쟁력요인(JGN) 측면에서는 위생 및 개인가사 부문의 기여도를 보이는 것으로 분석되었다.

〈표 5-20〉을 통해 1992~1994년에 경기도 지역성장에 커다란 기여를 한 산업을 가중요인(HCE)과 경쟁력요인(JGN)으로 나누어서 살펴보면 다음과 같다.

〈표 5-20〉 경기도 지역성장률시차분석 Ⅲ(Regional Growth Rate Differential Analysis: 1992~1994년 기준)

구분(KSIC분류)		TER	RER	LYE	HCE	JGN
	음ㆍ식료품	−0.0196	0.0067	0.1322	0.1311	0.0012
	담　　배	−0.2736	−0.7696	−0.0057	−0.0054	−0.0003
	섬유제품	−0.0914	−0.0927	−0.0424	−0.0423	−0.0001
	의복ㆍ모피	−0.0798	−0.0043	−0.1577	−0.1578	0.0001
	가죽ㆍ가방	−0.4515	−0.0756	−0.0896	−0.0953	0.0056
	목재ㆍ나무	0.0987	−0.1534	0.0022	0.0010	0.0012
	펄프ㆍ종이	−0.0038	0.0829	0.1480	0.1475	0.0006
	출판ㆍ인쇄	0.0774	0.0283	−0.0875	−0.0864	−0.0011
	석유정제	−0.0466	−0.0428	−0.0269	0.0272	0.0003
	화학제품	0.0382	4.0588	0.2193	0.2189	0.0004
	고　　무	0.1015	0.0478	0.1905	0.1876	0.0029

구분(KSIC분류)		TER	RER	LYE	HCE	JGN
제조업 중	비 금 속	−0.0445	0.1763	0.1348	0.1351	−0.0002
	1차금속	0.0100	−0.0555	−0.0181	−0.0170	−0.0011
	조립금속	−0.0676	0.1246	0.2484	0.2454	0.0030
	기타기계	−0.2575	0.8021	0.2655	0.2279	−0.0376
	사무기계	0.5407	3.6554	0.0352	0.0178	−0.0174
	전기기계	−0.2161	0.2172	0.3464	0.3464	0.0000
	통신장비	−0.1707	−0.3081	0.7976	0.8129	−0.0153
	의료. 정밀	0.1208	0.5298	0.0330	0.0293	0.0037
	자 동 차	0.0451	0.2007	0.2321	0.2244	0.0077
	기타운송	−0.0039	−0.1658	−0.1220	−0.1216	−0.0004
	가 구	−0.1073	−0.1154	0.2278	0.2281	−0.0003
	재생재료	2.5581	0.2956	0.0024	0.0038	−0.0014
	소 계	−0,0052	0.0951	2.4740	2.4042	0.0699
부동산 중	부 동 산	0.4892	1.3647	−0.0633	−0.0726	0.0093
	임 대	−0.5230	−0.5661	−0.0307	−0.0306	−0.0001
	소 계	0.2547	0.6499	−0.3664	−0.3798	0.0135

※ 주: 1) TER: 전국고용성장률, RER: 지역고용성장률, LYE: 총 시차, HCE: 가중요인, JGN: 경쟁
력요인.

가중요인(HCE) 측면에서는 제조업 23개 산업 중 16개 산업에서 기여도가 큰 것으로 나타났다.

제조업 부문별 기여율을 살펴보면, 음·식료품(0.1311), 목재·나무(0.0010), 펄프·종이(0.1475), 석유정제(0.0272), 화학제품(0.2189), 고무(0.1876), 비금속(0.1351), 조립금속(0.2454), 기타기계(0.2279), 사무기계(0.0178), 전기기계(0.3464), 통신장비(0.8129), 의료·정밀(0.0293), 자동차(0.2244), 가구(0.2281), 재생재료(0.0038) 등이다.

가중요인(HCE) 측면에서는 제조업 측면에서 11개 산업의 기여도가 큰 것으로 나타났다. 기여율을 살펴보면, 음·식료품(0.0012), 의복·모피(0.0001), 가죽·가방(0.0056), 목재·나무(0.0012), 펄프·종이(0.0006), 석유정제(0.0003), 화학제품(0.0004), 고무(0.0029), 조립금속(0.0030), 의료·정밀(0.0037), 자동차(0.0077) 등으로 분석되었다.

부동산업은 경쟁력요인(0.0093)의 성장효과를 나타냈다.

경기도 역시 실질적인 각 산업부문별 기여도 파악을 전제로 토지정책 수립 및 그에 따른 도시성장관리정책이 수립되어야 할 것이다.

특히 경기도 지역 제조업 부문의 지속적인 집중은 그간의 수도권 도시성장관리정책의 분산정책에 또 다른 한계를 드러내는 것이므로, 각 권역별 실증적 분석 및 토지정책을 근간으로 하여 경기도 자치단체별, 지역별 도시성장관리정책이 모색되어야 할 것이다.

수도권 도시성장관리정책의
한계 및 정책적 과제

제1절 수도권 도시성장관리정책의 한계

Ⅰ. 중앙집중식 수도권 권역관리의 한계

실증적 분석에 의하면, 그동안의 수도권정책은 수도권의 비대화를 막는 데 크게 기여하지 못한 것으로 나타났다. 특히 90년대까지 수도권 각 권역별 규제방식의 변화는 수도권의 계속적인 인구집중 및 지역적 특성을 무시한 상위계획(top down)의 전략적 전개로 인해 지역특성이 결여된 정책이 중앙정부 차원에서 실시되었다고 할 수 있다. 국토개발정책을 추진하는 과정에서 수도권정책의 변화는 정책의 일관성 측면에서 적지 않은 정책적 한계를 드러냈다. 도시성장관리 수단이 법제화·제도화되지 못한 것도 한 요인이 된다.

그동안 수도권정책은 중앙정부 차원에서 총괄적으로 관리되어 왔기에 지방정부는 국가정책을 수용하는 데 불과한 것이 사실이다. 대표적인 사례가 1980년 후반에 논란이 되었던 수도권 5대 신도시 건설이다.

<표 6-1> 용인 서북부지역 대규모택지개발 지구 지정현황(100만㎡)(2000년 기준)

구분	지구명	면적 (천㎡)	사업비 (억 원)	수용계획(명)		시행자	지구지정	개발계획승인 (실시계획승인)	사업기간	분할발주 가능성
				가구 수	인구수					
합계 (18)		20,253	47,664	129,357	423,342					
준공 (2)	구갈	217	185	2,329	9,316	토공	88.12.21	89.08.29(89.11.11)	1999.12.31	⊙
	수지	949	1,751	9,363	37,452	토공	89.10.14	90.12.28(91.12.9)	1994.12.20	⊙
공사중 (4)	영덕	116	236	640	2,304	주공	88.12.21	89.11.10(89.12.29)	2000.03.31	
	수지2	965	2,923	6,581	24,349	토공	93.11. 8	94.12. 9(95.12.30)	2000.06.30	⊙
	구갈2	648	1,695	3,399	12,576	토공	94. 3.10	95.11.13(26.11.27)	2000.12.31	⊙
	상갈	330	1,221	3,759	13,908	주공	94.10.05	95.12.28(96.12.21)	2001. 8.30	
지정 (8)	신봉	447	1,433	2,722	10,070	토공	95. 8.29	98. 8.24	2001.12.31	
	동천	213	804	1,928	7,140	토공	95. 8.29	98.12.31	2001.12.31	⊙
	구갈3	957	2,397	4,912	15,227	경기도	96. 4.24	99. 7.20	2002.12.31	⊙
	동백	3,265	10,000	17,381	53,881	토공	97. 2.27	99.12.31	2004.12.31	
	죽전	3,583	15,000	18,541	57,482	토공	98.10. 7	99.12.01	2006.12.31	
	신갈	404	1,331	3,702	11,477	주공	98.10. 7	99.11. 4	2004.12.31	
	구성	1,252	5,221	9,150	28,365	주공	99.12.15			
	보라	988	3,467	7,600	23,560	주공	99.12.15			
검토 (4)	보정	1,960		9,500	29,000	토공				
	영신	1,934		11,000	35,000	토공				
	동천2	717		5,850	18,135	주공				⊙
	서천	1,308		11,000	34,100	주공				

대규모택지(100만㎡) 및 일정규모 이하(100만㎡) 개발현황(2000년 기준)으로 '⊙'표시지역은 수도권정비심의기준 100만㎡ 이상으로 심의를 피하기 위해 분할 발주를 한 인상이 강함. 용인의 난개발문제에 있어서 택지개발지구 지정부터 문제가 있음을 알 수 있다.

자료: 건교부, 용인시(2002), 필자 재작성.

정책수립 당시 경기도의 각종 권한 부여보다는 단지 그 정책변화에 수동적인 역할을 담당하였다. 수도권 신도시 건설뿐만 아니라 각종 수도권의 택지개발사업의 경우에는 이 문제가 더 심각했던 것이 사실이다.

일례로 용인시에서 추진되었던 택지개발사업의 경우는 수도권정비심의를 벗어나

기 위한 면적 분할 발주 등이 이루어졌다.[84]

물론 용인시 지역 중 서북부 지역의 난개발문제는 단순히 정부의 택지개발문제에 기인하는 것이 아니라, 민간 건축업자들이 대규모 택지개발지역 주변에 민간아파트 건설 등에 따른 복합적인 문제로 귀결된다고 할 수 있다.

용인시의 도시행정추진에 적지 않은 문제가 되고 있는 것이다. 중앙정부와 지방정부 상호간의 연계·협조가 필요하다. 정책을 추진하는 과정에서 상의하달(top down)과 하의상달(bottom up)의 조화 등 상호협력이 필요하다. 연계·협조가 있을 때 보다 더 큰 정책적 효과가 있기 때문이다.

Ⅱ. 도시성장관리정책의 추진에 대한 자치역량의 한계

수도권 권역의 지정 및 5개 권역에서 3개 권역으로 변화 그리고 특정 시·군에 이중권역의 상존 등은 지역분석의 어려움 및 권역관리의 한계 등 도시성장관리정책을 추진하는 데에 있어서 적지 않은 어려움이 있다.

그동안 수도권정비계획법이 상위계획으로 작용하면서 수도권의 총량관리라는 제도적 장치가 갖는 한계 및 권역의 방대함으로 수도권의 계획적인 관리 등 도시성장관리는 어려움을 겪고 있다.

실효성 있는 수도권정책의 추진이나 국토의 분산과 국토의 균형발전이라는 국토정책에도 한계를 드러내고 있다. 더욱이 국가경쟁력 강화를 전제로 수도권 역시 베세또(베이징, 서울, 도쿄라인)구상이라는 국제질서의 변화 속에서 수도권지역은 국가경쟁력 강화에 중요한 거점지역이기에 수도권정책 추진에는 이중적인 어려움도 있다.

따라서 경쟁력강화＝수도권지역의 무분별한 개발과의 연계는 제어할 필요가 있다.

---

84) 용인 서북부지역의 난개발문제는 중앙정부와 지방정부의 대표적인 지역개발정책의 한계를 드러낸 사례라고 할 수 있다.

수도권 지방자치단체들의 비축토지 확보노력이 결여된 상태에서 개발의 장으로 무분별하게 용도를 변경할 수 있기 때문이다.

비축토지는 개발여력과 미래세대를 위해 남겨놓는 토지이므로 친환경적으로 관리할 필요가 있다. 물론 무조건 비축토지를 확보만 하는 것이 아니라, 지역의 공간재편을 통한 지역산업구조의 내실화, 지역의 재활성화가 선행되어야 한다.

<표 6-2> 광역자치단체의 도시성장관리 관련 법규의 제정추진 사례(미국)

해당지역	주요관련 법안 및 추진 연도
① 캘리포니아(California)	■ 연안지역보전법((Coastal zone Conservation Act 1972) ■ 연안법(Coastal Act of 1976)
② 플로리다(Florida)	■ 토지 및 수질 환경관리법 (Environmental Land and Water Management Act 1972) ■ 주 종합계획(State Comprehensive Plan 1985) ■ 지방정부의 종합계획 및 토지개발규제법(Local Government Comprehensive Planning and Land Development Regulation Act 1985)
③ 조지아(Georgia)	■ 조정계획법(Coordinted Planning Legislation 1989)
④ 하와이(Hawaii)	■ 하와이 토지이용법(Hawaiian Land Use Law 1961) ■ 하와이주 계획(Hawaii State Plan 1978)
⑤ 매사추세츠 (Massachusetts)	■ 케이프코드 위원회법(Cape Cod Commission Act 1988)
⑥ 메인(Maine)	■ 종합계획과 토지이용규제법 (Comprehensive Planning and Land Use Regulation Act 1988)
⑦ 메릴랜드(Maryland)	■ 체사피크만 지역관리법(Chesapeake Bay Critical Area Law 1984)
⑧ 뉴저지(New Jersey)	■ 파인랜드지역 보호법(State Pinelands Protection Act 1979) ■ 주 종합계획(State Comprehensive Plan 1985)
⑨ 뉴욕 (New York)	■ 아이드론댁 공원법(Adirondack Park Agency Act 1971)
⑩ 오레곤(Oregon)	■ 토지보전 및 개발법(Land Conservation and Development Act 1973)
⑪ 로드아일랜드 (Rhode Island)	■ 종합계획과 토지이용규제법 (Comprehensive Planning and Land Use Regulation Act 1988)
⑫ 버몬트(Vermont)	■ 성장관리법(Growth Management Act 1988) ■ 환경규제법(Environmental Control Act 1970)
⑬ 워싱턴(Washington)	■ 성장관리법(Growth Management Act 1990)

자료: Jay M.Stein(1993), "Growth management"-The Planning Challenge of the 1990s, Sage, P.145.

　　도시의 쾌적성을 보장해 주어야 하는 지역이 이처럼 무분별하게 관리 운영될 경우 도시 및 지역주민들이 미국 캘리포니아 조세저항(tax revolt)처럼 스스로 도시행정의 변화[85]를 가져오게 할 수도 있다. 이것은 지방경영시대라는 대전제에서 제기되는 민영화(privatization), 사용자부담(user charges)이 진행되기 때문이다. 다만 기존까지 관행인 상의하달(top down)에 익숙한 지방자치단체가 독자적으로 자기 모습을 갖춘 도시성장관리정책의 시각을 갖는다는 것은 어려울 수도 있다.

　　도시성장관리에 대한 중앙정부의 가이드라인과 함께 법적·제도적 기반이 마련되어야 한다. 그렇지 않으면 각 지방자치단체별의 미래비전을 제시하고자 수립하는 각종 도시 및 지역관련 계획 프로그램은 캐비닛에서 잠자는 종이계획(Paper Plan)으로 전락되어 활용도는 적어질 것이다.

　　특히 각종 도시발전에 필요한 시설공급에 필요한 재원조달을 시민들에게 조세부담을 통해 전가시키는 것은 지방자치단체의 도시정책에 있어 커다란 부담으로 자리하게 될 것이다.

　　결국은 지방자치단체의 발상 전환과 함께 지방공무원의 전문성 제고가 후속적으로 이루어져야 한다. 미국의 국제도시행정가협회(ICMA)의 시지배인(city manager)제도도 이제는 구체적으로 연구·검토할 필요가 있다.

　　의회의 전문성 제고뿐만 아니라 지방자치단체장의 전문성 제고에도 많은 노력을 하지 않으면, 우리 지방자치는 퇴보될 수도 있기 때문이다.

---

85) 1967년에서 1976년 사이에 미국 도시정부의 예산이 미국 전역에 걸쳐 187%로 증가해서 연평균 19%의 상승을 보였는데, 캘리포니아 주에서 1978.6.1 주민이 압도적으로 발의한 'Proposition 13'을 통과시켜 캘리포니아 시와 군정부들은 그들의 지방세 수입의 2위를 차지하는 재산세 수입의 평균 57%를 삭감하게 된 것이다.
그 영향으로 1979년에는 재산세 삭감(Property tax cut)이 22개 주, 소득세 삭감(income tax cut)이 18개주, 판매세 삭감(sale tax cut)이 15개 주, 지출통제(spending limits)가 12개 주에서 계속적으로 일어났다.
따라서 종전대로 각종 도시행정 서비스를 공급해 오던 방법에 재검토를 하게 된 중요한 계기가 되었다. 그 결과 각 지방자치단체는 보다 효율적인 지방행정서비스 공급방법으로 시각을 전환시켜 도시경영이라는 대흐름 속에 민영화(privatization)와 公共서비스에 있어 사용자부담(user charges) 원리가 폭넓게 연구, 활용되는 전기를 마련하게 된 것이다.

Ⅲ. 집중억제효과의 미흡 및 도시성장관리정책의 인식 부재

수도권 도시성장관리정책에 대한 한계는 앞의 실증적 분석결과로 알 수 있다. 정부에서는 수도권정비계획법 제정을 계기로 수도권 집중억제시책을 지속적으로 추진하였지만, 그동안의 수도권정책에 대한 정책효과가 미흡했음을 알 수 있다. 수도권정비계획법에 대한 정부 자체평가 결과의 내용을 살펴보면 다음과 같다(건설교통부, 1995).

첫째, 수도권정비계획법 제정(1982) 이후 규제 일변도의 수도권시책 추진으로, 수도권의 인구증가율을 다소 둔화시키는 성과는 있었으나, 인구와 산업의 집중 억제효과가 미흡하였다는 것이다.

둘째, 수도권 내부의 불균형 성장과 무등록 공장을 양산시키는 부작용이 있었다고 자체평가에서 밝히고 있다. 그 원인은 지방에 정착기반이 제대로 조성되지 못한 상태에서 직접적이고 물리적인 규제에 의존함으로써 이런 결과가 야기된 것으로 평가하였다. 1990년대의 수도권정비계획법은 수도권 집중을 실질적으로 억제하고 직접규제에 따른 부작용을 해소하기 위해 수도권정비계획법을 전면 개정하였다(1994). 세부적인 추진방법은 앞서 살펴본 바와 같이 권역조정과 규제방식의 전환이라 할 수 있다.

권역조정 측면에서는 기존 이전촉진권역 등 5개 권역에서 과밀억제권역 등 3개 권역으로 조정한 것이다.

규제방식의 전환에 있어서는 기존에 대형건물에 대하여 수도권정비 심의를 거쳐 허용하던 방식에서 과밀부담금을 부과하는 경제적 규제방식이다. 또한 공장·대학에 대한 개별적 규제방식을 연간 허용총량을 정하여 규제하는 총량규제방식이다.

그동안 수도권정책은 지방을 적극적으로 개발하여 수도권으로의 인구와 산업의 유입을 근본적으로 차단하고 수도권 내부의 과밀과 혼잡을 극복하는 데 중점을 두었으나 그 효과 역시 적었던 것이 사실이다.

지방은 신산업지대와 지방대도시를 중심으로 한 광역권 개발과 개발촉진지구 지정을 통한 낙후지역의 개발을 적극 추진하였다.

2007년 현재까지 대형건축물에 대한 서울특별시를 중심으로 과밀부담금제도를 실시하고 있으나, 문제는 수도권 인구의 유입을 근본적으로 차단하는 정책에는 한계가 있다.

실질적인 정책평가와 함께 제도적인 측면의 비교연구를 통해 도시성장관리정책의 수단으로서의 인식을 높이는 데 기여하도록 해야 한다. 이런 일련의 도시성장관리정책 수단 중에서 최근에 빠른 변화를 겪은 것이 개발제한구역(Greenbelt)정책이다.

앞서 고찰한 바와 같이 개발제한구역의 훼손 및 지방자치단체의 용도변경문제는 사적 측면에서는 각종 재산권 문제에 봉착하게 되지만, 공적인 측면에서 볼 때 아직도 도시성장관리에 대한 인식이 부족함을 간접적으로 알 수 있는 대표적 사례이다.

그동안 개발제한구역과 관련해서 많은 접근이 있었지만, 궁극적으로 도시성장관리 시각에서의 접근보다는 개발제한구역 내 사적 재산 침해 문제가 부각되었으며, 선거분위기를 근간으로 해서는 개발제한구역의 해제를 오히려 반기는 분위기가 적지 않았음은 간과할 수 없다.

제도개선을 통해 개발제한구역의 기능은 지방자치 실시와 함께 새롭게 접근해야 하는 제도로 인식되고 있는 실정이다.

개발제한구역 훼손행위의 반복은 도시의 무질서한 확산 및 성장관리정책을 적극적인 방향에서 실시하는 데 있어 커다란 제약요인이기도 하지만, 획일적인 구역지정으로 인해 주민들의 재산권 행사의 제약 및 과도한 지정에 따른 문제 등이 폭넓게 제시되기 때문이다.

현재 지정된 지역의 적극적인 관리방안을 현실성 있게 모색해야 하는 것이다. 추진 중인 집단취락의 우선해제[86]와 함께 도시정부가 장기적 행·재정투자계획을 수립, 시정부의 소유로 전환, 사적 재산권 침해문제에 대한 해결책을 모색해야 한다.

또한 지정된 지역이 현실적으로 근본 지정목적을 달성하기 어려울 경우 무차별적 용도변경이 아닌 근본취지에 부합하도록 시정부가 적극적으로 개입할 필요가 있는 것이다.

---

86) 2005년 현재 전국적으로 집단취락의 우선해제를 통해 개발제한구역이 해제되고 있으며, 존치지역은 개발제한구역관리에 관한 특별조치법에 의해 관리된다.

I. 도시계획상 미집행시설 관리문제

국가의 계획법체계와 관련해서 상위계획과 하위계획이 상호 조화롭게 연계를 맺어서 지역의 미래상을 제시할 때, 그 계획은 바람직한 방향으로 유도될 수 있을 것이라 여겨진다. 계획 수립 시 임장활동을 통해 실질적으로 계획대상지역의 현황분석 및 체계적 분석은 계획의 실효성을 높이는 데 있어서 중요한 부분이다. 문제는 각종 도시계획에 있어서 미집행시설이 적지 않아 도시성장관리와 연계시켜 볼 때 여러 가지 문제를 야기할 수 있다.

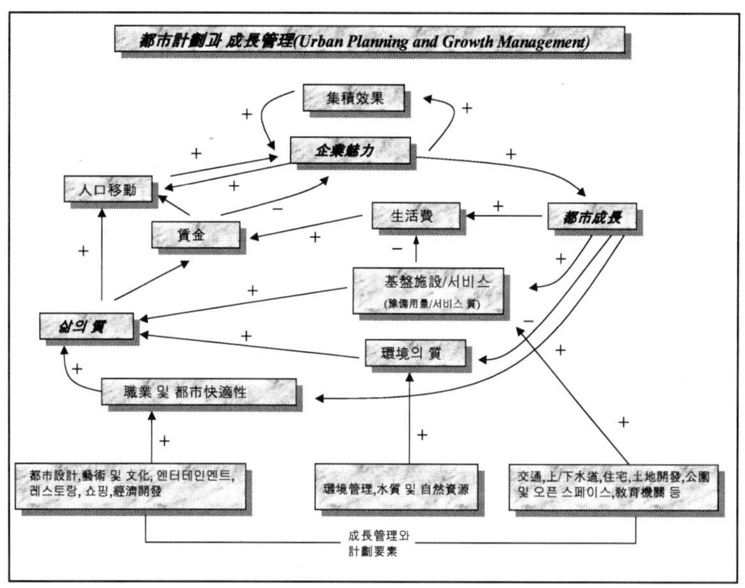

〈그림 6-1〉 도시계획과 도시성장관리시스템

다만 최근의 정부의 여러 가지 노력과 각 지방자치단체의 노력이 부합되어 긍정적인 측면도 다소 제기되고는 있지만, 재정의 미확보 등 계획의 실효성 저하와 함께 20년 이상 된 미집행시설도 많아서 단기적인 측면에서 그 해결방안을 모색한다는 것에는 무리가 있다.

장기 미집행 도시계획시설의 문제점으로는 장기미집행으로 인한 재산권 행사를 제한하는 등 매매행위제한, 지가하락, 토지의 이용 및 사용제한 등을 야기하고 있다. 따라서 조기사업 집행 또는 도로, 공원 등에 편입된 사유토지의 제척·해제요구 같은 주민들의 민원이 발생하고 있는 것이다.

특히 기반시설 미비로 인한 생활불편에 대한 민원이 증가하는 실정이며, 지방자치단체의 재정형편상 단기간 내에 사업비 확보 및 집행이 이루어지고 있지 못하고 있어 단기적인 문제 해결을 기대하기 어렵다. 따라서 그 해결을 위한 다각적인 노력을 통해 합리적인 방향으로, 조정·유도해야 한다.

〈표 6-3〉 20년 이상 된 도시계획시설의 미집행 현황분석

(단위: 천㎡, %)

시설명	구 분	결정규모 (A)	집 행	미집행								
				소 계 (B)	(B / A)	10년 미만 (C)	(C / A)	10~20년 (D)	(D / A)	20년 이상 (E)	(E / A)
총 계		2,584,406	1,345,820	1,238,586	47.9	568,327	22.0	427,989	16.5	242,270	9.4
교통시설관련	도 로	765,943	402,161	363,782	47.5	179,563	23.5	138,788	18.1	45,431	5.9
	철 도	63,618	61,618	2,387	3.8	2,206	3.5	181	0.3	-	-
	주차장	3,574	3,578	1,518	42.5	1,397	39.1	111	3.1	10	0.3
	자동차정류장	6,313	6,313	2,478	39.3	2,357	37.3	111	1.8	15	0.2
공공시설관련	운동장	56,695	42,579	14,116	24.9	11,952	21.1	1,456	2.6	708	1.2
	광 장	38,928	24,097	14,831	38.1	12,876	33.1	1,588	4.1	367	0.9
	공용의청사	11,791	9,387	2,314	19.8	2,280	19.5	34	0.3	-	-
교육시설	학 교	205,399	191,629	13,770	6.7	12,043	5.9	1,564	0.7	163	0.1

시설명 \ 구 분		결정규모 (A)	집 행	미집행								
				소 계 (B)	(B / A)	10년 미만 (C)	(C / A)	10~20년 (D)	(D / A)	20년 이상 (E)	(E / A)
생활환경시설 (공원녹지위락)	시 장	6,395	5,331	1,064	16.6	804	12.6	212	3.3	48	0.7
	상수도	21,828	19,472	2,356	10.8	2,206	10.1	150	0.7	—	—
	하수도	16,490	13,344	3,146	19.1	2,667	16.2	448	2.7	31	0.2
	하 천	174,189	165,483	8,706	5.0	7,085	4.1	1,621	0.9	—	—
	공 원	829,588	194,301	635,287	76.5	233,231	28.1	222,879	26.9	179,177	21.5
	녹 지	81,279	16,787	64,492	79.3	33,773	41.5	23,531	29.0	7,188	8.8
	유원지	124,450	48,063	76,387	61.4	35,503	28.5	34,462	27.7	6,422	5.2
기타	기 타	178,016	146,064	31,952	17.9	28,389	15.9	853	0.5	2,710	1.5

자료: 건설교통부(1995), 필자 재작성.

〈표 6-4〉 시·도별 도시계획 미집행 현황('98.1.1)

(단위: 천㎡)

구 분	결정 면적	집 행		미집행							
		면적	비율 (%)	소 계		10년 미만		10-20년 미만		20년 이상	
				면적	비율 (%)	면적	비율 (%)	면적	비율 (%)	면적	비율 (%)
전국	2,936,640	1,627,204	55	1,309,435	45	534,626	18	393,609	13	381,831	13
7대도시계	1,087,693	775,444	71	312,249	29	130,675	12	46,034	4	135,540	12
서울특별시	338,618	276,476	82	62,142	18	3,602	1	7,007	2	51,533	15
부산광역시	163,809	110,478	67	53,331	33	42,004	26	3,813	2	7,514	5
대구광역시	127,081	84,491	66	42,590	34	30,894	24	4,711	4	6,985	5
인천광역시	161,349	111,902	69	49,447	31	25,582	16	3,145	2	20,720	13
광주광역시	89,872	59,829	67	30,043	33	11,514	13	8,182	9	10,347	12
대전광역시	145,099	92,774	64	52,325	36	6,101	4	7,783	5	38,441	26
울산광역시	61,865	39,494	64	22,371	36	10,978	18	11,393	18	—	—
도 계	1,848,948	851,761	46	997,186	54	403,950	22	347,575	19	246,291	13
강 원 도	169,165	76,618	45	92,547	55	32,268	19	51,315	30	9,594	6
경 기 도	454,138	277,730	61	176,408	39	59,135	13	38,019	8	79,254	17
경상남도	284,571	125,656	44	158,915	56	57,443	20	76,066	27	25,406	9
경상북도	252,553	113,983	45	138,570	55	61,167	24	46,886	19	30,517	12

구 분	결정 면적	집 행		미집행							
		면적	비율 (%)	소 계		10년 미만		10－20년 미만		20년 이상	
				면적	비율 (%)	면적	비율 (%)	면적	비율 (%)	면적	비율 (%)
전라남도	187,734	66,019	35	121,714	65	65,125	35	32,040	17	24,549	13
전라북도	151,116	50,870	34	100,246	66	36,992	24	33,359	22	29,895	20
제 주 도	73,938	29,989	41	43,949	59	12,539	17	24,191	33	7,219	10
충청남도	153,516	58,519	38	94,998	62	58,742	38	29,026	19	7,230	5
충청북도	122,217	52,378	43	69,839	57	20,539	17	16,673	14	32,627	27

이에 대한 정부의 대처를 살펴보면 다음과 같다(건설교통부, 1995: 513).

첫째, 여건변화 등으로 불합리하거나 실현 불가능한 시설은 해제 또는 조정한다.

둘째, 장기 미집행순으로 연차별계획을 수립하여 우선순위에 따라 시행하되, 동원 가능한 재원을 가급적 장기미집행시설에 우선 투자토록 한다.

셋째, 도시개발사업 시 장기미집행시설이 많은 지역을 우선적으로 개발토록 하고 있다. 특히 도시계획시설 저촉토지에 대한 행위제한을 완화하고 민자유치에 의해 도시개발을 유도할 수 있도록 하는 계획을 수립하여, 각 시·도의 도시계획에 대해서 합리적인 조정을 유도한다. 미집행시설에 대한 법정조치 등 향후 도시계획 수립 시 미집행시설에 대한 재정확보 등 지방자치단체의 적극적인 대응이 필요하다.

따라서 도시계획시설 저촉토지에 대한 행위제한을 완화하고 민자유치에 의해 도시개발을 유도할 수 있도록 하는 계획도 수립할 필요가 있다.

각 시·도에서는 도시계획의 합리적인 조정을 유도하고 있으나 도시계획 미집행 시설은 도시계획의 신뢰성을 저해한다.

따라서 이에 대한 개선이 필요하고 철저하게 계획수립 시스템을 개선시켜 미집행 시설을 최소화할 필요가 있다.

향후 미집행시설의 관리에 있어서는 실효성 있는 재정투자계획 수립 등 계획과 집행의 연계성 검토를 마친 뒤 미집행시설의 사업의 착수시기를 고지하는 등 연차 별 집행계획의 수립이 필요하다.

최근의 미집행시설에 대한 법적 조치로 인해 장기미집행시설에 대한 지방자치단체의 대응은 보다 신중해져야 한다.

도시계획 재정비 시 여건변화 등으로 불합리하거나 투자가 불가능한 시설은 현실에 맞게 조정 또는 해제해야 하는 것이다. 미집행 도시계획사업에 필요한 토지의 취득 또는 사용으로 인하여 당해 토지소유자가 입은 손실에 대한 보상금을 지급해야 하는 것이다. 이것은 계획 시스템의 변화를 예고하는 한편 계획의 집행력 제고를 위한 계획마인드가 필요함을 강조하는 것이다.

도시계획 결정 시 집행 가능한 재정투자계획을 수립하여 도시계획의 집행력을 강화할 필요가 있다. 계획과 개발을 동시에 추진하여 새로운 미집행시설의 발생억제와 함께 성장관리(Growth Management)기법에 입각한 도시계획을 수립해야 하는 것이다.

Ⅱ. 수도권 계획권역의 효과적 관리 및 지방과의 상생의 과제

수도권정비의 장기적 기본방향은 서울과 그 주변지역에 인구와 산업의 집중으로 발생된 수도권 내부공간의 불균형을 해소하기 위해서 밀집된 기능을 수도권 외곽으로 분산 배치하는 데 있다.

이것은 물론 서울 위주의 단핵구조인 수도권 공간구조를 외곽분산형의 다핵구조로 변화시키는 것으로 수도권정비계획에 대한 실효성 있는 정책 추진이 필요하기 때문이다.

따라서 수도권정비계획의 변화는 이미 예견된 것이라 할 수 있다. 기존 관행에 입각한 계획수립보다는 3개 광역자치단체의 현안과제와 함께 수도권정비계획법이 가지는 한계를 개선하는 측면도 고려하여 계획이 수립되어야 한다.

문제 해결의 접근방식이 서울 위주의 문제 해결 방향에 초점을 맞추다 보면 인천광역시나 경기도지역에서는 이 계획의 존폐문제까지 거론될 수도 있기 때문이다.

정부에서 그동안 수도권 집중문제 등을 해결하기 위해 수도권정책을 지속적으로 추진했음에도 불구하고, 그 효과 면에서 크게 기여하지 못한 것이 사실이다.

앞서 살펴본 바와 같이 수도권 전체 면적의 17.8%인 지역에 수도권 전체 인구의 87.2%, 제조업체의 84.7%가 집중되어 있으며 이러한 현상은 지속되고 있다.

수도권의 인구 및 산업의 집중은 1960년대 이후의 경제성장 과정에서 수도권지역이 국가발전이나 소득창출의 기반이 되는 등 집중의 속도는 가속화되었으며 지금도 그 양상은 변하지 않고 있다. 수도권의 집중도 중에서 특히 인구의 집중도는 일본의 31.9%, 프랑스의 18.5%, 영국의 11.8%와 비교할 때 상당히 높다고 할 수 있다.

수도권 인구는 서울 반경 30~40㎞ 내의 지역에 집중됨으로 수도권의 과밀문제가 더욱 심각한 것이 사실이다. 산업화 시대부터 시작된 수도권으로의 급격한 인구이동 추세가 최근 다소 둔화되었으나 수도권이 갖는 지역의 입지적 특성상 파격적인 인구감소를 기대하기에는 어려운 것이다.

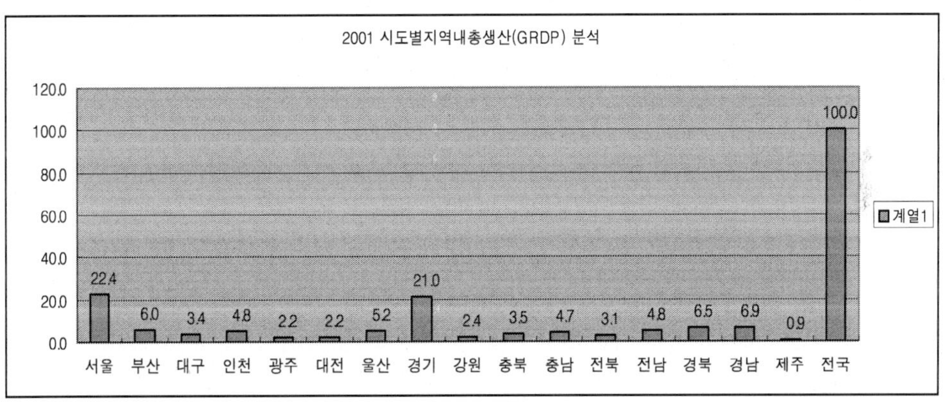

자료: 통계청(2003), 지역 내 총생산(GRDP).

〈그림 6-2〉 지역 내 총생산 분석

각종 법규의 지속적인 실시에도 불구하고 문제 해결에 어려움을 겪고 있는 반면, 수도권정비계획법의 제정으로 수도권문제 해결을 구체화시키고자 한 것이 사실이다.

수도권에 있어서 수도권의 과밀은 서울시와 그 주변지역에 국한되고 경기 북부지역·동부지역은 각종 중첩규제로 인해 삶의 터전을 마련하기 어려워 전국에서 가장 낙후된 지역으로 전락함에 따라 지역발전을 위한 투자가 필요한 실정이다.

인구집중 억제, 균형개발, 환경보전과 조화를 이루는 범위 내에서 시장경제원리에 맞게 수도권 규제의 틀을 전환할 필요가 있다. 중첩된 규제는 실질적이고 구체적인 현장조사를 통해 그 지정이 무의미해진 지역은 새롭게 토지기능을 부여하는 등 수도권을 합리적이고 계획적으로 관리해야 한다.

실질적인 수도권 도시성장관리체계(Urban Growth Management System) 속에서 국가경쟁력을 회복하고 지방과 수도권이 공동번영을 도모해야 한다는 전제 아래 수도권정책의 새로운 패러다임을 설정할 필요가 있다. 특히 수도권과 지방의 공동번영을 도모하기 위한 상생전략(Win-Win Strategy)을 실효성 있게 추진해야 한다. 수도권에 대한 규제를 전면 재검토하여 불필요하고 실효성이 없는 규제는 합리적으로 개선할 필요가 있다.

〈표 6-5〉 경기도의 토지이용규제 사례

(단위: ㎢)

수도권정비계획				팔당상수원특별대책지역			개발제한 구 역	군사시설 보호구역
계	과밀억제	성장관리	자연보전	계	Ⅰ권역	Ⅱ권역		
10,190 (100%)	1,154 (11%)	5,205 (51%)	3,831 (38%)	2,102 (20%)	1,255 (12%)	847 (8%)	1,303 (13%)	2,475 (24%)

※ ( ) 내의 비율은 경기도 전체면적(10.190㎢) 대비 비율임

따라서 수도권의 인구·산업집중 억제 기조는 유지하되, 경쟁력 강화 수단을 강구하여야 한다.

외국의 대도시권과의 경쟁에서 비교우위를 확보할 수 있도록 대도시권 입지가 필수적인 국제기능, 첨단산업, 테마파크 조성 등 경쟁력 있는 수도권 산업육성정책이 필요하다.

수도권과 지방의 차별적인 산업입지정책을 추진(수도권 내의 분산 유도)하고, 공장

용지의 경우, 외국인의 66.7%가 수도권 입지를 희망하는 점을 감안, 수도권은 인구유발 효과가 적은 첨단산업 위주의 소프트웨어적 기능을 선별 배치하고, 지방은 대형장치형 산업과 노동집약적 산업의 계획적 유치를 유도할 필요가 있다.

특히 지방도시의 인구 및 산업의 수용을 위한 특성 있는 지역정책을 수립하는 한편, 지방의 대도시권역에 주거·생산·연구·교육기능이 복합된 첨단산업단지를 정책적으로 육성하는 방법이 필요하다. 지방에는 인센티브 제공을 더욱더 확대할 필요가 있다.

이와 같이 상위계획과 하위계획 간의 계획의 일관성을 유지하는 한편 철저한 도시계획기준을 마련하여 추진하고 지방의 산업기반, 생활기반, 교육여건, 문화여건 등의 지원 등 중앙정부의 지원, 지방정부의 노력, 시장메커니즘을 효율적으로 연계하여 자생력 있는 기반을 구축해야 하는 것이다.

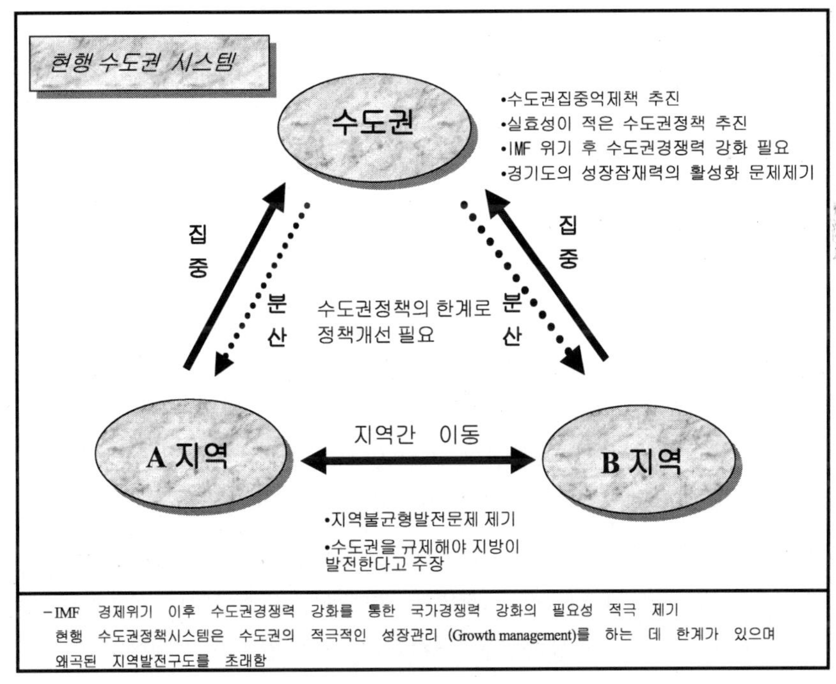

〈그림 6-3〉 현행 수도권 시스템

　수도권에서 기업 활동을 하는 것보다 유리한 조건이 제공되어야 하는 것으로(인센티브, 정보습득기회, 사무여건, 위락 기능 등) 최근 일본의 경우 기업 본사를 슬림화하고 지사를 육성하는 사례도 있다.

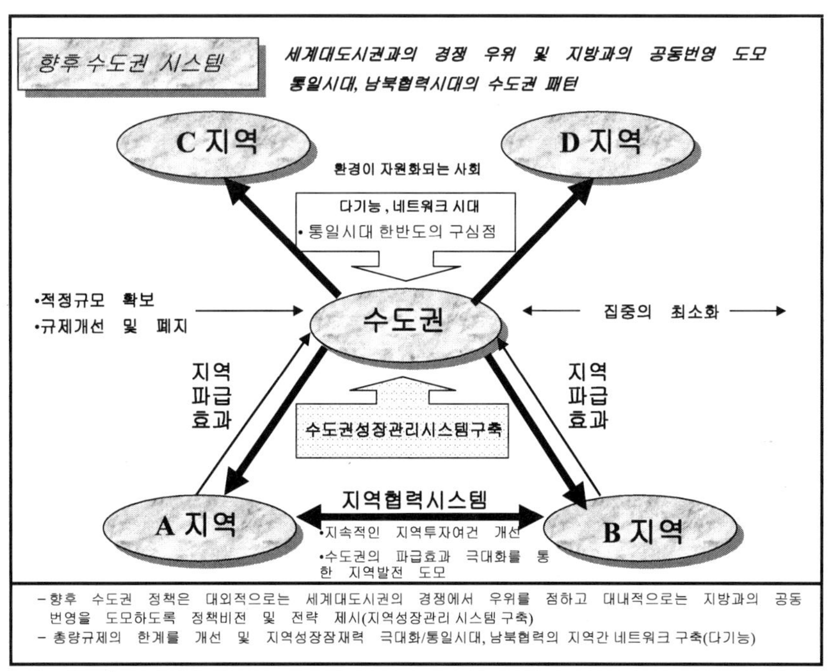

〈그림 6-4〉 향후 수도권 관리방향

　일본의 수도권정책은 중앙정부에서 적극적으로 수도권정책의 실질적인 개선을 위한 정책을 추진하고 있으며 지방분산이 어려운 경우 수도권 내의 분산을 유도하여 집중도를 약화시키는 정책도 병행해서 추진하고 있는 것이다.

　소모적이고 실효성 적은 수도권정책보다는 산업의 업종별 입지선택 기준에 따라 입지는 자유화하되, 지방에 입지하는 산업에 대해서는 보조금이나 세금감면, 금융상 혜택을 대폭 확대하고 도로·상하수도, 폐수처리장 등 인프라 설치에 있어 각종 인센티브를 확대하여 지원할 필요가 있다.

Ⅲ. 지방자치단체의 도시성장관리 프로그램 개발의 과제

도시성장관리는 각 도시별로 내실 있게 추진하여야 바람직한 결과를 가져오는데,
수도권지역은 지금까지 상위계획 성격을 갖는 수도권의 각종 정책에 관련되어 독자
적인 도시 및 지역정책을 추진하는 데 한계가 있었다. 지방자치의 실시와 함께 자
족도시로 진입하기 위해서는 해당 지방자치단체 특성을 반영한 도시성장관리 프로
그램이 정책적으로 마련되어야 한다.

<표 6-6> 토지정보체계(LIS) 도시정보체계(UIS) 지리정보체계(GIS) 비교

구 분	토지정보체계(LIS)	도시정보체계(UIS)	지리정보체계(GIS)
목적	○토지정책의 수립 ○토지기록의 관리 ○토지이용의 효율성 제고	○도시지역의 관리 및 개발에 필요한 정보의 제공	○지리적 정보 제공 ○도시 및 지역계획 수립의 의사결정 자료로 활용
DB의 내용	○지적·등기 ○과세·평가 ○건물 ○도시계획 ○지하시설물	○자연환경과 토지이용 ○인구와 고용 ○경제활동 및 산업 ○도시서비스 ○환경 ○행·재정 ○주민행태 등	○경사·고도·방향 ○습도·토양·토지이용 ○도로·인조물·경계
활용	○지리정보체계를 근간으로 하므로 보다 세부적으로 이용 및 발전가능	○토지정보체계보다 포괄범위가 광범위함	○물리적 요소에 중점 ○컴퓨터 활용의 폭이 확대되어 다양한 자료제공

※ 토지정보화는 전자정부의 출범으로 다양한 행정서비스를 공급한다는 측면에서 '종합정보시스템'으로의 발전가능

도시성장관리정책수립을 위해서 다양한 기초통계가 지역별, 생활권별로 구축되어
야 한다.

〈표 6-7〉 도시성장관리에 필요한 자료 예시

구 분	활용자료	비 고
1. 계획자료	■ 국가, 지역 간, 지역 내 자료필요 ■ 국가, 지역 차원의 프로젝트 관련 자료	※ 이 자료는 도시성장관리정책 수립 시에 제공되어야 한다.
2. 기초통계자료	■ 소득조사(성장), 부동산 소유 변화 ■ 지역차원의 인구통계(시·군·동별), 허가활동, 판매활동 등의 데이터베이스화(data-base) ■ 토지 특성을 반영한 지리정보시스템(GIS) 자료 → 토지의 가치나 성장의 영향을 평가하는 데 기본 자료로 활용	
3. 도시성장관리시스템 구축 시 주요 검토 부문	■ 성장관리 조사 데이터(data)의 필요 ■ 성장관리에 있어 조사 수단 및 행정관청의 역할 ■ 성장관리에 있어서 시민참여 ■ 성장관리와 경제적 관계 ■ 삶의 질에 대한 조사 필요 ■ 성장관리에 따른 실질적인 효과 조사 ■ 성장관리와 교통조사 ■ 성장관리와 환경과의 관련성	－

앞서 지적했지만 각 지방자치단체들이 도시성장관리에 대한 올바른 시각이나 관심이 부족했으며, 도시성장관리 차원에서 도시계획이 수립되고 집행되었다고 볼 수 없다. 특히 상위계획인 수도권정비법에서 보다 바람직한 방향으로 도시성장관리를 하겠다는 시각이 필요하다. 각 지방자치단체의 정책기조가 상위정책에 영향을 받기 때문에 정책의 일관성이 중요하다.

지방자치단체 특성을 반영한 도시성장관리 프로그램이야말로 지방자치시대에 있어서 중요한 정책적 전제가 된다. 지리정보시스템(G.I.S)이나 도시정보시스템(UIS)을 잘 활용할 경우 도시성장관리 프로그램의 구축에는 진전이 있을 것이다.

지금까지 중앙주도의 정책적 관행에 의존하지 말고 적극적으로 지방문제를 조정하는 주역이 되어야 한다. 수도권 도시성장관리를 위해서는 다음과 같은 과제를 선행적으로 해결해야 한다.

첫째, 지역의 현재 특성 및 성장잠재력에 대한 체계적인 조사를 해야 한다. 성장관리계획을 수립하는 데 있어서는 해당지역의 인구규모나 지리적인 특성 그리고 지역에 실질적으로 산재된 유·무형의 자원에 대한 조사 및 평가를 통해 각 지역 수준의 성장관리계획을 수립할 필요가 있는 것이다.

어떠한 지역적 특성을 보이고 있는지도 고려해야 하며, 이와 같은 일련의 조사는 체계적이고 철저하게 이루어야 한다. 특히 지역정체성의 확보에 필요한 기본적인 조사 및 평가가 요구된다.

둘째, 수도권 도시성장관리계획을 추진하는 데 있어서 합리적인 추진방법을 모색해야 할 것이다. 얼마나 책임성을 가지고 계획을 추진하는지, 각 자치단체의 기능은 무엇인지, 계획을 추진하는 데 있어서 지방정부의 재원이나 지역특성은 고려되었는지, 시민단체의 참여는 적절하게 이루어지고 있는지를 검토해야 한다. 시민참여는 바람직한 도시성장을 유도하고 도시성장에 따른 영향을 검토하는 데 있어서 필요한 기능이다.

이와 같은 참여구조는 의사결정을 방해하는 것이 아니라 합리적인 의사결정이 이루어지도록 하는 데 있는 것이다. 물론 참여방식에는 여러 가지가 고려되어야 한다.

폭넓은 참여계층이 나은지, 형식은 어떻게 갖출 것인지, 지금까지 해왔던 관행에 따를 것인지, 참여시간에 대한 고려라든지, 참여대상에 있어서도 일반적인 논의 없이 대표성을 갖고 있다고 참여시킬 것인지를 검토해야 한다.

세부적으로 개인들의 의사결정이나 효과적인 의견수렴을 위한 장치도 마련되어야 한다. 수도권 도시성장관리정책 추진을 위해서는 다음과 같은 역할을 정립해야 한다.

첫째, 기초자치단체의 계획수립에 있어서 광역자치단체의 관리기능을 강화해야 한다. 광역자치단체는 기초자치단체의 토지이용이나 계획수립에 참여해야 하는 문제가 제기되고 있다. 왜냐하면 기초자치단체는 토지이용이나 개발에 대한 책임을 갖고 있기에 광역자치단체의 조정기능이 중요해지고 있는 것이다.

둘째, 광역자치단체의 권위를 유지해야 한다. 자치단체의 행정관리 범위에서 성장관리계획을 내실 있게 추진하는 한편 계획에 대한 조정기능 및 관리기능을 유지하는 데 있어서 광역자치단체의 역할은 중요한 것이다. 법적인 측면이나 제도적인 측면에서의 그 역할에 대한 정비가 마련되어야 하는 것이다.

셋째, 계획의 일관성을 유지해야 한다. 기초자치단체별로 추진하는 지역계획은 시정부가 추진하는 계획의 목표와 일관성을 유지해야 하며 계획수립이나 집행 시에 늘 검토되어야 한다. 특히 얼마나 많이 계획이 내실 있게 추진되고 있는지도 고려해야 한다.

지금까지 우리나라 기초자치단체의 지역계획은 해당지역의 특성만을 제고시킨다는 측면에서 계획의 일관성이나 법정 계획화하는 데 한계가 있으므로 계획시스템을 성장관리계획 측면에서 개선해야 한다.

넷째, 계획의 집행력을 강화해야 한다. 성장관리계획을 추진하다 보면 성장관리수단을 통해 개발계획을 규제한다는 인식을 주는 경우가 발생할 수 있다.

도시성장관리는 합리적인 성장을 유도하는 데 있는 것이므로 토지취득 등 성장관리수단이 과연 효율적으로 집행되고 있는지를 살펴보아야 하며 이런 수단의 활용이나 평가에 있어서 광역자치단체의 역할은 중요하게 되는 것이다.

특히 계획수립, 계획추진, 계획의 평가에 있어서 이익집단(interest groups)의 기능 및 역할을 개선해야 한다.

다섯째, 성장관리계획의 지속적인 개선이 필요하다. 성장관리계획은 도시행정이나 도시계획을 집행하는 데 있어서 적극적으로 검토되고 있는 도시정책인 것이다.

따라서 도시성장관리시스템으로 전환해서는 늘 부족한 점과 개선해야 할 점을 검토하는 한편 다른 지역의 사례를 타산지석으로 삼아 제도적인 개선을 지속적으로 모색해야 한다.

주거지역의 주거여건을 개선하기 위한 다운조닝(down-zoning) 실시는 시정부에 당장은 부담이 되지만, 도시공급시설의 효율적인 관리 및 공급이나 시민이 갈망하는 쾌적한 생활환경 창출을 위해서 선행되어야 할 정책이다. 이 문제는 도 차원에서 조례제정을 통해 지역관리방향을 정립해 줄 필요가 있다.

재개발·재건축에 있어서는 자치구별 개발가능지의 철저한 분석을 통해 주거지 관리에 대한 법적·제도적 정비가 필요하다.

외국의 도시정책 사례를 보면 일부 도심지 활성화를 위한 정책대안으로 도심지의 슬럼화를 방지하기 위해 도심지를 젊은이들의 주거공간이나 고급의 주거공간으로 확보하여 젠트리픽케이션(gentlification)을 유도하는 경우도 있다.

수도권에서는 점차 확대되어 가는 교외화로 인해 도시별 특성상 도심지 형성요소는 다양화되고 있어서, 신도시정책이 필요할 것으로 보이지만, 이 부문의 정책 추진에는 한계가 있다. 따라서 대도시지역을 중심으로 도심을 특성화하여 도심재활성화(gentlification)를 위한 도시정책을 추진할 필요가 있다.

IV. 수도권 신도시 건설 및 관리상의 과제

정부에서는 수도권의 주택문제를 해결한다는 측면에서 수도권지역에 신도시를 지속적으로 건설하고 있다. 이와 같은 신도시정책은 수도권의 재집중화 현상을 초래함을 간과해서는 안 된다.

수도권 신도시정책은 수도권정비 차원의 장기적 기본방향으로 제시된 정책이라 할 수 있다. 서울과 그 주변지역에 인구와 산업의 집중으로 발생된 수도권 내부공간의 불균형, 주택문제 등 각종 수도권 도시문제 해소가 목적이라 할 수 있다.

이를 위해서 밀집된 기능을 수도권 외곽으로 분산 배치하여 서울 위주의 단핵구조인 수도권 공간구조를 외곽분산형의 다핵구조로 전환하는 것이 중요한 정책적 기조라 할 수 있다(건설교통부, 1995: 16~17). 물론 이를 추진하는 과정에서 사업추진의 우선순위 문제, 자족도시로의 육성의 한계 등이 우선적으로 해결해야 할 과제이다.

향후 신도시는 수도권지역에서의 도시기능과 거리 등을 고려해야 할 것이다. 따라서 송파 신도시와 같이 서울 시내의 신도시 건설은 도시인구 집중의 한 요인이 될 수 있기에 신중한 재검토가 필요하다.

더욱이 이 토지는 친환경적인 비축토지로 미래수요에 대비하는 도시성장관리 수단이 되는 것이다. 이런 측면에서 볼 때, 수도권 신도시정책을 추진하는 과정에서 발생한 정책적 한계는 다음과 같다(건설교통부, 2000).

첫째, 계획절차상 합의과정의 미비 및 계획수립단계에서 지방자치단체 참여의 배제이다. 신도시 개발수요의 장·단기 예측과 이에 따른 택지 및 주택의 공급에 관한 체계적인 분석이 부족한 상태에서 단기간에 조급하게 건설되었으며, 신도시 개발 예정지구의 지정, 환경·교통관련 영향평가, 지가보상 등의 정책형성과정에 있어서 주민참여가 미흡했던 것이 사실이다.

특히 계획수립단계에서 지자체 참여의 배제는 정책 추진에 있어서 적지 않은 한계를 가져왔다. 신도시 개발사업 추진 시 시작단계에서부터 해당 지방자치단체의 참여기회를 확대하고, 사업추진과정상 참여가 배제되어 있는 주민참여를 확대함으로써 사업추진의 효율성을 배가시킬 필요가 있다.

또한 공간구조계획이 사전에 수립되어 있지 않은 상태에서 비밀리에 입지, 규모, 외곽경계선 등이 결정됨으로 인하여 정책형성과정상 적지 않은 문제가 발생한 것이 사실이다.

둘째, 단계별 신도시 개발제도의 부재 및 상위계획과 상충되는 입지선정이다.

신도시 개발사업이 부동산투기억제 등 정부정책의 우선순위에 따라 개발시기, 방법, 대상지역 등이 임의로 선정되었으며 주민의 공감대를 형성하지 아니한 채로 정부중심으로 일체식 개발이 결정되었다.

따라서 임기응변적이고 단기적인 일체식 개발의 형태를 띠고 있기 때문에 급격한 지가상승에 의한 개발비용의 과도한 부담과 불필요한 민원의 유발과 기존도시환경과의 마찰이 빚어지게 되었다.

특히 상위계획과 상충되는 입지선정은 문제라 할 수 있다. 수도권 주택부족문제를 해소하기 위해 5개 신도시 모두 수도권지역에 입지를 정하여 개발하였는데 이는 긴급한 주택수요의 반영이란 측면을 고려하더라도 지역균형발전을 통한 국토공간구조의 개편이라는 정책목표와는 상충하고 있다.

대상지구의 선정에 있어서도 전, 답, 임야를 포함하는 기존도시 외곽의 녹지지역에 지정됨으로써 도시기본계획상의 개발전략과 상충되며 기존도시의 토지이용과 연계되지 않는 입지선정으로 인하여 지자체에 추가적 재정부담을 초래하게 되었다. 또한 대상지구의 경계설정 시 구체적으로 나타나는 문제점으로서 밀집주거지를 입지대상에서 제척시킴으로 인해 인접지역과의 공간적 연계성이 결여되고 사회적 이질감이 발생되는 경우가 많았다.

도시지역 밖의 신도시 개발은 수도권 공간구조 개편방향과 연계되어야 하며 수도권의 과밀혼잡을 최소화하는 입지선정과 신도시 성격의 부여가 필요하다.

셋째, 특별법에 의한 신도시 개발의 추진의 한계 및 신도시 개발에 적합한 법체계의 미비이다.

신도시 개발사업이 도시의 계획 및 개발에 관한 근거법인 도시계획법에 의한 사업으로 시행되기보다는 특별법 형태인 택지개발촉진법에 의하여 추진된 것은 중요한 한계점이다. 주택공급 확대를 위한 택지개발촉진법은 도시계획법 및 토지구획정리사업법에 대한 특별법으로서의 지위를 지니고 있어 도시의 계획적 개발이라는 이념과 상치되고 있으며 법체계상의 혼란을 초래하였다.

신도시 개발과 공업단지 배후도시개발을 목적으로 하는 적합한 법률이 없기 때문에 산업기지 및 개발에 관한 법률, 택지개발촉진법 등을 이용하는 편법을 사용함으로써 각종 도시문제를 야기하는 원인이 되었다.

토지의 취득에 있어서도 토지수용법에 지나치게 의존하고 있기 때문에 대단위개발을 수반하는 신도시 개발에 적합한 토지수용제도가 미비하며 손실보상 측면에서도 법체계가 미흡한 수준이다.

넷째, 경제적 자족기능의 부족 및 주거환경의 쾌적성이 미흡했다는 점이다.

상업·업무, 유통 등 생산지원시설용지와 공업용지의 조성이 미비하여 경제적 자족기능이 부족하다.

대규모 주거단지로 구성되어 있기 때문에 생산기능이 있는 모도시로의 출퇴근을 위해 교통혼잡이 발생하며, 이의 개선을 위한 대규모 교통기반시설의 투자가 불가피하다.

특히 초고층 아파트중심의 건축으로 고층·고밀화에 따른 과밀주거현상이 나타났으며, 환경수준을 고려하여 인구밀도를 책정하기보다 개발사업의 경제성을 우선적으로 고려하여 과도한 밀도로 계획하는 경향이 많다.

이러한 개발방식이 경영 측면에서는 바람직한 점도 있으나, 사업주체가 분양수입을 최대화하기 위해서 아파트용적률을 200% 수준으로 적용함으로써 도시교외지역에 고밀도 아파트촌을 형성하게 되는 결과를 초래하고 있다.

새로운 신도시는 자족기능을 확보하는 독립적인 도시가 될 수 있는 기반을 갖추는 것이 필요하다.

다섯째, 택지개발 시 정부부문의 재정지원이 결여되었다는 점이다.

수도권 제1기 신도시(5개 신도시)는 정부나 지방자치단체의 재정적 지원이 없었으며, 사업시행자인 한국토지공사가 개발이익을 간선교통시설에 투자하여 신도시를 조성하게 되는 결과를 낳았다.

신도시 건설사업의 완료 시 지방세 수입 등 가장 많은 수혜가 예상되는 당해 지방자치단체의 입장에서는 간선교통 또는 도시기반시설 설치를 위한 재정분담문제가 사업주체와 개발이익의 균형배분 차원에서 많은 논의를 필요로 하게 되었다.

대규모 택지개발의 경우 사업지구가 위치한 지방자치단체뿐만 아니라 인근 지자체와의 사이에서 간선기반시설 재원분담에 관한 의견이 대립되어 개발사업의 원활한 시행에 장애가 되고 있다.

V. 수도권 지방자치단체의 광역자치역량 강화 필요

1. 수도권 광역행정업무의 대두

이제는 지방자치단체 스스로 도시성장관리를 위한 프로그램을 개발할 필요가 있다. 지방자치단체 스스로 문제 해결에 접근해야 하는 측면이 부각되고 있기 때문이다.

이 과정에서 도시 내 성장관리 프로그램개발도 중요하지만, 도시문제가 광역화 양상을 보이고 있으므로 광역적인 도시성장관리 프로그램 개발도 필요하다.

광역행정이란 지방자치단체의 행정구역을 넘어서 발생하는 행정수요에 상호 인접된 몇 개의 지방자치단체가 상호 협의와 협약 등에 의해서 공동으로 대처하는 지방행정의 방법이라 할 수 있다.

광역행정은 국가행정·지방행정의 효율성 증진과 주민의 자치권 옹호라는 측면을 동시에 충족시키는 행정방식인 것이다.

지방공공재의 특성상 앞으로 광역자치역량은 성공적인 지방자치의 실현뿐만 아니라 도시성장관리에 있어서 중요한 역할을 하게 되는 것이다.

이와 같이 광역행정은 도시성장관리 측면뿐만 아니라 지역현안을 해결하는 데 중요한 기능을 수행할 것이며, 자치행정의 성패에도 밀접한 관련이 있다.

지방자치를 실시하면서 지역현안에 대한 적극적인 문제 해결이 필요하며, 중앙정부 차원에서 크게 의존하여 공급되던 지방공공재를 해당 지방자치단체에서 공급해야 하는 경우도 많이 발생하게 된다.

공공재는 그 특성87)상 기업이나 민간에서 제공하는 것이 한계가 있기 때문이다.

시장의 실패(market failure)논리가 전개(Steven E. Rhoads, 1985: 61~67)되어 정부가 개입하게 되지만, 공공재 공급 역시 정부가 모두 공급하는 데는 어려움이 있게 되는 것이다(government failure).

특히 사회간접자본(S.O.C)의 공급에는 세대 간 부담의 형평을 감안(the pay-as you-go financing; satisfies intergeneration equity)한 재원조달방법이나, 제3섹터 개발방식이 도입되기도 하는 요인이 되기도 한다.

최근에는 민영화(privatization) 방법88)이 적극적으로 검토되기도 하지만, 각 지방

---

87) 공공재는 다른 사적재와는 구별되는 특징을 가지고 있는데 비경합성(Non-Rival consumption)과 비배제성(Non-Exclusion)이 그것이다.
비경합성은 한 개인이 그 재화를 소비한다고 해도 다른 개인의 소비량을 감소시키지 않는다고 하는 특징을 갖고 있는데, 공공재는 모든 개인이 같은 양을 소비할 수 있다고 하는 것이다.
비배제성은 가격을 지불하지 않은 개인을 소비로부터 제외시키는 것은 어렵다고 하는 것이다. 즉 공공재는 대가를 지불하는 개인에게만 한정시켜 공급하는 것이 불가능하며, 가령 가능하더라도 아주 비싼 비용이 소요되는 재화라 할 수 있는 것이다.
88) 민영화는 공공에서 생산되던 재화와 용역을 민간부분에서 제공하는 것으로 어떠한 공공

에서 공급하는 지방공공재(local public goods)의 공급문제는 크게 부각되고 있다.

이런 일련의 공공재의 공급은 공공재의 특성상 하나의 광역적으로 그 수혜 폭이 확대되고 있는 실정이다.

따라서 현실적으로는 각 지방자치단체가 제공하는 대부분의 공공서비스가 다른 지방자치단체에도 영향을 미쳐[89] 광역적인 공공재를 최적량만큼 공급하기 위해서[90]는 이른바 광역행정이나 중앙정부의 개입(미야오 다카히로, 1991: 207)을 필요로 한다는 점이다.

다만 지난 몇 년 동안 미국의 도시정책 개혁자들은 도시문제 해결에 다음과 같은 해법을 제시하기도 했다(Robert W. Poole, 1992: 25~26). 더 많은 세금을 거둬 문제 해결에 투입해야 하며, 둘째 대도시 주변의 소도시들을 통합하여 하나의 광역정부(metro-government)를 설치함으로써 중복행정을 제거하여 경비를 줄일 수 있다는 것이다.

다만 이 경우에 비용문제를 구체적으로 언급하지 못하는 한계가 있는데, 정책을 추진하는 과정에서 현실적인 개선이 필요한 부분이다.

특히 지역주민들의 요구와 수요를 충족하는 데 즉각적인 대처를 할 수 없다는 부정적인 측면도 그중의 한 사례라 할 수 있다.

더욱이 소규모의 도시행정이 주민에게 신속하게 대처할 수 있을 수는 있으나, 앞서 언급한 바와 같이 광역행정 차원에서 문제 해결이 요구된 공공서비스는 의도적인 행정통합을 통한 문제 해결방식보다는 자치체 간의 협조체제를 통해 그 해결의

의 목적을 민간의 참여를 통해서 획득하는 것으로 폭넓게 쓰이는데, 민영화의 커다란 효율성은 낮은 비용, 효과성은 재화와 서비스의 질의 개선이 되며 규모의 경제를 달성할 수 있다는 데 있다.

민영화의 유형으로는, ① 민간과의 계약 또는 위탁경영(contracting-out) ② 허가(franchises) ③ 공공시설의 민간소유 및 운영(private ownership and of public facilities) ④ 자산의 판매(sale of assets) ⑤ 보조금(subsidy arrangement) ⑥ 증서(vouchers) ⑦ 자원봉사(volunteer personal) ⑧ 자급(self-help) ⑨ 규제, 규제완화 및 조세 감면(regulatory, deregulatory and tax incentive) ⑩ 사용료(user fees) 등이 그것이다.

89) spill-over 효과로 다른 지방자치단체까지 파급효과 등 수혜 폭이 확대되는 현상으로 볼 수 있다.

90) 공공재가 최적량 공급되는 것을 Lindahl의 균형점으로 표현하는데, 현실적으로는 거의 어려운 것이 사실이다.

맥을 찾는 것도 중요하다.

다만 최근에는 행정서비스 공급의 광역화로 인해서 광역행정의 중요성이 배가되고 있으며, 광역행정은 도시성장관리 측면뿐만 아니라 지방자치의 난제를 해결하는 데 중요한 부문으로 자리한 것이 사실이다. 자치행정의 성패에도 밀접한 관련이 있는 것이다.

<표 6-8> 광역행정 수요(예시)

분 야	단위업무
❶ 공익사업	• 공원 및 위락시설 댐 건설 등에 공동대처 • 지역계획과 연계(도시계획사업 연계)
❷ 교통	• 지하철 건설 및 운행 자동차 운수사업 • 영업용 택시 운행구역 조정 • 시내버스 운행노선 인·허가
❸ 상·하수도	• 급수구역 결정 • 광역상수도 사업 • 광역하수도 사업(하수처리장 건설)
❹ 환 경	• 공해대책(환경오염방지) • 수질보호 및 관리 • 쓰레기 소각장, 매립장 설치 • 산업폐기물 처리 • 화장장시설 설치 공동운영
❺ 보건위생	• 보건행정수행(진료, 방역업무 등) • 산림항공방제
❻ 일반행정	• 인근지역 간 과세시가표준액 결정 • 행정구역 조정 • 양정업무 • 민방위훈련 참가 • 경찰업무 • 소방시설의 설치·운영 • 교육시설 및 문화시설 • 공공시설의 설치 및 운영(공설운동장, 복지회관, 체육관)

따라서 광역행정은 중앙정부와 지방정부의 조화, 지역특수성에의 적합성, 지방자치단체 기능의 재편성, 사회변화와 제도의 조화에 걸맞게 운영되어야 한다.

이 제도는 사회·경제권역의 확대, 급속한 도시화에의 대응, 지역 간 격차해소, 지방자치제도의 건전한 발전에 필수적으로 요구되기 때문이다.

최근 우리나라는 광역행정수가 급속히 증가되고 있으며, 이것은 대도시권일수록 더욱 심하게 나타나고 있다. 수도권지역 역시 다양하고 복잡한 문제가 심화되는 현상으로 나타나고 있는 것이다.

광역행정의 대상으로 대두되는 분야는 ① 도시교통분야(도로, 운수, 지하철 등) ② 수질관련분야(상수도 공급, 하수도처리, 수자원관리 등) ③ 환경보전분야(쓰레기 및 폐기물처리, 공해방지 등) ④ 혐오시설분야(화장장, 묘지, 기타 유사시설 등) 등이라 하겠다. 공익사업과 도시 및 지역계획, 경찰, 소방 등 일반행정 부문에서도 다양한 광역행정 수요가 발생하고 있다.

이런 수요는 생활권의 확대에 기인하며, 지방행정 사무의 광역적 처리가 계속 증가되고 있는 데 비해서 이에 적절히 대처하지 못하고 있는 실정이다.

<표 6-9> 광역행정업무 처리방식의 분류 I (예시)

대분류	중분류	구분	주요내용
종합적 접근방법	1) 자치구 구역개편	① 구역 편입	▨ 문제 되는 구역 일부만을 주된 구역으로 편입시켜 광역행정 수행 ▨ 우리나라의 행정구역 확장사례
		② 구역 통합 (합병)	▨ 대상이 되는 2개 이상의 구역(자치단체)을 하나로 統合·合併 ▨ 과거 광주직할시에 송정시, 광산군의 통합 및 최근의 행정구역통합, 일본의 시정촌 합병(53~60년대),미국, 캐나다(19~20세기 초) ▨ 최근에 와서는 자치단체의 반발 등으로 어려움이 노정됨
		③ 구역 신설 (연합)	▨ 문제가 된 구역을 그대로 두고 上位에 새로운 광역적 구역을 설치하여 광역기능을 담당 ▨ 캐나다의 메트로토론토가 대표적인 예 ▨ 세계주요대도시의 광역행정방법
	2) 광역 계획수립	국가/ 광역지방자 치단체	▨ 광역행정수요를 대상으로 광역적인 종합계획을 수립, 관련 자치단체에서 집행하게 하는 방법 ▨ 국가가 주체가 되거나, 지방자치단체 등이 연합하여 공동으로 수립하는 방법이 있음

따라서 역량 있는 지방자치단체간의 광역행정업무 수행은 지방자치단체의 지역문제 해결에 중요한 정책방향이며 도시 및 지역성장관리에도 필요한 정책이다. 광역행정의 당면과제를 살펴보면 다음과 같다.

첫째, 광역행정 수행체계의 취약성, 둘째 광역행정 제도와 운영상의 문제점, 셋째 광역행정 주체 간의 대립, 갈등의 문제가 있다.

〈표 6-10〉 광역행정업무 처리방식의 분류Ⅱ(예시)

2. 개별적 접근 방법	1) 특별 기구설치	① 광역행정 협의회	▨ 자치단체 간의 협의 기구로 집행력이 없음, 70년대 이후 각국에서 활발히 설치운영 ▨ 미국의 Detroit의 Council of government가 최초의 사례 ▨ 우리나라의 수도권광역행정협의회, 도시권행정협의회와 일본 행정협의회 운영 사례
		② 지방자치 단체조합	▨ 2개 이상의 자치단체가 규약을 정해 설치하는 법인격을 가진 특별지방자단체 ▨ 프랑스의 각 자치체 조합, 독일의 게마인데(Gemeinde)조합, 일본의 자치단체 조합이 대표적임 ▨ 우리나라의 수도권매립지 운영관리조합
		③ 광역공사	▨ 중앙정부와 지방자치단체가 협의·설치하는 한시적 성격의 공공단체 ▨ 영국의 도시개발공사가 대표적인 예-대도시권 재개발사업 담당 ▨ 일본의 지방개발사업단도 같은 예
	2) 특별 행정처리	① 합의·협정	▨ 2개 이상의 자치단체가 하나의 서비스를 제공하기 위하여 협정체결처리 방식과 의무부담을 주로 규정(경찰, 소방, 상수도, 공공시설의 설치운영사례 등) ▨ 미국 L.A County, 우리나라의 사무위탁
		② 기능이양	▨ 특정업무의 권한을 주로 상위정부에 이양 ▨ 미국의 경우 주로 County에 이양
		③ 조정회의	▨ 관련된 자치단체 등이 서로 연락·조정하는 회의개최 처리 ▨ 일본의 지방행정연락회의 등이 예
		④ 행정응원 (지원)	▨ 타 지방자치단체의 광역행정수행에 관련된 자치단체가 협조하고 지원하는 방법(주로 소방이나 경찰업무 지원)
	3) 기 타	① 직원파견	▨ 공동사무를 처리하는 한 방법으로 관련 자치단체에 직원 파견 처리
		② 기관 또는 직원공동 설치	▨ 지방자치단체 간 협의로 규약을 정해 내부조직의 일부를 공동으로 설치 운영(미국. 일본 등)
		③ 구역 외 설치·공동 이용(구역 외 관할권 의 인정)	▨ 구역 외에 관할권을 인정하는 광역시설을 설치하여 공동으로 이용하는 방법

광역행정제도와 운영상의 문제점을 살펴보면, 현행 제도상 광역행정수단이 다양하지 못하고(협의회, 조합 등), 실제운영도 매우 부실한 형편이다.

행정협의회의 경우에 있어, 전국적으로 대부분의 도시권에 행정협의회가 구성되어 있으나 구성권역과 주민생활권이 불일치되는 경우가 많고, 협의사항에 대한 기속력 결여와 사후관리의 소홀로 일회적 운영에 그치고 있는 실정이다. 사무위탁방식의 경우도 지방자치법에 비교적 상세히 규정되어 있으나 실질적으로는 광역행정 문제에 발전적으로 활용하지 못하고 있다.

지방자치단체 간의 분쟁조정제도 역시 그에 대한 규정이 극히 형식적으로 되어 있고 실효성 확보를 위한 구체적 절차가 마련되어 있지 못한 실정이다.

광역행정 주체 간의 대립, 갈등의 문제를 처리할 행정 주체인 중앙정부와 지방자치단체 또는 지방자치단체 상호간의 이해상충에 따른 대립·마찰이 심화되어, 국가 시책 사업과 지방단위 사업의 추진이 지연되거나 방치되는 경우가 많다.

중앙정부 차원에서는 지방정부 간의 협력증진과 실효성 있는 분쟁조정제도를 운영해야 한다. 이와 함께 보다 효율적인 광역행정 수행을 위해 업무수행체계의 재정립, 지방자치단체 간의 협의·협력의 강화가 필요하다.

행정계층논리에서 문제 해결 접근을 시도하고 있어서 자치시대에 여러 가지 문제가 드러날 것으로 생각되지만, 과밀현상과 국토의 균형발전에 항상 부각되는 수도권지역의 지방자치단체 간의 협력·협조체제의 유지는 국가발전에 중요한 정책방향이다. 각 지방자치단체는 광역행정에 대한 정책개선을 통해 광역행정문제에 대처할 때 도시성장관리정책의 효과성은 증진할 수 있다.

성장관리계획을 추진하다가 보면 지역의 특성만을 고려하게 되어 인접 자치단체와의 관계를 고려하지 못하는 경우도 있는데, 계획수립 시에 인근 자치단체와의 협력관계를 통해 계획을 적극적으로 고려할 필요가 있다.

경기도의 경우 상위계획의 변화 등 국토정책, 수도권정책 및 서울, 인천의 계획을 광역행정 차원에서 검토해야 한다. 도시의 생활권별 지방공공서비스의 제공에 있어서 인접 자치단체와의 협력은 중요한 것이기 때문이다.

더욱이 민선2기 출범 이후 더욱 활성화되고 있는 수도권 광역행정협의회를 통한 공동의 현안사항을 같이 대응하고 있는 점은 광역행정의 발전된 모습인 것이다.

교통문제에 있어서도 제1차 수도권 광역교통계획(1999~2003) 수립 등 계획부분의 상호협력을 통해 계획을 수립한 바 있는데, 이것은 생활여건의 변화 등으로 수도권 내에서의 통근·통학권이 확대되고 있고 물류체계의 이격화 등 광역교통행정 수요가 증가되고 있는 데 기인한다.

수도권광역행정협의회에서는 수도권지역의 상수원 보호문제, 수도권광역교통문제, 접경지역의 관리 문제 등 현안사항 중심으로 점차 활성화되고 있는 실정이다.

다만 아직도 앞서 살펴본 바같이 지역의 입장차이로 다소 문제접근방식의 한계가 있는 것도 사실이다. 모두가 자기의 이익만을 가져가는 방법은 오히려 광역행정수요에 대한 대응능력을 저하할 수 있음을 간과해서는 안 될 것이다.

〈표 6-11〉 민선2기 이후 수도권행정협의회 경기도 제안 안건 사례(1999년 기준)

구 분	제 목	관련 시·도
제8회 ('98. 9. 30)	1. 서울~하남시 간 경량전철 건설 2. 평촌~신림 간 도로개설 공사	서울 서울
제9회 ('98. 11. 16)	1. 자주재원 확충과 자주재정권 확대를 위한 공동노력 2. 수도권 대중교통문제 개선방안 3. 접경지역 개발 촉진방안 마련 4. 대도시권 광역전철사업 비용분담개선 공동건의 5. 과천~우면산간 연결도로 조기개설	4개 시·도 서울·인천 인천·강원 서울·인천 서울
제10회 ('99. 2. 25)	1. 지방자치관련 법령 제·개정 공동건의 2. 부도사업장 방치폐기물 처리대책 공동건의 3. 서울~춘천 간 도로개설 국가사업추진건의	4개 시·도 4개 시·도 서울
제11회 ('99. 6. 4)	1. 사회복지공동모금회법 개정 공동건의 2. 경주마권세 광역자치단체 세원존치 3. 대기 및 수질환경보전법 개정 공동건의 4. 제2경인고속도로 연결로 조기건설 공동건의 5. 구일전철역 남부역사 조기건설 6. 평촌~신림 간 도로개설공사 조기 추진	4개 시·도 4개 시·도 4개 시·도 서울 서울 서울

결 론

수도권에 있어서 도시성장관리정책(urban growth management policy)이 필요한 이유는 수도권정책이 갖는 정책적 한계를 개선함은 물론 매년 유입되는 인구에 대한 계획적 도시관리 및 도시발전에 따른 일련의 도시문제를 재정여건을 고려하여 적극적으로 해결하고 시민들의 삶의 질을 높이는 측면에서 도시성장관리를 해야 하기 때문이다.

수도권도시성장관리는 도시발전에 대한 단순한 규제정책이 아니라 도시의 건전한 발전을 유도하는 도시행정의 정책적인 대안인 것이다. 수도권의 경우 지금까지 수도를 포함하고 있다는 수부지역이 가지는 사회·경제적인 특수성으로 인해 지역정책의 긍정적인 요인과 부정적인 요인을 함께 가지고 있었다. 더욱이 국가경쟁력을 견인하는 지역이라는 것도 간과할 수 없다. 다만 이와 같은 수도권 기능을 수행하는 과정에서 수도권은 과집중화되었고 국가의 균형발전이라는 문제를 부각시켰으며, 교통, 환경, 주택 등 수도권 도시문제가 도시병리현상과 연계되어 발생하고 있다.

중앙정부는 물론 수도권 도시정부는 양질의 도시행정 서비스를 제공한다는 목적하에 이 문제 해결에 많은 재원이 소요되고 있는 것이다. 동반해서 비수도권지역에서는 정부의 수도권정책에 민감할 수 없고, 수도권과 비수도권의 정책적인 합의를 도출한다는 것은 실로 어렵게 된 것이다. 이것은 그동안의 수도권정책이 갖는 정책적 한계 속에서 수도권과 비수도권의 공동번영이라는 논리(win-win)를 도출해 내지 못한 결과도 그중의 한 이유가 될 것이다.

수도권 도시성장관리는 도시발전에 대한 규제정책이 아니라 도시의 건전한 발전을 유도하는 도시정책의 대안인 것이다. 수도권지역이 가지는 위상과 자체사업의 추진 그리고 도농통합에 따른 도시공간구조의 변화가 예상되므로, 성장관리를 고려하여 이 계획들이 구체화되고 가시화되도록 해야 한다.

다른 많은 선진 도시지역에서 실시 중인 정책대안을 수도권에 바로 도입하는 데는 한계가 있다.

이 연구는 수도권의 세부적인 제도적인 분석보다는 도시성장관리정책으로의 변화를 유도하는 데 중점을 두었다. 특히 체계적인 도시성장관리기법을 적용하여 바람직한 수도권의 도시성장관리 방향을 설정하도록 한 것이다.

지방자치의 실시로 지방자치단체의 다양한 정책 추진이 이제는 국가발전의 전기를 마련하는 기회가 되고 있다.

특히 차별화된 지역정책을 추진하여 국가정책을 보완하는 한편 광역자치단체 간의 협력체계 구축을 통해 공존의 발전을 모색하는 전기가 마련된 것이다.

물론 아직도 지역 간 협력체계가 다소 미흡하고 지역 간의 이익만이 우선되는 정책이 전개되는 감도 있으나 이것은 지방정부 간의 협력(cooperation)이나 협상(negotiation)을 통해 전향적으로 해결해야 할 측면이 많이 제시되고 있다.

앞서 살펴본 수도권 도시성장관리정책에 대한 일련의 과정을 도시별 특성과 연계시켜 살펴보면 다음과 같다.

산업의 집중도(L.Q) 측면에서는 서울특별시에 있어서는 2차 산업이 절대적으로 취약하고, 3차 산업 강세의 집중도를 보이고 있으며, 인천광역시에 있어서는 2차 산업 즉 제조업에 강세를 보이고 있고 지역경제구조에도 크게 기여했다고 할 수 있다.

특히 산업구조의 다변화와 함께 지식, 첨단산업을 통한 지역여건의 개선 및 발전을 도모하고자 하는 것이 특징이다.

경기도에 2차 산업 제조업강세를 보이며 계속 집중하고 있는 것으로 나타나 수도권 내 재집중 지역이 되고 있는 실정이다.

다만 수도권정비계획법의 근본취지가 수도권의 집중완화와 수도권 이외의 지역으로 분산을 도모한다고 했을 때, 서울을 제외한 두 지역의 집중 및 수도권 내 산업이전은 이 법의 실효성에 한계를 드러내는 것이라 할 수 있다.

특히 권역문제까지 거론했을 때 존폐문제까지 제기되므로 지역여건에 융통성을 부여하는, 내실 있는 개정이 필요하다.

성장변화할당분석 및 성장기여도 분석결과에 의하면, 서울특별시에 있어서 52개 산업 중 18개 산업이 산업구조효과를, 16개 산업이 입지효과를 그리고 8개 산업이 동시효과를 나타냈는데 제조업이 가중요인(HCE)으로 그리고 금융·보험·부동산·사업서비스업이 경쟁력요인(JGN)으로 성장한 산업으로 평가되었다.

인천광역시에 있어서는, 52개 산업 중 20개 산업이 산업구조효과를 19개 산업이 입지효과를 그리고 6개 산업이 동시효과를 나타냈는데 제조업이 가중요인(HCE)으로 그리고 금융업이 경쟁력요인으로 성장한 산업으로 평가되었다.

경기도에 있어서는 52개 산업 중 18개 산업이 산업구조효과를 36개 산업이 입지효과를 그리고 10개 산업이 동시효과를 보였으며, 제조업이 경쟁력요인(JGN)으로 운수·창고·통신업이 가중요인(HCE)으로 성장한 산업으로 평가되었다.

도시성장관리정책의 수단 및 기타 고려대상으로는, 수도권 도시성장관리정책수단을 비교해 보면 현재 여건의 미성숙으로 실시되지 않는 도시성장관리 수단이 적극적으로 연구·검토되어야 한다.

수도권 도시성장관리정책의 한계 측면에서는 첫째, 중앙집중식 수도권 권역관리의 한계(중앙정부와 지방정부 상호간의 연계·협조필요)이다.

둘째, 도시성장관리정책의 수행에 있어 지방자치단체의 자치역량의 한계가 그것이다.

셋째, 수도권 집중완화정책 및 성장관리시각의 한계로 향후 도시성장관리를 위해서는 중요한 정책방향이다.

특히 수도권 도시성장관리정책의 과제로는 ① 도시계획상 미집행시설의 처리 문제 ② 수도권 계획권역의 효과적 관리 및 제도적 개선 과제 ③ 자치체 도시성장관리 프로그램 개발의 과제 ④ 수도권 신도시 건설 및 관리상의 과제 ⑤ 수도권 광역 자치역량 강화의 과제 등이다. 이와 함께 지역의 현안과제도 도시성장관리프로그램 작성 시 반드시 고려되어야 할 사항이라 할 수 있다.

도시성장관리정책에 대한 목표달성도는, 수도권에 있어서 전반적으로 도시성장관리 목표달성이 미흡한데 이것은 도시성장관리에 대한 인식이 부족하고, 목표달성 역시 미흡한 결과에 기인한다. 이와 같이 도시성장관리정책에 대한 목표달성도의 측정에 있어, 그 측정을 하는 데는 단순논리로 전개할 수 없고 여러 가지 수단이 필요하다. 도시성장관리정책의 필요성과 함께 정책적, 제도적 뒷받침이 마련되어야 한다.

수도권 도시성장관리정책에 대해 종합적으로 살펴보면 수도권정비계획법의 근본 취지에 배치되는 수도권의 집중은 아직도 계속되고 있음을 알 수 있다. 더욱이 수도권 이외의 분산이 아닌 수도권 내 분산이 지속되고 있는 우리의 현실을 감안할 때, 정책적 한계도 있다. 아직 우리의 도시성장관리정책은 일천한 역사를 갖고 있기에 향후 더욱더 폭넓은 연구가 필요하다.

그동안 수도권정책을 도시성장관리정책으로 정의·분석을 시도했으나 연구자에 따라 다른 시각도 제기될 수 있을 것이다. 수도권 집중 속에서 규제완화와 맞물려 문제가 제기되는 수도권정책을 도시성장관리정책으로 보아야 할지도 의문시된다. 향후 보다 내실 있는 도시성장관리정책에 대한 체계적인 연구가 계속 이어졌으면 한다. 수도권 도시성장관리정책은 이와 같은 수도권정책의 한계를 풀어갈 수 있는 근원적인 해법을 제시한다고 할 수 있으며, 다음과 같은 문제가 선결되어야 한다.

첫째, 정부의 수도권정책에 대한 일관성이 있어야 한다.

수도권정책이 성장관리시각에서 정책을 추진하려면 정부의 수도권정책에 대한 일관성이 필요하다. 정부의 많은 노력에도 불구하고 수도권의 과집중문제는 수도권정책의 한계가 있었기 때문이다. 총량규제 한계 및 그에 따른 실효성 있는 합리적 규제가 이루어지지 못한 결과이다. 수도권의 인구유발시설에 대한 재규정과 함께 수도권 집중을 유발하는 서울 시내 또는 인접지역에 신도시를 건설하는 문제는 신중하게 재검토되어야 한다. 수도권 내의 환경적으로 우량한 지역은 비축토지로서 다음 세대가 활용할 수 있도록 토지기능이 부여되어야 한다.

둘째, 상위계획과 하위계획에 대한 계획지표에 대한 논의이다.

일관성과 상위계획과 하위계획이 조화를 이루어야 계획의 추진력이 높아질 수 있다. 수도권과 관련된 계획은 국토계획과 수도권계획 그리고 수도권지방자치단체들의 관련 계획이 여기에 포함된다.

계획지표나 목표 연도가 다른 경우 계획추진에 문제가 있으며, 상위계획과 하위계획이 조화를 이룰 수 없는 것이다. 특히 정부에서 추진하는 각종 정책은 관련 계획지표와 연계하여 추진되어야 한다.

행정중심복합도시의 경우도 국토계획에 반영되어 있지 않은 상황에서 계획이 추진되고 있어서 제4차 국토계획을 수정해야 하는 결과를 가져왔고, 이 정책의 추진 여부에 따라 수도권정책은 새로운 방향으로 전개되어야 하므로 계획추진에는 신중을 기해야 한다.

지금까지 수도권 도시성장관리정책이 단순한 규제 일변도 속에서 중앙정부 차원에서 계획되어 실질적인 정책의 추진은 수도권 각 지방자치단체에서 이루어졌다고 할 수 있다.

1960~70년대의 수도권정책의 대변화는 서울에 국한된 도시문제 해결의 대안으로서 작용한 부문이 없지 않고, 1980~90년대에 들어오면서 서울을 포함한 인천광역시, 경기도 지역의 문제로까지 부각되게 되었음을 알 수 있다.

이러한 수도권정책구도와 정책 변화 속에서, 80년대에는 수도권은 3개 정비권역으로 수도권 공간구조의 권역 재편을 시도하여 수도권문제를 해결하려고 하였다.

개정된 각종 법규와 경제적 규제완화는 기업의 경제활동에 나름대로의 활력을 불러일으키는 전기를 마련하였으나 그것이 도시계획 측면의 규제완화에까지 영향을 주게 되어 여러 가지 문제가 파생되고 있는 실정은 간과할 수 없었다.

종전의 국토이용관리법상의 정책적 기조에는 도시지역을 제외한 나머지 지역에서는 매우 제한적 개발, 그것도 저밀도의 개발만을 허용하겠다는 국토 보존적 이념이 깔려 있었다. 그러나 법적 변화로 특정지역들은 준도시지역으로 흡수 통합됨으로써 보다 도시적 성격으로 지역을 변화시켜 무분별한 개발의 논리에 접어들게 됨은 문제라 할 수 있다.

특히 농업기반이 불충분한 농지들은 모두 농경 이외의 개발이 가능한 준농림지역으로 묶음으로써 농림후보지보다는 인공적 후보지로 변화시켜, 규제완화가 자칫 개발논리 속에 자연 친화적인 국토공간구조가 난개발의 장소로 전락할 것이다.

앞서 언급한 바와 같이 각종 규제 속에서 수도권의 집중해결책의 한계 및 분산의 비효율성, 그리고 도시성장관리정책의 효과성이 미흡했다고 할 수 있어 도시계획 부문의 규제완화 흐름에 있어 적절한 대처를 하지 않는다면, 중앙정부의 정책 추진에도 적지 않은 문제가 나타날 것으로 보인다.

규제가 반드시 능사는 아니지만, 현재와 같이 규제완화 일변도의 편향된 정책 흐름에서 빚어질 수 있는 여러 문제 또한 검토가 필요하기 때문이다.

수도권정비계획법상에서 총량관리 및 부담금제도의 실효성과 정책집행에의 한계로 특정지역에만 그 집행이 국한되어 있으므로 제도적인 개선이 필요하다. 더욱이 각 지방자치단체의 도시성장관리가 필요함을 인식할 수 있도록 지도·감독이 필요하다.

도시성장관리정책으로의 정책적인 변화를 위해 현재 우선적으로 해야 될 사항을 중심으로 정책적인 대안을 단계별로 살펴보면 다음과 같다.

첫째, 단기적으로 해야 할 사항으로는 성장관리를 해야겠다는 도시정책에 대한 인식의 변화와 함께 도시성장관리를 위한 법적·제도적인 정비가 있어야 한다.

둘째, 중기적으로 해야 할 사항으로는, 도시성장관리를 위한 토지자원 조사 및 지역통계기반의 구축과 도시계획체계의 변화 및 계획과의 일관성 유지이다.

셋째, 장기적으로 해야 할 사항으로는, 비축토지의 확보와 주기적으로 계획추진에 대한 모니터링 및 성장관리기법의 개선이 필요하다.

지금까지 집행되어 온 각종 수도권정책은 일면에는 수도권을 포괄하면서 문제 해결을 해왔다고는 볼 수 있으나, 그 수혜의 폭의 기준은 서울특별시에 귀결된다고 할 수 있다.

따라서 인천광역시나 경기도에 있어서는 그 지역특성에 맞는 성장관리정책을 수립하는 데 한계가 있었다고 할 수 있다.

특히 인천광역시의 경우에 있어서도 서울시의 제조업 취약성의 문제처럼, 점차 이 지역에 그런 양상을 보이고 있어 지역경제 활성화를 위해 기반산업의 다변화를 모색해야 한다.

수도권정비계획법이 본격적으로 추진되었던 1986~1996년에는 수도권지역에서의 제조업체 증가율은 같은 기간 중 전국 평균치(1.94배)보다 낮았으나, 대전, 충·남북 지역은 2.5배 증가하는 등 지역이 균형 발전하기보다는 경기도 인접지역에 산업이 집중하여 수도권의 산업입지가 수평적으로 확대되는 양상을 보인 것이다.

수도권은 입지여건상 고부가가치 위주로 토지가 활용되어야 하나 영세·무등록 공장의 양상 및 향락서비스 산업 난립 등 비효율적인 토지이용으로 기업활동이 제약되고 있는 것이다.

기업의 입지는 인력확보, 물류비용, 부품산업 등 관련 산업과의 연계성, 정보에의 접근성 등을 고려하여 결정되기 때문에 대기업이라 하더라도 수도권 이외 지역으로 이전할 경우 경쟁력을 잃게 됨을 간과해서는 안 된다.

기업규모만을 기준으로 대기업과 중소기업을 양분하여, 대기업의 수도권 내 입지를 금지하고 있는바, 이러한 규제방식은 대기업과 협력관계를 맺고 있는 중소기업의 존립기반을 어렵게 하고 대기업의 경쟁력을 약화시킬 뿐만 아니라 실업문제에 대처할 고용창출을 어렵게 하는 것이다.

수도권이 적지인 첨단 모험산업이나 자본집약적인 산업이 수도권에 입지할 수 없을 경우 국내에서 경쟁력을 가질 수 없어 해외로 이전하게 되므로 수도권규제로 인해 기업의 경쟁력이 약화됨은 물론 산업의 공동화까지 초래할 수 있는 것이다.

따라서 중소·벤처기업, 신지식산업 및 문화관광 등 수도권에 적합한 환경 친화적인 첨단업종에 대해서는 대기업, 중소기업 구분 없이 입지가 허용될 수 있도록 '규모별 규제에서 업종별 규제로 전환'하여 수도권 전략산업이 세계와의 경쟁에서 우위를 확보하고, 그 파급효과가 전국으로 확산되도록 해야 할 것이다.

수도권 이외의 지역에 대해서는 균형발전 차원에서 조세와 금융제도 및 재정지원을 통한 실질적인 인센티브를 강화하고 인프라 등 공공투자를 확대함으로써 수도권과 지방의 공동번영을 추구하는 것이 바람직할 것이다.

이와 같이 수도권정책은 국가의 발전, 수도권의 발전 그리고 수도권 주민 개개인의 삶의 질(QOL)을 고양시키는 측면에서 정책을 추진해야 한다. 따라서 인구집중의 억제와 함께, 도시지역내 부(負)의 외부효과를 최소화함에 주안점을 두는 도시성장관리정책이 되어야 한다.

참고문헌

노춘희.(1994), 『도시학개론』, 형설출판사.

이건영.(1995), 『서울21세기』, 한국경제신문사.

이만수.(1990), 『지역경제학』, 박영사.

조정제.(1991), 『도시경영』, 법문사

최재선.(1990), 『지역경제론』, 박영사.

한국토지개발공사.(1991), 『수도권정책의 종합평가와 개선방안』－수도권정책부문－중간
　　　보고서, 한국토지개발공사.

허재영.(1993), 『토지정책론』, 법문사.

허재완.(1994), 『도시경제학』, 법문사.

홍기용.(1991), 『지역경제론』, 박영사.

김홍우.(1995), "국유지 개발신탁제도의 활성화 방안", 『국토정보』.

장병문.(1993), "우리나라의 도시성장관리체계의 실효성 평가", 한국지역개발학회지 제3권.

정순오외.(1991), "적정환경관리를 위한 지역성장의 분석과 평가(Ⅰ)", 한국지역개발학회
　　　지 제3권.

최영환.(1995), "국유재산관리정책" 『국토정보』, 국토개발연구원.

최수환.(1995), "국유재산관리정책방향", 『국토정보』.

허재완.(1995), "공적 토지비축제도 확립을 위한 효율적 토지관리방안", 『토지자원의 효
　　　율적 관리를 위한 심포지움』, 대한국토·도시계획학회.

황명찬.(1990), "토지정책의 현황과 전망", 『토지연구』, 한국토지개발공사.

Blumenfeld, Hans.(1967), *The Modern Metropolis－Its Origins, Growth, Charcteristics and
　　　Planning*, Massachusetts; The MIT Press.

Bollens, John C & Henry J. Schmandt, Henry J.(1970), *The Metropolis－Its People,
　　　Politics, and Economic Life*, NewYork; Harper & Row, Publishers, Inc.

Brian Goodall, Brian.(1978.), *The Economics of Urban Areas*, Pergamon Press.

Brower, David J.(1991), *Understanding Growth Management,−Critical Issues and a Research Agenda,* Washington, D.C.; The Urban Land Institute.

Canter, Larry W., *Impact of Growth.*(1986), Michigan: Lewis Publishers, Inc.

Dommel, Paul R.(1982), *Decentalizimg Urban Policy,* Washington D.C; The Brookings Institution.

Etzioni, Amitai.(1968), *The Active Society,* London; Macmillan.

Goldberg, Michael & Chinoy, Peter.(1984), *Urban Land Economics,* John Willey & Sons.

Hanke, Steve H.(1987), *Privatization and Development,* International Center for Economic Growth.

Hoover, Edgar M& Giarratani, Frank.(1984), *An Introduction to Regional Economics,* Alfred A & Knopf, Inc.

I.C.M.A.(1991), *Balanced Growth−A Planning Guide for Local Government,* International City Management Association.

I.C.M.A.(1992.), *How Effective Are Your Community Services?* International City Management Association.

I.C.M.A.(1984), *Management of Local Planning,* International City Management Association.

I.C.M.A.(1971), *Managing the Modern City,* International City Management Association.

I.C.M.A.(1992), *Service Contracting−A Local Government Guide,* International City Management Association.

I.C.M.A.(1983), *The Effective Local Government Manager,* International City Management Association.

Jay M. Stein, *Growth Management.*(1993),−The Planning Challenge of the 1990s− SAGE.

Kelly, Eric Damian.(1993.), *Managing Community Growth−Polices, Techniques, and Impacts,* Praeger.

Levine, Marbin J.(1990), *Privatization of Government ; The Delivery of Public Goods and Services by Private Means,* International Personnel Management Association.

Levy, John M.(1985), *Urban and Metropolitan Economics,* New York: McGraw−Hill Book Company.

Mills, Edwin S &Mcdonald, John F.(,1992), *Sources of Metropolitan Growth*, New Jersey: the Center for Urban Policy Research.

Mumford, Lewis.(1961), *The City in History ─Its origins,its transformation, and its prospects*, Great Britain; Martin Secker &Warburg.

O'Sullivan, Arthur.(,1993), *Urban Economics*, Illinois, IRWIN.

Olson, Mancur.(1971), *The Logic of Collective Action ─Public Goods and the Theory of Groups*, Harvard University Press.

Rhoads, Steven E.(1985), *The Economist's View of The World*, ─government, markets, and policy, Cambridge University Press.

Richardson, Harry W.(1972), *Input ─Output and Regional Economics*, Halsted Press.

Rosen, Harvey S.(1988), *Public Finance*, Illinois, IRWIN.

Stein, Jay M.,(1993), *Growth Mananagement*, ─the Planning Challenge of the 1990s, California: Sage Publications, Inc.

Tweeten, Luther & Brinkman, George L.,(1976), *Micropolitan Development*, The Iowa State University Press.

國土廳(編).(1987), 『第四次 全國總合開發計劃』, 國土廳.

東京都立大學都市研究センター.(1988), 『東京 成長と計劃 1868─1988』, 東京都立大學都市研究センター.

石田賴房.(1990), 『大都市の土地問題と政策』, 日本評論社.

• 저자 •

이해종
(李海鍾)

•약 력•

현) 한중대학교 행정학과 교수(행정학 박사, 도시행정전공)

〈학력〉
강원대학교 법과대학 토지행정학과   (행정학 학사)
서울시립대학교 대학원 도시행정학과 (행정학 석사)
서울시립대학교 대학원 도시행정학과 (행정학 박사)

〈주요경력〉
내무부 지역경제국 전문위원(전)
수도권 광역교통기획단 위원(전)
인천발전연구원 도시개발연구부 부연구위원(전)
경기개발연구원 수도권정책연구센터장 연구위원(전)
경기개발연구원 도시지역계획부장 연구위원(전)
경기도 하남시 도시계획심의위원(현)
강원도 동해시 인사위원(현)
강원도 동해시 시정평가위원장(현)
강원도 동해시 도시계획심의위원(현)
강원도 행정혁신지원단 위원(현)
행정자치부 지방행정혁신평가위원(현)
한중대학교 교무처장(현)

〈학회활동〉
한국도시행정학회, 정회원, 이사.
한국주거환경학회, 정회원, 이사.
한국행정학회, 정회원.
강원행정학회, 정회원, 이사.

•주요 논저•

수도권과 비수도권의 지역격차 연구
수도권 난개발 방지를 위한 제도적 개선방안
국가경쟁력 강화를 위한 수도권정책의 뉴패러다임 설정
 – 수도권과 비수도권의 공동번영(win-win strategy)
국가경쟁력강화를 위한 수도권 규제정책개선방안
국가경쟁력강화를 위한 수도권 토지정책개선방안
수도권 도시성장관리정책에 관한 연구
한국 중소도시의 성장잠재력분석에 관한 연구
도시주거환경개선을 위한 개발제한구역 집단취락 우선해제와 기반시설부담금
   부과에 관한 연구
경기도 성장관리정책연구
광역시 도농통합형 도시발전에 관한 연구
지방자치단체장의 효율적인 공약추진을 위한 제도적 개선방안 연구
국가균형발전과 강원도 접경지역관리방안연구
동해시 지역경제활성화 방안
동해시 고객만족을 위한 지방행정서비스의 혁신방안
외국인투자를 위한 지자체 정책
인천의 지역발전과 첨단산업 육성에 관한 연구
인천광역시의 도시교통문제 및 정책개선 방향
외 다수

수/도/권
도시성장관리와
도시행정

• 초판 인쇄	2008년 6월 20일
• 초판 발행	2008년 6월 20일
• 지 은 이	이해종
• 펴 낸 이	채종준
• 펴 낸 곳	한국학술정보㈜
	경기도 파주시 교하읍 문발리 513-5
	파주출판문화정보산업단지
	전화 031) 908-3181(대표)·팩스 031) 908-3189
	홈페이지 http://www.kstudy.com
	e-mail(출판사업부) publish@kstudy.com
• 등 록	제일산-115호(2000. 6. 19)
• 가 격	30,000원

ISBN   978-89-534-9317-9 93350 (Paper Book)
       978-89-534-9318-6 98350 (e-Book)